U0822461

让法律被信仰

第9卷

中国宪法事例研究

韩大元·主　编
杜强强·执行主编

法律出版社 LAW PRESS·CHINA
——— 北京 ———

图书在版编目(CIP)数据

中国宪法事例研究. 第9卷 / 韩大元主编. -- 北京 : 法律出版社, 2023
ISBN 978-7-5197-6537-8

Ⅰ. ①中… Ⅱ. ①韩… Ⅲ. ①宪法-研究-中国 Ⅳ. ①D921.04

中国版本图书馆CIP数据核字(2022)第045424号

中国宪法事例研究(第9卷)
ZHONGGUO XIANFA SHILI YANJIU
(DI-9 JUAN)

韩大元 主编

策划编辑 沈小英
责任编辑 陈 妮 毛镜澄
装帧设计 李 瞻

出版发行 法律出版社
编辑统筹 法治与经济出版分社
责任校对 王晓萍 王语童
责任印制 吕亚莉
经　　销 新华书店

开本 A5
印张 9.875 **字数** 356千
版本 2023年3月第1版
印次 2023年3月第1次印刷
印刷 固安华明印业有限公司

地址:北京市丰台区莲花池西里7号(100073)
网址:www.lawpress.com.cn
投稿邮箱:info@lawpress.com.cn
举报盗版邮箱:jbwq@lawpress.com.cn

销售电话:010-83938349
客服电话:010-83938350
咨询电话:010-63939796
版权所有·侵权必究

书号:ISBN 978-7-5197-6537-8　**定价**:90.00元
凡购买本社图书,如有印装错误,我社负责退换。电话:010-83938349

编辑委员会

主　任　韩大元
委　员　张　翔　杜强强　王贵松
　　　　柳建龙　于文豪　赵　真

本卷执行主编　杜强强

主 编 简 介

韩大元

1960 年生,男,法学博士。中国人民大学法学院教授、博士研究生导师,教育部“长江学者”特聘教授。主要社会兼职:中国法学会宪法学研究会名誉会长、中国法学会法学教育研究会常务副会长、全国港澳研究会副会长等。

主要研究领域:中国宪法、比较宪法、港澳基本法。在国内外学术刊物发表论文 200 余篇。出版《亚洲立宪主义研究》《生命权的宪法逻辑》《1954 年宪法制定过程》《现代宪法学基本原理》《中国宪法学说史研究》等著作 10 余部。

执行主编简介

杜强强

1972 年生,男,法学博士。首都师范大学政法学院教授。1993 年、2002 年、2005 年分别毕业于西南政法学院法律系、中国人民大学法学院,获法学学士、硕士、博士学位。出版专著《论宪法修改程序》。

作 者 简 介

（以姓氏笔画为序）

王　涛　上海大学法学院讲师
王　蔚　中国政法大学法学院教授
王世涛　大连海事大学法学院教授
王建学　天津大学法学院教授
尤晓红　黑龙江大学法学院副教授
左　霞　江苏省淮安市中级人民法院法官助理
回　颖　首都师范大学政法学院讲师
孙汉基　南京航天航空大学人文与社会科学学院法律系副教授
李忠夏　中国人民大学法学院教授
汪庆华　北京师范大学法学院教授
汪进元　东南大学法学院教授
沈寿文　吉林大学法学院教授
张冬阳　中国政法大学法学院讲师
范进学　上海交通大学凯原法学院教授
查云飞　浙江大学光华法学院讲师
姜　峰　华东师范大学法学院教授
姚国建　中国政法大学法学院教授
秦前红　武汉大学法学院教授
钱锦宇　西北政法大学行政法学院教授
谈文栋　浙江省人民检察院工作人员
黄明涛　武汉大学法学院教授
韩大元　中国人民大学法学院教授

序　言

自《中国宪法事例研究》(第7卷)时始,本书编辑采取专题研讨的方式,即选择少量的宪法事例从多个角度进行分析,以加深宪法事例分析的理论深度。本卷继续沿用这种方式,选择了2016年度的3个宪法事例进行了研讨。

第一个事例是同性申请结婚登记案。随着中国人权事业的发展,官方对同性恋者权利的平等保护给予了关注与回应。2018年11月,在联合国人权理事会上对中国人权报告的审议中,中国政府代表团指出,在中国,同性恋者的权利受到平等保护,要禁止在社会生活领域对其进行各种歧视。2016年,由长沙市两级人民法院审判的孙某、胡某诉长沙市芙蓉区民政局不履行婚姻登记法定职责案是我国第一起诉诸司法程序的同性申请结婚登记案,"同性婚姻"问题开始步入司法程序。在这起案件中,法院以原《婚姻法》[①]第5条、第8条为据,认为"婚姻"局限于男女之间,同性间无缔结婚姻的可能。法院的裁判符合原《婚姻法》的意旨,但原《婚姻法》对"婚姻"的界定是否符合我国《宪法》第49条"婚姻自由"的意旨,则是一个需要探究的问题。在本卷所选录的论文中,韩大元教授认为,《宪法》第49条上的"婚姻"存在新的解释可能性,有可能将"同性婚姻"纳入其中。李忠夏教授则认为,宪法对"婚姻"概念的界定不必限制在"一夫一妻"类型中,而是可以扩展至"单偶婚",即婚姻是两个人的结合,但不必是一男一女的结合。虽然"同性婚姻"在我国刚浮出司法的水面,在域外却早已习以为常了。2015年,美国联邦最高法院判决"同性婚

① 自《民法典》2021年1月1日施行起,原《婚姻法》同时废止。

姻”受《美国宪法第十四修正案》的保护,此判决在整个世界范围内都引起了强烈反响。本卷选编了姜峰、汪庆华与范进学3位教授讨论美国案件的论文,以期能对我国同性婚姻问题的讨论,尤其是对《宪法》第49条中“婚姻”含义的讨论有所助益。

第二个事例是全国人大常委会对《香港特别行政区基本法》第104条的解释。2016年10月12日,香港特别行政区第六届立法会在安排议员作宣誓时,有两位当选议员以侮辱性方式进行了宣誓,引发了香港社会对此宣誓是否有效的巨大争议。2016年11月7日,全国人大常委会全票通过对《香港特别行政区基本法》第104条的解释,规定对不符合该解释和香港特别行政区法律规定的宣誓应确定为无效宣誓,并不得重新安排。这次释法规范了立法会议员宣誓的程序与效力,并对第104条的不同理解与争议的相关语言、规范内涵以及界限,不同含义之间的界限等问题进行了说明。全国人大常委会的解释从国家主权的高度阐明了国家主权与国家意志,是对公然宣扬“港独”言行作出的明确、积极、有效的法律回应。通过释法,全国人大常委会表达了维护《宪法》和《香港特别行政区基本法》尊严的决心,丰富了《香港特别行政区基本法》的规范内涵,便于人们统一对法律的理解,亦有助于香港社会树立法治信心,消除社会争议,明确规范指引,回到法治的轨道。编者在此选编了3篇论文,分别从解释体制、解释程序和政治效忠的角度,分析讨论了本次释法所涉及的问题。

第三个事例是辽宁贿选案。辽宁贿选案是新中国成立以来查处的第一起发生在省级层面的代表贿选案件。① 这个案件不仅导致辽宁省45名全国人大代表的当选无效,而且直接导致辽宁省人大常委会因超过一半的委员代表资格终止,而导致法定人数不足,无法履行职责。全国人大常委会为此专门召开了一次临时会议,即第十二届全国人大常委会第二十三次会议。会议通过了全国人民代表大会常务委员会《关于成立辽宁省第十二届人民代表大会第七次会议筹备组的决定》,决定成立“辽宁省

① 2013年,湖南省衡阳市人大在选举过程中也发生了大规模的代表贿选,导致该市人大常委会由于人员不足法定人数而无法开会议事,湖南省人大常委会于2013年12月发布《关于成立衡阳市第十四届人民代表大会第三次全体会议筹备组的决定》,由筹备组代行衡阳市人大常委会的部分职权。这与辽宁贿选案的处置方式基本一致。

第十二届人民代表大会第七次会议筹备组”，代行辽宁省人大常委会的部分职权，主持辽宁省人大的选举、召集辽宁省第十二届人大第七次会议等。这里涉及很多宪法问题。例如，全国人大常委会成立有关“筹备组”的宪法和法律依据何在？“筹备组”代行辽宁省人大常委会部分职权的依据何在？秦前红教授的论文《返本开新——辽宁贿选案若干问题评析》除讨论贿选的成因以及治理外，还专门讨论了“临时筹备组”在宪法程序上存在的问题，认为筹备组的成立虽事出无奈，但也有成本过高的问题，且宪法依据不明，有待立法完善。沈寿文教授和钱锦宇教授的论文讨论了贿选的问题。

“年度外国宪法判例选释”编选了2016年度的9个外国宪法判例。这些判例大多涉及基本权利，如持枪权、知悉出身的权利、宗教信仰自由、公众参与、营业自由等；有的则涉及国家机构，如韩国原总统朴槿惠弹劾案；有的涉及宪法与国际条约的关系，如俄罗斯不履行欧洲人权法院判决案。这些案件及其裁判为人们提供了思考宪法问题的新角度。这里仅结合穆斯林少女游泳课案来谈谈其间涉及的理论问题。穆斯林少女游泳课案显然涉及宗教自由与义务教育之间的冲突，但这不是基本权利的冲突，而是基本权利与基本义务之间的对立问题。对于基本权利的冲突，学界已经储备了较丰富的解决方案，[①]其中之一就是利益衡量，也就是在相冲突的基本权利之间作出“实践的调和”。[②]这种调和当然不是毫无章法的“和稀泥”，而是对比例原则的严格适用，这也是传统宪法教义学上的基本分析框架。[③]该案涉及的是基本权利与基本义务之间的协调问题，具体而言，即涉及基本义务（义务教育）对基本权利（宗教自由）的限制问题。对这种限制之合理强度的判定是否仍适用比例原则，就是一个问题。有论者指出，既然宪法将某个事项（如纳税或者服役）纳入基本义务的范畴，则“应该知道其作为义务的强度已经超出一般基本权得限制的范围”，不宜再适用比例原则对其进行审查。[④]德国联邦行政法院对该案的

① 参见张翔：《基本权利的规范建构》，法律出版社2017年版，第302页。

② 参见苏永钦：《合宪性控制的理论与实际》，台北，月旦出版股份有限责任公司1994年版，第116页。

③ 参见张翔：《宪法释义学：原理·技术·实践》，法律出版社2013年版，第13页。

④ 参见苏永钦：《怎么比，怎么量》，载《法令月刊》2011年第63卷第4期。

裁判似乎仍沿用了比例原则的框架,但国家基于基本义务条款对基本权利的限制与基于概括限制条款对基本权利的限制是否有所不同,仍有继续观察的必要。

目　　录

宪法事例研讨

宪法事例研讨

[宪法事例1] 同性申请婚姻登记案

[编者按]

2016年,湖南省长沙市两级人民法院受理并审判了同性登记结婚被拒而引发的行政诉讼案件,即孙某、胡某诉长沙市芙蓉区民政局不履行婚姻登记法定职责案。这是我国第一起同性为申请结婚而诉诸司法程序的案件,被中国人民大学宪治与行政法治研究中心评为2016年"中国十大宪法事例"之一。此案正好发生在美国欧伯格菲诉霍奇斯案(Obergefell v. Hodges)之后,美国联邦最高法院在这个案件中首度宣告同性婚姻受《美国宪法第十四修正案》的保护,引起了很大震动。对美国这个案件裁判的分析,实有助于对我国相应问题的学术研究。编者在此选编了5篇论文。韩大元教授的《人的尊严、宽容与同性恋者权利的宪法保障》主要从历史角度,梳理了我国立法对于同性恋以及同性婚姻的态度,主张"以开放、理性与宽容的态度来重新思考和解释《宪法》第49条'婚姻自由'在当代社会的内涵和价值变迁"。李忠夏教授的《同性婚姻的宪法教义学思考》以美国和德国的法律实践为主线,深入讨论了同性婚姻在宪法上的定性问题,同时对我国《宪法》第49条中的"婚姻"概念提出了新的解释可能性,颇具理论意义。另外3篇论文,即姜峰教授的《同性婚姻、宪法权利与民主审议——以罗伯茨大法官的反对意见为中心》、汪庆华教授的《司法能动主义视野下的同性婚姻和平等保护——基于欧伯格菲案的讨论》和范进学教授的《论美国同性婚姻案宪法解释及其方法》都对美国欧伯格菲诉霍奇斯案的司法裁判进行了深入、透彻的分析,这也有助于人们深化对我国《宪法》第49条"婚姻自由"条款的理解。

［案件概要］

孙某、胡某均为男性。2015年6月23日,他们到长沙市芙蓉区民政局申请办理结婚登记,被告知其申请不符合法律规定并拒绝为其办理结婚登记。两人认为民政局的行政行为侵犯其合法权益,怠于履行行政机关的应尽职责,请求人民法院判令民政局为其办理结婚登记。民政局答辩称:民政局工作人员在收到两人办理结婚登记的申请后,审查确定两人均为男性,其结婚登记申请不符合原《婚姻法》和《婚姻登记条例》的规定,决定不予办理结婚登记,并当场口头告知其结果和理由。民政局作出的不予办理结婚登记的行政行为,事实清楚,证据确凿,适用法律正确,程序合法,两名原告的诉讼请求应予驳回。

法院经审理查明:孙某、胡某均为男性。2015年6月23日,两名原告到被告处要求办理结婚登记。工作人员在审查后,以两名原告均为男性,其结婚登记申请不符合原《婚姻法》和《婚姻登记条例》关于结婚必须是男女双方的规定为由,决定不予办理结婚登记,并当场告知理由和结果。两名原告不服,诉至法院。长沙市芙蓉区人民法院经审理认为:两名原告的诉讼请求是请求判令被告为其办理结婚登记。根据原《婚姻法》第2条、第5条、第8条等相关规定,办理结婚登记的必须是男女双方。两名原告均为男性,明显不符合法律规定的办理结婚登记的条件,其要求判令被告为其办理结婚登记,理由不成立。两名原告提出,《刑法》中聚众淫乱罪的处罚对象包括同性,婚姻登记也应涵盖同性,婚姻法中的"男女平等"应当解释为男女可以平等地和男方结婚,也可以平等地和女方结婚等,其理解明显超出我国原《婚姻法》相关规定中"男女"的文义范围,属于曲解法律,不予采信。两名原告还认为,根据《宪法》关于平等和人权等要求,婚姻登记排除同性是歧视,对同性申请婚姻登记应予办理,该主张系否认法律的效力,理由不成立,不予支持。

长沙市芙蓉区人民法院于2016年4月13日作出(2016)湘0102行初第3号行政判决,驳回两名原告的诉讼请求。宣判后,两名原告提出上诉,长沙市中级人民法院于2016年6月27日作出(2016)湘01行终452号行政判决,驳回上诉,维持原判。

人的尊严、宽容与同性恋者权利的宪法保障

韩大元*

［内容摘要］ 同性恋者权利运动在全球范围内的发展，促使人们关注同性恋者权利面临的各种问题。争取同性恋者权利的曲折历程对现代人权文化提出了新的挑战，要求我们从人的尊严、宽容的哲学与宪法视角，尊重和保障同性恋者的权利，维护人的尊严与人类生活的多样性价值，并结合中国国情作出合理的政策与法律选择。

［关键词］ 同性恋　同性婚姻　人的尊严　宪法文化

一、问题的提出

2015 年是英国《大宪章》颁布 800 周年。800 多年后的今天，尽管法治理想与现实有冲突，但法治已经成为人类的价值共识与共同语言，也是最具凝聚力的社会共识。一方面，我们生活在 21 世纪的文明社会，不断追求着幸福与理想。另一方面，人类也陷入恐惧与不安之中，随着经济与科技的发展，在强大的物质文明面前，人的尊严容易被边缘化，人们在价值与事实、理想与现实之间徘徊，文明的多样性、民主政治的纯洁性、法治的人文价值也面临新的挑战。同性恋者群体的出现以及权利保护的诉求，向现代法治提出了新挑战与新问题，考验着法治文明与精神以及传统法律体系的正当性与合法性基础。我们需要从人的尊严、宽容的哲学与宪法视角出发，尊重和保障同性恋者的权利，超越所谓传统的道德与宗教的“高地”，捍卫人的尊严与人类生活的多样性价值。

* 中国人民大学法学院教授，法学博士。

二、中国法律传统与同性恋

据文献记载,中国关于同性恋的记载最早出现于《尚书》,但“同性恋”这一词语作为学术概念何时传入中国还需进一步考证。[①]《尚书·伊训》中有一段话提到“三风”,“卿士有一于身,家必丧;邦君有一于身,国必亡。臣下不匡,其刑墨”,“三风”之一即为“乱风”,其一是“比顽童”(娈童)。这表明商代贵族中已有类似同性恋的现象。[②] 此后在中国古代社会的发展中,同性恋现象在史书中均有记载。

中国古代法律对同性恋行为进行处罚的记载较少见,即使处罚也较轻。最早的惩处记载出现于北宋时期。据宋代周密《宋元笔记小说大观·癸辛杂识后集》“禁男娼”条所载:“闻东都(北宋)盛时,无赖男子亦用此以图衣食。政和中,始立法告捕,男子为娼者杖一百,赏钱五十贯。”[③]直到清代,《大清律例》刑律犯奸之犯奸条例三即规定:“和同鸡奸者,照军民相奸例,枷号一个月,杖一百。”此规定惩罚的是同性强奸行为。[④] 1903 年,清政府成立了修订法律馆,沈家本等修律大臣着手全面修订新律。修订后的《大清新刑律》不再惩罚成年男性之间“和同鸡奸”,对幼童则以强奸处罚,而成年同性之间的强制性行为只成立猥亵。[⑤] 立法者也许是认识到在中国法的悠久传统中没有关于鸡奸的法条,因此,以传

① “同性恋”(homosexuality)一词是由匈牙利报刊作家卡罗里·玛利亚·科特伯尼(Karoly Maria Kertbeny)(1824~1882 年)于 1869 年创造的。这个名词所描述的是被自己同性别的人所吸引。今天,同性恋、异性恋和双性恋被认为是不同类型的性倾向,其定义是持久的对某一特定性别成员在感情或幻觉上的吸引。参见樊丽君、朱晓峰:《欧洲登记伴侣关系和同性婚姻立法报告》,载梁慧星主编:《民商法论丛》第 53 卷,法律出版社 2013 年版,第 656 页。

② 参见谈大正:《同性恋的历史及其伦理法律嬗变》,载《中国性科学》2011 年第 4 期。

③ (宋)周密:《宋元笔记小说大观·癸辛杂识后集》,上海古籍出版社 2001 年版,第 5756 页。

④ 参见《大清律例》卷三十三《刑律·犯奸·恶徒伙众例》,张荣铮等点校,天津古籍出版社 1993 年版,第 554 页。

⑤ 《大清新刑律》第 2 篇第 23 章第 273 条规定:“凡对 12 岁以上男女用暴力胁迫或用药及催眠术并其余方法,致使不能抗拒而为猥亵之行为者,处三等以下有期徒刑或三百圆以下五十圆以上罚金。”转引自褚宸舸主编:《自由与枷锁——性倾向和同性婚姻的法律问题研究》,清华大学出版社 2014 年版,第 58 页。

统的礼教为理据并不具备历史基础。西方国家对该行为以犯罪处理主要是出于宗教的考虑,而中国历史上并没有这样的宗教性说教,儒家经典也没有对该行为进行严厉的批判。因此,清末修律中所谓的鸡奸"非罪化",更多的是依赖于本土资源,而非对西方法律的照搬。

《大清新刑律》于1911年正式公布,但并未真正施行。北洋政府在这部法律的基础上稍加删改,于1912年4月30日颁布了《中华民国暂行新刑律》,其中关于同性之间犯罪的规定没有太大变化。[①] 南京国民政府于1928年颁布的《中华民国刑法》,以及在1935年修正的《中华民国刑法》,也均未对同性之间私下自愿性行为作出入罪的规定。

新中国成立后,对同性恋行为的处理也没有明确的法律规定。直到1979年《刑法》对"流氓罪"的规定,以及相关司法解释的公布施行,这一罪名才以并非明晰的状态出现。

1979年《刑法》第160条第1款规定:"聚众斗殴,寻衅滋事,侮辱妇女或者进行其他流氓活动,破坏公共秩序,情节恶劣的,处七年以下有期徒刑、拘役或者管制。"这一规定中的"其他流氓活动"给司法机关以较大的自由裁量空间,在实践中,同性之间的"不正当性行为"也被认为包括在内。根据当时的刑法规定,刑法没有规定的罪名,可以比照刑法中最相类似的条款。[②] 可见,从理论上讲,当时,"流氓罪"可以适用于有伤社会风化的同性之间的所有活动。

对上述"其他流氓活动"的司法解释,是最高人民法院和最高人民检察院于1984年11月2日颁布的《关于当前办理流氓案件中具体应用法律的若干问题的解答》(已失效)。该司法解释对流氓罪的认定、罪与非罪的界限、流氓罪和与其相近似的其他犯罪的界限作了具体的规定。其中,关于"其他流氓活动情节恶劣构成流氓罪的"列举了6项情形,与鸡奸行为相关的是第6项:"鸡奸幼童的;强行鸡奸少年的;或者以暴力、胁迫等手段,多次鸡奸,情节严重的。"该规定往往被认为是将同性恋认定为犯罪的规范依据。当然,从当时的情况看,该规定不是针对成人同性之间私下自愿的性行为,而是针对未成年人的强制性行为。

---

① 参见郭晓飞:《中国法视野下的同性恋》,知识产权出版社2007年版,第51页。

② 1979年《刑法》第79条规定:"本法分则没有明文规定的犯罪,可以比照本法分则最相类似的条文定罪判刑,但是应当报请最高人民法院核准。"

由于流氓罪的犯罪构成不够明确,它就成为司法机关在适用时的"口袋罪",一些较难认定的行为常与流氓罪联系起来,导致流氓罪的适用范围过广,有失法律的准确性和严肃性。[①] 1997 年《刑法》取消了流氓罪,将其分解为 6 个罪名,包括强制猥亵妇女罪、侮辱妇女罪、聚众斗殴罪、寻衅滋事罪、聚众淫乱罪、猥亵儿童罪,并分别规定了相应刑罚。在该部刑法规定中也无法找到处罚同性之间自愿私下性行为的依据。从法律规范上讲,迄今为止,在同性恋者权利的保护上,中国法律并没有明确的禁止性规定。即这一群体权利仍然处在合法与违法之间的"灰色地带",其权利保护呈现不确定性状态,如同性恋行为是否合法以及同性恋者婚姻是否具有合法性都是有争议的问题。2000 年 8 月,原《婚姻法》修改稿征求意见时,也有学者建议要给予同性恋者与异性恋者同等的权利。认为同性恋不合法的学者提出,原《婚姻法》上规定的结婚条件实际上认可了同性恋婚姻的不合法。原《婚姻法》第 5 条规定:"结婚必须男女双方完全自愿……"第 8 条规定:"要求结婚的男女双方必须亲自到婚姻登记机关进行结婚登记。符合本法规定的,予以登记,发给结婚证……"人们往往认为,原《婚姻法》中"男女"的规定就意味着中国不承认同性之间的婚姻。但是,从宪法解释论的角度看,随着社会的变迁,法律条文上的"男女"的概念并非没有解释空间,应该从有利于权利保护的立场进行价值多元化的判断。

在实践中,专业团体和司法机关对同性恋者权利也给予了关注,并逐步采取开放的立场。2001 年,中华医学会精神科学分会讨论通过的《中国精神障碍分类诊断标准第三版(精神障碍分类)》(CCMD-3)得以发表。该文件对同性恋的诊断规定进行了修改,不再笼统将同性恋认定为精神障碍或病态心理,实现了同性恋的非病理化。[②] 这标志着中国社会自此摒弃了对同性恋的疾病化认识。此后,学术界对同性恋问题的关注度迅速提升。从研究的广度和深度来讲,对于同性恋问题的研究主要集中在医学界、心理学界和社会学界,主要关注的是同性恋者的社会身份认

① 参见褚宸舸主编:《自由与枷锁——性倾向和同性婚姻的法律问题研究》,清华大学出版社 2014 年版,第 82 页。

② 参见《中国精神障碍分类与诊断标准第三版(精神障碍分类)》,载《中华精神科杂志》2001 年第 3 期。

同、同性恋与艾滋病、同性恋与婚姻家庭的冲击、同性恋对社会传统文化的影响等。社会学研究采用了实证调查研究的方法，结合中国的具体实际，考察同性恋问题在中国的具体问题。相关成果从同性恋的形成原因、感情生活、婚姻生活、社会交往、价值观念以及地位变迁等方面说明了我们应该如何看待同性恋现象，为人们了解同性恋打开了一扇窗，为人们理性认识同性恋提供了相关资料，普及了同性恋的相关知识，科学而客观地为同性恋者辩护。① 社会学界的一些学者提出，同性恋现象不可能长久游离于社会的视野外，中国人迟早要从法律层面对它作出自己的判断。

2014 年 12 月 19 日，北京市海淀区人民法院判决书中明确“同性恋并非精神疾病”，不需要接受治疗，对同性恋进行矫正治疗的广告属于虚假宣传，矫正治疗的行为违反了《精神卫生法》。这是中国首例同性恋矫正治疗案，该案最终以同性恋者的胜诉告终，其也是基层人民法院首次清楚、正面描述同性恋。② 2015 年 1 月 22 日，同性恋者穆某“被出柜”后遭公司解雇，遂起诉该公司侵犯了其人格尊严和平等就业权。中国职场性倾向歧视第一案在深圳市南山区人民法院公开审理，原告全部诉讼请求均被驳回；后该案上诉至深圳市中级人民法院，终审判决认为原告无法证明系因同性恋而被解除劳动关系，维持了原判。③ 中国同性恋者日益强化的身份意识在面对社会压力和长期的漠视之后开始发出声音，谋求同性婚姻的合法化。2015 年 6 月 23 日，湖南省长沙市一名同性恋者孙某与其男友向长沙市芙蓉区民政局申请结婚登记，但民政局以“没有法律规定同性可以结婚”为由拒绝为其办理结婚登记。12 月 16 日，孙某向芙蓉区人民法院提交起诉材料，请求判令芙蓉区民政局为其办理婚姻登记。2016 年 1 月 5 日，芙蓉区人民法院受理此案。④ 司法实践提供了在中国

---

① 社会学研究领域具有代表性的著作，参见方刚：《同性恋在中国》，吉林人民出版社 1995 年版；李银河：《同性恋亚文化》，今日中国出版社 1998 年版；刘达临、鲁龙光主编：《中国同性恋研究》，中国社会出版社 2005 年版。

② 参见《中国首例判决：“治疗同性恋”属于虚假宣传》，载腾讯网，http://news.qq.com/a/20141219/062863.htm。

③ 参见《“中国性倾向职场歧视第一案”终审宣判 小红帽主角之一败诉》，载环球网 2015 年 11 月 27 日，http://china.huanqiu.com/article/9CaKrnJRNFC。

④ 参见《长沙一对同性恋者结婚遭拒 起诉民政局获受理》，载腾讯网，http://news.qq.com/a/20160105/062724.html。

法视野下分析理解同性恋问题的本土资源和分析解决现实中问题的途径。①

三、同性恋者权利保护的宪法立场

法学界的一些学者呼吁中国法对同性恋现象正面回应,以适应人权保障背景下同性恋权利保护体系的发展。从宪法学的角度看,人格尊严、人身自由和平等权是保护同性恋者的权利基础。有学者提出,应该改变我国法律规范对同性恋"保持距离"的现状,要正视同性恋现象的现实状况,落实宪法对尊重人格尊严、实现自由与平等等基本权利的承诺。② 在当今中国,对于同性恋的偏见和歧视虽然已经大为减少,但是依然存在于一些人的心态中。这既体现在真实的司法案件中,也体现在国家法律和公众的基本认识中。在中国,未来要建立同性恋者权利的保护体系,首先就要从宪法保护体系的建构开始,通过宪法实施寻求同性恋权利保护的基本社会共识。

(一)同性恋者权利保护是人权保障的需要

国家介入公权力行为以及公民之间的私人关系等,背后的深层原因其实是在异性恋社会的主流价值中蕴含的对同性恋问题的恐惧和疑虑,进而付诸实际行动,加以歧视和排斥。③ 如果这种单纯的情感上的排斥以及非理性的情绪性反应或者敌意,成为一个社会公共政策甚至法律形成的最终基础,那么,对于现代民主法治社会来说,其正当性是十分脆弱

---

① 在北大法宝的司法案例库中,以全文为搜索范围,截至2015年年末,存在同性恋案例与裁判文书共279篇。其中,刑事诉讼131篇、民事诉讼143篇、行政诉讼3篇、知识产权诉讼2篇。相关案件包括:以揭露同性恋者身份相威胁敲诈勒索被害人财物,对被害人故意伤害的案件;以同性恋性交易为诱饵,对被害人实施有预谋的犯罪案件;利用同性恋者需要,组织、容留、介绍同性恋者进行性交易的犯罪案件;因被对方称为同性恋而提起的名誉权侵权责任纠纷案件;同性恋者提起对同居期间财产所有权的确认案件;夫妻因其中一方是同性恋而提起的离婚过错赔偿案件;歧视同性恋者的商标行政纠纷案件;等等。

② 大体上,在20世纪90年代之后,法学研究者对同性恋问题的关注度就逐步提升,开始积累研究成果。截至2015年年末,中国期刊全文数据库以"同性恋"或含"同性婚姻"为主题的法学方面的论文共395篇。其中,从宪法学视角讨论同性恋以及同性婚姻问题的论文共30篇。

③ 参见张宏诚:《同性恋者权利平等保障之宪法基础》,台北,学林文化事业有限公司2002年版,第15页。

的。这既与宪法所追求的保障自由平等的基本权利的精神背道而驰，同时也导致同性恋者本应享有的由宪法保障的基本权利因歧视和漠视而被扭曲和践踏，人的尊严与价值受到损害。

宪法的终极追求是对人的价值和尊严的维护。我国2004年通过的《宪法修正案》第24条明确规定国家尊重和保障人权。这意味着，国家立法机关、行政机关与司法机关都负有尊重和保障人权的宪法义务，任何法律制度、公共政策的制定和实施都应该回归到宪法的价值体系之中，以开放、理性与宽容的理念来贯彻宪法尊重和保障人权的要求。

在宪法生活中，我们没有理由对少数人群体的权利诉求视而不见。反对同性恋的各种意见。确有各种不同的理由和依据，属于言论自由的保护范围。人们有权表达自己的观点，但是不应将个人的道德标准强加于他人，一个理性社会需要其成员对包括同性恋在内的少数人群给予宽容的对待。少数人的权利关怀是民主社会的道德与哲学，他们有时无法像多数人一样保护自己的利益，也因此需要国家的优先保护。民主社会需要对他们怀有足够的包容态度。在现代多元价值社会中，对每一位社会成员都需要有包容的心态和美德，允许并尊重每一个人的自我选择和决定。

（二）同性恋者权利保护体现宪治的宽容精神

南非是世界上第一个通过宪法保护同性恋者权利的国家。《南非宪法》第9条第3款规定："国家不得对任何人进行不公平的直接歧视或间接歧视。无论该歧视是基于种族、性别、怀孕状况、婚姻状况、族裔或社会出身、肤色、性取向、年龄、残疾、宗教、善恶观念、信仰、文化、语言、出生等任何一方面或几方面的理由。"该条款中规定的禁止性取向歧视构成同性恋者权利保障的宪法依据。南非宪法法院根据宪法规定审理了一系列与同性恋者有关的案件，这些案件使宪法规定得到了进一步落实。《南非宪法》以及宪法法院的实践，不仅使南非国内法律进一步完善了同性恋者权利保护，而且对世界同性恋权利保障运动的发展起到促进作用。

美国联邦最高法院在2003年的劳伦斯案中，判决惩罚同性恋者性行为的刑事法律违反了美国联邦宪法。[1] 在2013年温莎案中，联邦最高法

① See Lawrence v. Texas, 539 U.S. 558 (2003).

院判决联邦《捍卫婚姻法》中将婚姻限定在一男一女之间的条款违反宪法,①经历了从否认同性恋行为以及同性伴侣权利,到逐渐承认同性伴侣权利并在联邦层面实现同性婚姻合法化的过程。2015 年6 月27 日,联邦最高法院在欧伯格菲诉霍奇斯案中,以5 : 4 的结果判决禁止同性婚姻或拒绝承认他州同性婚姻的州法律违反联邦宪法,认为同性结婚权是一项受宪法保护的基本权利,各州应承认在他州合法缔结的同性婚姻,并赋予其与本州异性婚姻相同的地位和效力。② 该判决实现了全美的同性婚姻合法化。在欧洲,随着同性恋人权运动的发展,欧洲国家民众对待同性恋者的态度变得更积极和乐观,认同同性恋的共识正在形成。在欧洲 51 个国家中,已有 23 个国家正式颁布法律调整同性恋者的共同生活关系,其中既包括已经承认同性婚姻的 12 个国家,③也包括到现在还承认登记伴侣法的国家,还包括克罗地亚非登记的同居以及圣马力诺移民法中对同性伴侣关系的承认。④

在亚洲,由于受到文化、宗教与法律等综合因素的影响,同性恋婚姻合法化进程相对缓慢。2015 年3 月31 日,日本东京都涩谷区的议会投票多数赞成通过承认同性伴侣的法案,规定年满 20 岁的同性恋伴侣可以获得伴侣证书,可用于租房、医院探视等情况。这是日本乃至全亚洲第一例承认同性伴侣的地区法规,在日本引发热议。⑤

围绕同性婚姻合法化展开的辩论一直持续着,虽然这些观点来自立场完全相反的双方,但却给社会大众和立法机关提供了对比权衡的参考资源和意见平台。社会对同性恋社群的忽略和漠视也被这些讨论和关注所替代,他们不再是社会边缘人群,而是引发一场社会文化和法律变革的群体。与此同时,这些涉及多个领域并纵深发展的辩论也影响着越来越多的国家和地区,使同性婚姻的合法化进程在争论中不断发展。

---

① See U. S. v. Windsor, 570 U. S. 744(2013).

② See Obergefell v. Hodges, 576 U. S. 644(2015).

③ 这 12 个国家是比利时、法国、冰岛、爱尔兰、卢森堡、挪威、葡萄牙、西班牙、瑞典、丹麦、荷兰、英国。

④ 参见樊丽君、朱晓峰:《欧洲登记伴侣关系和同性婚姻立法报告》,载梁慧星主编:《民商法论丛》第 53 卷,法律出版社 2013 年版,第 672 页。

⑤ 参见《日本涩谷通过同性伴侣法案》,载新华国际网,http://japan. xinhuanet. com/2015 -04/01/c_134115913. htm。

截至2015年11月,全球共20个国家和地区实现了同性婚姻合法化。(见表1)

表1 实现同性婚姻合法化的国家和地区

洲际	国家和地区
欧洲	比利时、法国、冰岛、爱尔兰、卢森堡、挪威、葡萄牙、西班牙、瑞典、丹麦、荷兰、英国
亚洲	无
非洲	南非
大洋洲和美洲	阿根廷、巴西、加拿大、乌拉圭、墨西哥、新西兰、美国

资料来源:维基百科:https://en.wikipedia.org/wiki/Same-sex_marriage。

(三)同性恋者谋求身份认同是一种幸福追求权

同性伴侣和同性婚姻的出现挑战着传统的婚姻观念和家庭结构,是人与人之间建立一种新关系的尝试,也是人自我认识的一种新发展。婚姻是男女两性的结合,这已经作为一项多数人所默认的历史法则沿袭至今。但是,随着同性恋权利运动和人权运动的发展,我们需要改变多数人的思维,以宪法关怀少数人的价值诉求。

传统婚姻观念强调婚姻的目的是组成家庭,繁衍新生命,培育下一代,认为男女结合的婚姻是一种比国家更久远的社会制度,是人类文明最基本的社会组织形式。① 但是,随着人类社会的发展,婚姻与家庭观念也会发生变化。它不仅是一种仪式,一种为了生养子女、传承生命的结合,还涉及个人的自我选择和发展,追求个人幸福的问题,以及社会资源的分享和基本人际关系的认同。它是两人之间彼此吸引和感情依赖的体现,是双方相互投入感情和决心的公开表达,更是双方忠诚和承诺神圣化的过程。②

反对同性婚姻合法化的理由主要集中在家庭、婚姻、社会和宗教等领域。其主要观点是,同性婚姻不符合传统婚姻定义,也违反了我国原《婚

① See U. S. v. Windsor, 133 S. Ct 2675, at 2718 (Alito, dissenting).

② See Douglas NeJaime, *Windsor's Right to Marry*, 220 Yale Law Journal Online, 2013, Accessed Oct. 28, 2015, http://www.yalelawjournal.org/the-yale-law-journal-pocket-part/constitutional-law/windsor's-right-to-marry.

姻法》将婚姻限定在一男一女之间结合的规定,突破了现有的法律秩序,颠覆了基本婚姻制度。① 有观点认为,在对待同性恋的法律问题时,应该在现有的法律框架下,依靠现有法律的适用,必要时对现有法律作扩张性解释,对同性恋者的权利予以保护,而非忽视我国的社会现状,试图为同性恋者的权利保护大张旗鼓地进行专门立法,对同性恋者和异性恋者在法律上进行人为区隔。这样,反而会放大和激化社会对同性恋者的孤立、厌恶甚至对抗的情绪,也会解构现有的社会和文化价值。② 还有反对者认为,婚姻的重要功能就是子女的生养问题,同性婚姻或多或少地对未成年人的成长有不良影响,赋予同性恋者以收养权和监护权必须审慎,即便是收养儿童,这种家庭模式也不利于儿童的健康成长。③

对于上述反对的观点,支持者也进行了有力反驳,并认为我国应该立法认可同性婚姻,或者采用其他模式认可同性结合,理由如下:婚姻自由是每一个人的基本权利,越来越多的国家都从法律上对同性恋予以规范并赋予双方应享有的权益,这是顺应现代社会人权保障潮流的需要,有利于促进国家文明进程;④现代社会的婚姻不再以生育子女和繁衍后代为目标,而是双方基于情感追求而结合的共同生活组织;⑤科学研究表明,同性恋家庭中的子女与异性配偶家庭的子女无实质性差异,应该以平等的态度对待每一个家庭的儿童。⑥ 有学者认为,将同性恋纳入制度规范,有助于促进其身份认同,使其接受性伴侣之权利义务的约束,减少"地下活动",可以解决艾滋病传播等问题,避免同性恋者因社会舆论压力被迫与异性结婚,从而导致异性婚姻缺乏感情基础和对家庭的责任心而伤害双方的情感,减少同性恋的异性婚姻和双重身份现象。⑦

---

① 参见陈阳:《传统婚姻的颠覆性危机——关于同性婚姻立法的几点思考》,载《山东社会科学》2013 年第 11 期。

② 参见莫爱新:《民法中的性权利研究》,中国政法大学出版社 2011 年版,第 172 页。

③ 参见李霞:《论同性婚姻合法化》,载《河北法学》2008 年第 3 期。

④ 参见张剑源:《性倾向、性别认同、同性恋立法运动回顾及相关问题研究》,载《环球法律评论》2008 年第 4 期。

⑤ 参见曾培芳、王冀:《议"家庭"概念的重构——兼论家庭法学体系的完善》,载《南京社会科学》2008 年第 11 期。

⑥ 参见熊金才:《同性结合法律认可研究》,法律出版社 2010 年版,第 137 页。

⑦ 同上书,第 145 页以下。

(四)宪法保障每个人的婚姻自由

当然,任何自由并非没有限制,社会也不能陷入婚姻无政府主义的泥潭。但是,对于婚姻自由的限制不能仅基于社会共同体多数成员的道德传统,立法机关需要承担附加在婚姻之上的限制合理化的负担,并采取合理措施保障同性伴侣享有与异性配偶同等的法律权利。

从20世纪90年代至今,全球范围内有23个国家或地区基于其文化传统、价值取向以及公众对于同性恋的接受程度,采用了不同的法律认可模式和立法技术,实现了同性婚姻的合法化。这些国家或地区的法律实践促成了同性婚姻(Same-sex Marriage)、家庭伴侣(Domestic Partnership)和互助契约(Reciprocal Beneficiary)等不同制度的形成,以保护同性恋者的权益,使他们在法律上可以享有与异性配偶相同的权利,包括以继承权为代表的财产权,以及收养权、到医院探望的亲属优先权、病危后通知获悉权、手术同意权、殡葬决定权等身份权。①

从宪法的价值看,因为同性婚姻会对传统婚姻和社会价值带来冲击而拒绝将其合法化,拒绝将异性配偶在法律上享有的各项权利赋予同性伴侣,这一做法本身并不具有合理性。

所谓社会伦理道德,也并非一成不变,它是一个多元的和发展的概念,并保持其开放性。价值多元的现代社会崇尚个人的平等自由和自我发展,关注曾被忽视或者视为禁忌的少数人的权利,致力于实现对同性婚姻的法律认可,这本身就体现了时代的进步和社会文明的不断成熟。在尊重和保障人权原则的价值指引下,我们应该以开放、理性与宽容的态度来重新思考和解释《宪法》第49条“婚姻自由”在当代社会的内涵和价值变迁。

(五)宪法保障同性恋者的自我决定权

在宪法的视域中,同性恋关系中的个人可以像异性婚姻中的个人一样,寻求在这些问题上的自我决定权。“自我决定权”将成为所有人类的基本权利,不应在婚姻上进行区别对待,即使现实中不具有明确的合法性,也不能对同性恋群体给予不平等的待遇。个体往往属于少数,他们需要社会的承认、尊重和法律的认可,需要其家庭生活的正常化,他们争取

① 参见龙湘元:《国外同性婚姻在我国的法律适用问题》,载《中南大学学报(社会科学版)》2012年第6期。

的只是个人追求幸福的权利,以及与个人幸福和尊严联系在一起的公民地位和权益。宪法的人文精神应该尊重每一个人在不损害他人权益的前提下追求其个人幸福,实现其自我决定权。

四、同性恋者权利保护的未来展望

在现代社会发展中,人权的价值与社会现实之间存在冲突。如果仅依靠理念的力量,并不能保障现实生活中每一个人独立人格的发展和人权价值的实现。自英国《大宪章》以来的法治历史告诉我们,应该将尊重和保障人权的价值转化为社会的基本共识。从学术研究的角度来看,面对人权理念与社会现实的冲突,我们需要反思传统法学知识体系存在的问题,关注社会现实中存在的具体人权问题。在现代宪法学的视野中,尊重和保障人权构成法治社会的理性与道德基础。宪法学以人的内在需求为出发点,始终以维护人的尊严作为重要的历史使命。关注每一个人权利的实现,并不断扩大权利享有的主体和保护范围,让维护和发展人权价值成为整个社会共同体的基本共识,已成为宪法学和其他学科平等对话的价值基础。在现代宪治理念的普照下,我们需要对包括同性恋权利在内的人权价值体系进行重新思考,共同捍卫每个人的尊严,努力建构完善的人权保障体系和人权文化。

同性婚姻的宪法教义学思考

李忠夏*

[**内容摘要**] 美国法院判决的欧伯格菲诉霍奇斯(Obergefell v. Hodges)案为同性婚姻的合法化扫除了最后的障碍,但也引起了激烈的争论。同性婚姻的合宪性在美国的争论深具"美国特色",然而,这一问题却是跨越国境的宪法争议,德国依据其自身的宪法教义学传统与美国采取了截然不同的论证和分析路径。尽管如此,同性婚姻中的宪法问题仍具有共通性,即如何界定宪法中的"婚姻"。就此而言,中国需要结合自身的宪法文本、宪法语境和社会环境,依循自身的宪法学路径对此问题加以分析:一方面,从宪法教义学角度对"婚姻"的宪法界定保持一种抽象性和面向未来的开放性,界定其"可能性的边界";另一方面,又需结合中国自身的情况在"可能性范围"中进行选择,并作出符合中国国情的宪法决定。

[**关键词**] 同性婚姻　宪法教义学　欧伯格菲诉霍奇斯案

2015 年欧伯格菲诉霍奇斯案或许会成为另一个罗伊诉韦德案,撕裂美国社会,引起长时间的争论。这一案件不仅在美国引发争论,甚至在大洋彼岸的中国同样因为此判决而争论不休。究其原因,不仅因为本案涉及社会伦理观念和宗教观念的分歧,还在于这一"疑难案件"是一次很好的全面审视宪法教义学的机会。

一、同性婚姻中的宪法争议

美国联邦最高法院在欧伯格菲诉霍奇斯案中再一次形成了 5:4 的

---

* 中国人民大学法学院教授,法学博士。

格局,反对派法官纷纷撰写反对意见,可见分歧之剧烈。以肯尼迪大法官为代表的多数意见认为,“婚姻并不是一个与社会和法律的发展相隔离的概念”,即使异性之间的婚姻也同样经历了变革,1967 年的洛文诉弗吉尼亚(Loving v. Virginia)案终结了种族之间禁止通婚的禁令。同样,同性伴侣享有婚姻权也是水到渠成的,从历史和传统的角度来看,婚姻权是人的基本权利。① 美国联邦最高法院从 4 项原则和传统(个体自治、基本权利、保护家庭和儿童、婚姻作为社会秩序的基石)中推断出,同性伴侣与异性伴侣并无不同,应该受到正当法律程序和平等保护条款的保护。② 同时,多数意见也指出,“民主是一种合适的推行变革的方式,但前提是,这种方式绝不可以侵犯任何人的基本权利”,③“识别并保护基本权利是司法机构解释宪法这一职责最为核心的部分”,④从而重申了联邦最高法院对于保护基本权利所负有的不可推卸之责任。

就技术角度而言,保守派法官的批评主要集中于以下几点。

批评点之一是美国联邦最高法院越权。在保守派法官看来,宪法并未规定“婚姻”是什么,对婚姻的界定不应由美国联邦最高法院作出,而应交给美国人民,在这个事情上,美国联邦最高法院越权了。罗伯茨认为,同性婚姻应该通过政治民主过程由各州来决定,而不应该由美国联邦最高法院决定,“这不关乎婚姻是否应该包括同性伴侣,而是关系在一个民主共和制的国家中,应该由人民通过他们的民选代表作出,还是由 5 个被授权根据法律解决纠纷的法律人作出?宪法的答案显而易见”。⑤ 美国联邦最高法院在洛克纳案中所汲取的教训是,“法院压根儿并不关心立法是否明智或符合政策”。⑥

批评点之二是同性婚姻不能通过“正当法律程序”条款而变成实体性权利。罗伯茨认为,同性伴侣间的婚姻权并不属于“客观并且深深扎根于国家历史和传统”中的基本权利,婚姻的传统是只保护“一男一女”的婚姻权,而不是同性间的婚姻权,在同性婚姻中寻求“实体性正当法律

---

① See Obergefell v. Hodges, 576 U. S. (2015), p. 11.

② Ibid., p. 12 – 23.

③ Ibid., p. 24.

④ Ibid., p. 10.

⑤ Obergefell v. Hodges, 576 U. S. (2015) (Roberts, dissenting, p. 3).

⑥ Ibid., p. 3.

程序"保护的做法是错误的。① 托马斯大法官认为,联邦最高法院的判决"不仅不符合宪法,也不符合我们的立国之基"。②

批评点之三是禁止同性婚姻并没有违反平等保护条款,因为"区分异性和同性伴侣与州'保持传统婚姻架构'的合理政府利益有相关性"。③

批评点之四是美国联邦最高法院的判决侵犯了州的权利。斯卡利亚大法官认为,"联邦宪法中并没有关于婚姻的规定,正如今天判决的作者就在两年前所提醒我们的那样,'关于婚姻关系的法律规定一直都是州的专有管辖领域'。'纵观历史,联邦政府在家庭关系问题上一直听从州法的规定'"。④

批评点之五是担心自由主义的泛滥和道德虚无主义的恶化。罗伯茨担心同性婚姻的口子一旦打开,多人婚姻等非传统的婚姻形式就会接踵而至。⑤ 施特劳斯所担心的自由主义和多元主义带来"道德虚无主义"在这个案件中体现得淋漓尽致。

归根结底,本案争论的根本点在于,让5位非民选的法官来决定这个国家最重要的婚姻制度,让美国联邦最高法院来决定这个国家最重要的宪法问题,许多人心有不甘。这实际上是美国联邦最高法院一遇到疑难案件就会出现的自由派法官与保守派法官之间对峙的一种延续。在涉及宪法问题时,自由派法官通常倾向于积极回应社会观念的变迁,推动民权运动,扩展宪法所未列举的权利,如堕胎、隐私、同性婚姻等。相应地,美国联邦最高法院在社会变迁的情势下,不应表现得过于保守,而是应积极主动地出击。在沃伦法院期间,美国联邦最高法院就推动了众多民权案件。保守派法官则经常祭出原旨主义的大旗,要求在制宪者所设定的"权利法案"框架之下,不越雷池半步,美国联邦最高法院的态度也应该更消极和谦抑,由立法机关而不是由法院来回应社会的变迁。

---

① Obergefell v. Hodges, 576 U. S. (2015) (Roberts, dissenting, p. 8 – 23).

② Obergefell v. Hodges, 576 U. S. (2015) (Thomas, dissenting, p. 1).

③ Obergefell v. Hodges, 576 U. S. (2015) (Roberts, dissenting, p. 23 – 24).

④ Obergefell v. Hodges, 576 U. S. (2015) (Scalia, dissenting, p. 3 – 4).

⑤ See Obergefell v. Hodges, 576 U. S. (2015) (Roberts, dissenting, p. 21).

二、“美国特色”的宪法问题和跨越国境的宪法争议

(一)美国宪法教义学脉络中的“同性婚姻”

上述围绕同性婚姻所产生的争议带有很浓厚的“美国特色”,许多问题是典型的美国宪法体制下产生的问题。

在界定婚姻权是不是一项基本权利方面深具美国特色。在美国,除宪法所明文规定的宪法权利外,是否存在宪法文本并未明确规定,但对于人之为人而言至关重要的基本性权利一直存在争议。美国联邦最高法院的判决最终使“正当程序条款”成为未列举基本权利的来源和基础。罗伯茨大法官在本案中所质疑的洛克纳案传统的死灰复燃,在某种程度上确实如此。正是在洛克纳案中,美国联邦最高法院发展出“经济正当程序”理念作为契约自由的基础,使国家干预经济的立法一概受到“经济正当程序”的严格审查。然而,1937 年的西海岸宾馆诉帕里什案①推翻了洛克纳案对“实体性正当程序”的过度扩张以及由此确立的契约自由的神圣不可侵犯。但推翻经济领域“实体性正当程序”的无限扩张,并不意味着彻底推翻了“实体性正当程序”作为未列举之基本权利来源的先例。在此后民权运动不断高涨、新兴权利此起彼伏之时,尽管经济领域的自由不断缩减,但伦理、社会层面的自由则不断通过“实体性正当程序”得以扩展。罗伯茨对洛克纳案传统的批评仅限于经济领域,而无法推及整个自由领域。

然而,这并不意味着“实体性正当程序”的无度扩张。一项权利要成为基本权利,必须是“深植于我们国家的历史,传统和自由当中,如果不承认它们,这个国家的正义和自由就会受到侵害”的那些权利。② “正当程序条款实际上已成为美国联邦宪法中的具有总则性质的概括性人权保障条款。”③

随着斯通大法官著名的“第四脚注”所发展出的权利保护的“双重基准原则”,基本权利同宪法权利一样受到最严格的保护。如果某项法案

① See West Coast Hotel v. Parrish,300 U. S. 379(1937).

② See Washington v. Glucksberg,521 U. S. 702(1997).

③ 余军:《正当程序:作为概括性人权保障条款——基于美国联邦最高法院司法史的考察》,载《浙江学刊》2014 年第 6 期。

或者政府行为侵犯了宪法权利或基本权利,就应该满足“严格审查标准”;如果仅仅侵犯了非基本权利,则适用“合理审查标准”。顺着这一思路发展,可以知道,美国联邦最高法院对于同性婚姻的争议焦点在于“婚姻权是否是一项基本性权利”。尽管在之前的判例中,美国联邦最高法院已经数次表明婚姻是“一项基本的个人权利,对于自由人有秩序地追求幸福至关重要”。[①] 即使如此,对于罗伯茨大法官来讲,这也只限于“一男一女”的婚姻权,而非同性之间的婚姻权。然而,在洛文诉弗吉尼亚案中,禁止种族通婚在当时的美国如同今天的同性婚姻一样,同样不被视为“扎根于这个国家的传统和历史”。可以说,正是在同性伴侣的结合能否被纳入今天的“婚姻”制度类型这一问题上,罗伯茨等人与以肯尼迪为代表的多数意见存在根本性的分野。

传统对婚姻的定义是“一男一女的结合”,其目的是生育抚养、传宗接代。然而,随着社会观念的变迁,生育对于婚姻的重要性不断降低,婚姻不再是为了生育,而是基于感情的结合,涉及“个人选择和个人尊严的自由问题”。[②] 究竟同性婚姻是颠覆了传统的婚姻,还是只是加入了今天的婚姻制度中?对于这个问题的不同回答,导致了法律论证上的分歧。如果答案是后者,那么同性婚姻就如同异性婚姻一样属于一项基本权利,应该接受严格审查,且受平等保护条款的严格保护,不得受到歧视。相应地,州法在这一问题上的规定就需要接受合宪性审查,法院也未僭越权限,因为审查立法对宪法权利和基本性权利的侵犯本就是法院守护宪法的功能所在。美国同性恋群体也很快就意识到这一点,“贝尔案也使同性恋者立即意识到,司法机构也许是他们可以利用来争取婚姻权的最有效通道。这种考虑不无道理,因为同性恋者毕竟占人口中的少数,无法在短时间内动员起来足够强大的选民力量来对立法机构施加压力”。[③] 然而,如果答案是前者,即同性婚姻创设了一项新的权利,与异性婚姻之间存在明显类型上的差异,那么这一权利就既非宪法文本所明确规定,又非

① 王希:《原则与妥协:美国宪法的精神与实践》(增订版),北京大学出版社 2014 年版,第 779 ~ 780 页。

② See Planned Parenthood of Southeastern Pennsylvania v. Casey, 505 U. S. 833, 851 (1992).

③ 王希:《原则与妥协:美国宪法的精神与实践》(增订版),北京大学出版社 2014 年版,第 774 页。

“扎根于这个国家的历史与传统”,从而无法成为受严格审查的基本权利,并由于与异性婚姻之间的差异,而无法被纳入平等保护的范畴,或者只需接受“合理审查”,美国联邦最高法院就需尊重州立法机构的民主决定。

在这一连串的关联中,可以从同性婚姻的复杂争论中看到美国宪法教义学体系的基本脉络以及在这一脉络体系中的根本性分歧。在联邦最高法院的判决积淀下,美国形成了宪法权利和(未列举之)基本权利的区分。这一区分的形成建立在对“正当程序条款”的解释基础之上,并形成了“实体性正当程序”与“程序性正当程序”的汇流和相互配合。由此发展出权利的双重审查基准原则,对不同的权利给予不同程度的保护,而联邦最高法院的权限在这一框架中也得以限定,形成了司法与立法相互制衡与分工的体系框架。

在这一体系中,同样存在政治判断和价值判断的空间。例如,在对“婚姻”这一概念类型进行界定时,即可从不同的角度区分不同的类型:可以以“一男一女”作为婚姻类型的核心特征;也可以以“感情结合”和“个人选择”作为核心特征。这也由此衍生出“类型思维”的问题所在,①即类型特征的不同界定会产生不同的法律后果,但“类型”特征的界定是先定的政治判断或价值判断的结果。其中存在较大的自由判断空间,需要对此进行相应的法律论证,这从肯尼迪和罗伯茨的争论中就可看出。

(二)同一问题的不同解决:基于德国宪法教义学体系的分析

美国“实体性正当程序”作为宪法文本外未列举之基本权利的基础和来源,颇为类似于德国在艾尔弗斯案中确立的“一般行为自由”。德国在联邦宪法法院成立之初,便通过艾尔弗斯案将《德国基本法》第2条第1款的“人格自由发展权”扩展为兜底性的“一般行为自由”,防止未被基本法所列举的基本权利不能获得有效保护。② 德国在基本权利保护方面(包括平等权和自由权),在其基本法所规定的法律保留原则基础上发展

① See Larenz, Methodenlehre der Rechtswissenschaft, 6. Aufl. 1991, S. 465; A. Kaufmann, Analogie und, Natur der Sache, Zugleich ein Beitrag zur Lehre vom Typus, 2. Aufl., Heidelberg 1982.

② 参见张翔:《宪法解释方法的运用——以德国艾尔弗斯案为例》,载《学习与探索》2011年第3期。

出了“合比例”的法律保留原则，使比例原则成为基本权利审查中不成文的“帝王条款”。比例原则中的目的正当性审查、必要性与适当性原则与美国联邦最高法院发展的“双重基准”原则以及平等保护条款中的“三重基准”原则具有异曲同工的效果。这意味着，尽管各个国家在宪法的具体条文、宪法教义学体系的建构细节等各方面存在巨大的差异，但从中仍然能够找到相似之处：那就是在面临相似的宪法问题时，结合本国宪法的条文、历史、传统与现实建构能够解决自身宪法问题的宪法教义学体系。

具体到宪法中的“婚姻”制度，美国与德国的解决方案与论证路径当然是不同的。首先，在文本上，与美国宪法并未明确规定婚姻制度不同，《德国基本法》第 6 条第 1 款则明确规定“婚姻和家庭受国家秩序之特别保护”。其次，在宪法理论上，德国宪法学界基本接受了施米特对婚姻制度的界定，即“婚姻”是宪法中的制度性保障。在施米特看来，“通过宪法律之规定，可以为某些特定的制度提供特殊的保护。宪法律的目的就在于防止用普通立法的方式来废止某项制度”。① 施米特之所以区分基本权利与制度保障，原因在于他认为《魏玛宪法》某些规定混淆了基本权利的真正意义，如乡镇的自主权、大学的基本权利、婚姻、家庭等都不是真正意义上的基本权利。真正的基本权利不是法律赋予的，而是先于国家而存在的、传统意义上的自由权，是天赋的自然权利，如宗教自由、良心自由、人身自由等，其与国家之内的“具有民主性质”的公民权要区分开来，②同样也不能与制度保障混淆在一起。

时至今日，施米特所区分的真正基本权利、公民权和制度保障已经整合于基本法的基本权利理论中。制度性保障在今天得以延续的主要原因在于，基本法的基本权利条款仍然存在一些无法被纳入主观请求权当中的“客观制度”，如“乡镇自治”（《德国基本法》第 28 条第 2 款）、“职业公务员制度”（《德国基本法》第 33 条第 5 款）等。当然，今天的制度保障理论不再具备施米特所设定的与绝对基本权利相区分的功能，今天普遍的观点也认为《德国基本法》第 6 条第 1 款的“婚姻”既是一项关涉“婚姻自

① C. Schmitt, Verfassungslehre, 9. Aufl., Duncker & Humblot, Berlin 2003, S. 171.

② See Ebd., S. 168.

由”和防止受到不平等对待的主观请求权,同时也是一项客观的制度。[①]

颇具争议的问题是,制度保障究竟保障的是什么?由于制度保障的设置目的在于保障受保护对象免于立法者的废止和改造。也就是说,制度在于保障某项制度不因为法律修改而变得面目全非,因此,由宪法所接受的“特别具有意义的规范综合体”的“核心范围或者核心存在”就成为制度保障的保护对象。然而,究竟什么才是制度的“核心领域”呢?有学者认为,应该界定使相应宪法规范独具特色的“结构性原则”。[②] 然而,无论是“核心领域”,还是“结构性原则”,都与基本权利的“本质内容”一样变得难以界定,从而预留下足够的裁量空间。

具体到同性婚姻,同性之间的结合能不能被纳入基本法上婚姻制度的“核心范畴”,其关键仍在于如何界定“婚姻”。对此,德国联邦宪法法院认为:

> 基本法本身并未包含对婚姻的任何界定,而是以婚姻作为人类共同生活的特别形式为前提。就此而言,宪法保障的实现需要的是法律上的规制,目的在于安排和界定何种生活单位可以作为婚姻而享受宪法上的保护。在这里,立法者具有相当大的塑造空间,对婚姻的形式和内容加以规定。基本法对婚姻的保障不是抽象的,而是存在法律的具体安排之中……但在形塑婚姻制度时,立法者必须考量本质的结构性原则,该结构性原则可以结合受保障之基本权的自由特征与其他宪法规范,从基本法第6条第1款与先在的生活形式的联系中得出……在社会的变迁中,婚姻制度得以维系并通过基本法彰显其特征。属于婚姻内容的是:婚姻是一男一女结合为长期生活的共同体,建立在国家参与下的自由结合基础之上,在婚姻中,男女处于平等地位并且能够自由决定其共同生活的具体安排。[③]

① See Pieroth/Schlink, Staatsrecht Ⅱ: Grundrechte, 24. Aufl., C. F. Müller Verlag, Heidelberg 2008, S. 19.

② See Buhmke/Voßkuhle, Casebook Verfassungsrecht, 5. Aufl., Verlag C. H. Beck, München 2008, S. 39f.

③ BVerfGE 105, 313, S. 345.

根据德国联邦宪法法院的这一界定,同性之间的结合或者多偶制(一夫多妻或一妻多夫)的婚姻形式并不是《德国基本法》第6条第1款意义上的婚姻。在这个意义上,任何非婚姻的生活单位都很难受到《德国基本法》第6条第1款的保障。但德国联邦宪法法院同时指出,立法者并不会因此拒绝给予任何非婚姻的结合以任何法律上的承认以及竭尽所能地剥夺对他们的结合而言必要的财政和其他方面的支持。[①]

有一种观点认为,制度保障并不仅限于防御国家干涉的侵犯(歧视或损害禁令),[②]还在于禁止任何与婚姻制度相当的法律制度的存在。这来自黑塞的理论和德国联邦宪法法院之前的判决。在黑塞看来,《德国基本法》中的婚姻制度不仅要对抗国家权力的侵犯,而且需通过适当的措施提供积极的扶助。[③] 德国联邦宪法法院并未采纳这一观点。在德国联邦宪法法院看来,引入同性之间的伴侣关系,并不违反对婚姻加以扶助的宪法要求。"'关于终结对同性之间结合进行歧视的法案:同性伴侣关系法案'并未触及到作为制度之婚姻在宪法上的结构性原则以及立法者对之进行的具体安排……从制度保障中并不能禁止,为同性伴侣提供一种法律上与婚姻类似的伴侣关系的可能性。"[④]《德国基本法》第6条第1款禁止的是婚姻制度获得比其他生活制度更差的保护。法律上对同性伴侣的承认不会对婚姻制度产生实质上的冲击和损害,因此,没有理由不承认同性伴侣制度。同样,"无论从基本权利规范的语义还是发生史角度来看,都没有表明要给予婚姻制度比其他生活共同体以更多的保护"。[⑤]

可以看出,通过立法者和联邦宪法法院的努力,德国在同性婚姻问题上通过论证上的精心建构,发展出了一套妥协平衡的制度。在婚姻制度之外引入一个与之平行的同性伴侣制度,既能够兼顾保护同性伴侣的权利,又不会对传统的婚姻制度产生冲击,德国联邦宪法法院对立法者的充分尊重也恪守了司法谦抑的美德。似乎在这个问题上,德国找到了最适合自身的解决之道,照顾了各方面的利益。但是,将婚姻制度和同性伴侣

---

① See BVerfGE 82,6,15.

② See BVerfGE 6,55(76);24,104(109).

③ See BVerfGE 6,55(76);24,104(109); K. Hesse, Grundzüge des Verfassungsrechts der Bundesrepublik Deutschland,20. Aufl.,Heidelberg 1999,S. 198f.

④ BVerfGE 105,313,346ff.

⑤ BVerfGE 105,313,347.

制度区分开的做法是不是平等的？这种区分的做法是否会使同性伴侣感受到歧视？就宪法的平等权而言，首先要确定的是两类受到差别对待的事物之间具有“可比较性”，而要具有可比较性，就需要一个“参照点”或者一个上位的“类概念”，否则“可比较性”就无从谈起。如果对婚姻的界定是以“一男一女”作为类型的根本特征，那么同性伴侣与异性婚姻之间就并不具有实质的可比较性；然而，如果将婚姻界定为“两个人基于感情的自由结合”，将“感情”和“自由结合”视为婚姻类型的根本特征，那么同性之间的结合与异性的婚姻就具有了可比较性；并且，在这一参照系之下，将同性之间的结合排除在婚姻制度之外，就会涉嫌歧视。所以在花里胡哨的论证包装之下，核心的问题仍然是，究竟应该如何界定婚姻。德国联邦宪法法院拒绝对此进行回答，回避了这一根本性的价值判断。

三、以宪法变迁为指向的宪法解释：宪法教义学的现代功能

如上文所述，在同性婚姻的问题上，各国基于不同的宪法教义学体系，论证的思路和侧重点各有不同，但其核心问题却是相通的，都需对宪法中的“婚姻”进行界定。相比于美国和德国，中国宪法对婚姻的规定也有其独特之处。我国现行《宪法》第 49 条第 1 款规定了“婚姻、家庭、母亲和儿童受国家的保护”，第 49 条第 4 款规定了“禁止破坏婚姻自由”。从文本上来看，我国《宪法》的规定与《德国基本法》相似，都规定了婚姻和家庭受国家的特别保护，但我国《宪法》同时又明确规定了“禁止破坏婚姻自由”，这表明在婚姻制度中，“婚姻自由”是特别受到保护的法益。宪法文本对婚姻的明确规定使婚姻制度成为一项宪法所保障的制度，“婚姻自由”也顺理成章地成为基本权利之一，从而无须面对美国所需要解决的问题，即“婚姻”是不是宪法文本所未列举的基本权利。然而，在中国的宪法文本中，同样不能清晰地判断出“婚姻”的内容，也就是宪法所规定的“婚姻”是否本身就包含了“一男一女”的内在特征，还是说可以将“婚姻”扩展到“同性”之间。

对这一问题的回答，需要考量两方面的因素：一是原《婚姻法》对宪法的具体化；二是社会变迁和宪法变迁的情形。原《婚姻法》第 2 条第 1 款规定：“实行婚姻自由、一夫一妻、男女平等的婚姻制度。”这一条款可以被视为对宪法“婚姻”制度的具体解释，是对宪法的立法解释。也就是说，宪法中并未明确给出对“婚姻”的具体界定，但原《婚姻法》却明确将

之界定为“一夫一妻”。

然而,能否确切地认定宪法中的“婚姻”即为“一夫一妻”制的婚姻呢？需要注意的是,通过立法解释宪法本身就会陷入一个诠释学的循环中。一方面,宪法规范的内涵需要通过立法加以具体化;另一方面,宪法应该对立法关于宪法的界定本身进行“合宪性”审查。对宪法的界定摇摆于立法与宪法自身之间,如果完全将宪法的界定托付于立法,则会丢失宪法对立法的合宪性控制;而如果宪法针对每一立法都要进行严格的宪法审查,又会使民主政治过程的功能受到局限,使立法处于极大的不安定当中。这一问题的解决同样涉及宪法审查机构与立法机构之间权限的博弈,具体到美国和德国则演变为司法权与立法权之间的较量,而中国因为宪法审查权在理论上只能保留在全国人大常委会之手,所以这里并不涉及司法权与立法权的权限博弈。然而,这里仍然会触及,宪法审查的边界究竟在哪里？宪法审查机构在多大程度上应该尊重立法机构的决定？美国联邦最高法院通过判例基本确立了司法谦抑的原则,只有在涉及对宪法权利和“深深扎根于传统”中的基本性权利造成侵犯的立法时,法院才可以直接介入。所以,在美国需要讨论的是,“同性婚姻”是不是一项基本权利;而在德国和中国,由于文本的具体规定,需要讨论的则是对“婚姻”应该如何界定,但本质都在于“同性伴侣的结合”属不属于“婚姻”。

德国联邦宪法法院在判决中,尽管声称不会越权对婚姻进行界定,但实际上已经“先入为主”地将之界定为“一夫一妻”了。在对婚姻的界定上,我们需要考量的是社会变迁在多大程度上可以影响宪法的解释。婚姻制度古已有之,婚姻自确立私有财产以来为财产继承之故便演进为“一夫一妻”的制度。在这一类型下,排除了重婚、群婚、三代之内直系血亲之间通婚的可能,同样,“同性婚姻”也被排除在外。但同样需要看到的是,婚姻的观念也经历了变迁。比如,中国传统的婚姻制度虽以“一夫一妻”为基础,却辅以“多妾制”,美国在最初也将种族之间的通婚排除在婚姻制度之外。这表明,婚姻的观念是与时俱进的。

然而,社会变迁应该以什么样的方式影响宪法的决定呢？传统的观点是通过宪法解释的方式进行,但宪法解释如何从社会环境的变化和复杂性中遴选信息呢？这就需要为宪法解释找到一个定位点,而这一定位点可以从“宪法变迁”这一宪法现象中找到。虽然目前学界主要强调的是宪法变迁是由宪法解释所引起的观点,[①]如哈贝勒(Häberle)认为,宪法解释是永恒的、创造性的宪法变迁。[②] 但需要看到的是宪法变迁的另一面,即将宪法变迁视为宪法解释的基础。问题在于,应该如何理解宪法变迁,宪法变迁与宪法解释之间是否又会构成一个诠释学上的循环:通过宪法变迁来理解宪法解释、通过宪法解释来判断宪法变迁。打破这种循环的关键恰恰在于将宪法变迁视为一种"先入为主"的"前见"或者"前结构",从社会变迁和转型的角度建构基于中国宪法文本的"宪法理论"。[③]对宪法变迁的界定,要从文本的修改、历史上文本产生的背景以及社会现实的变迁、社会观念的变化等多重因素,从过去与现在的"视域融合"中进行界定,但不能超越宪法文本的语义射程。[④]

从宪法变迁角度对"符合中国宪法文本的宪法理论"的建构是一个诠释学而非认知理性的过程,其建构本身并非为了获得一个"唯一正确"的理论体系,而是在于从宪法变迁中确定特定宪法规范解释的"可能性边界"。由于宪法是法律系统与社会其他子系统之间的"结构耦合",法律系统正是通过宪法实现系统外价值的输入,并通过宪法的辐射效力将转换到系统内部的价值辐射到部门法中。在宪法教义学中,首先,需要确定的是宪法规范的"可能性边界",而这需要从宪法变迁的角度加以确定;其次,从"可能性范围"中作出最优的决定。这两个过程都存在可以争论的空间,因此,需要进行精心论证,且在论证中也需要运用多元方法,适度引入其他学科的方法和知识,如在决定的作出中,可以在一定程度上定向于后果考量。

---

① 参见韩大元:《社会变革与宪法的社会适应性——评郝、童两先生关于"良性违宪"的争论》,载《法学》1997年第5期;韩大元:《宪法变迁理论评析》,载《法学评论》1997年第4期;林来梵:《规范宪法的条件和宪法规范的变动》,载《法学研究》1999年第2期。王锴在一篇文章中仍持此种看法,参见王锴:《德国宪法变迁理论的演进》,载《环球法律评论》2015年第3期。

② P. Häberle, Die offene Gesellschaft der Verfassungsinterpreten, In: JZ. 1975, S. 297 ff.

③ 关于"宪法理论"作为宪法结构的"前理解"和宪法解释的前提以及"合乎基本法的宪法理论",参见E.-W. Böckenförde, Die Methoden der Verfassungsinterpretation-Bestandsaufnahme und Kritik, in: ders., Staat, Verfassung, Demokratie. Studien zur Verfassungstheorie und zum Verfassungsrecht, 2. Aufl. 1992, S. 63ff。

④ K. Hesse, Grenzen der Verfassungswandlung, in: P. Häberle u. A. Hollerbach (Hrsg.), Konrad Hesse Ausgewählte Schriften, 1984, S. 40ff.

在上述情况下,就需要对宪法中的“婚姻”进行一种能够涵括“多种可能性”的界定,需要考虑历史变迁中婚姻本质功能的演变,从所承载的“合二姓之好,上以事宗庙,而下以继后世”的社会功能、从与家国一体相连的政治功能、从恩格斯所描述的建立稳定的私有财产和身份继承秩序功能中逐渐退缩。在现代化背景下,只保留其基于两个人的自愿而结合成稳定家庭的功能,至于传宗接代或“不孝有三,无后为大”的观念已经发生了根本改变,而身份财产继承功能在等级社会消亡之后更无实质意义。如果从中国1982年宪法变迁的角度来看,宪法中的“婚姻”制度是一种维系传统之延续的“制度性保障”,其目的是防止立法者对相关已存在制度的肆意破坏,但并不阻止婚姻观念的变迁。

如果将婚姻界定为“感情的结合”,那么同性之间的结合和异性之间的结合在同一个上位概念之下就具有了可比较性,因此,在婚姻制度中将同性伴侣的结合排除在外就涉嫌歧视。结合《宪法》第33条第2款的“一般平等原则”,再加之科技发展对同性恋属性的重新认识(基于基因,同性恋与异性恋从感情角度并无本质不同),则宪法教义学对“婚姻”的概念界定就不必限制在“一夫一妻”类型中,而是可以扩展至“单偶婚”,即婚姻是两个人的结合,但不必是一男一女的结合。同性婚姻加入现有的婚姻制度,并不意味着为重婚、群婚、人兽结婚打开了大门,因为同性结婚并没有在本质上破坏现代性语境下的“婚姻”制度和功能,只是基于认知的改变和社会观念的改变,可以加入现有的婚姻制度。而上述类型与“单偶婚”并不属于同一类型,所以不具有可比较性。

当然,在宪法教义学对“婚姻”概念的界定上,以一种功能上抽象化的风格保持同性婚姻的开放性并不意味着现行秩序中已经承认同性婚姻的合宪性。在相关宪法决定作出前,这种开放性只是保留着一种可能性,但并未变成现实。在婚姻的界定中保持对同性婚姻的开放性,也不是意味着将同性伴侣的结合纳入婚姻才符合婚姻的真谛或具有道德正当性,而是在合适的时机(如社会的接受度已经达到一定程度)作出合适的决定。

四、结语:合宪性审查与立法权的互动博弈

根据上文分析,在界定宪法中的“婚姻”时,首先需要界定的是“可能性的边界”。一方面,应确定性地排除某些类型;另一方面,则应尽可能

地提供多样化的选择。虽然可能性并不必然转换为现实,但可以为宪法教义学保留对社会变迁的适应能力。然而,对“婚姻”进行这种突破传统的界定必会引来“僭越立法权”的非议,这与学界目前存在的贬抑合宪性审查的作用以及轻合宪性解释的观点存在直接关联。在美国,这来自美国联邦最高法院作为非民选机构过度频繁干涉立法权和政治民主过程的担忧;在德国,也存在对司法国这种现象和德国联邦宪法法院权力膨胀的担忧;在中国,也有学者认为“违宪审查并非是救命稻草”,①中国的宪法应该面向实践,而不应该寄希望于违宪审查制度。对此,这里存在一种对合宪性审查的误解,似乎合宪性审查的存在是为了永久性地解决所有的宪法问题,乃至中国现实中存在的所有的疑难杂症。这种观点固然夸大了合宪性审查的作用,但反过来认为合宪性审查和合宪性解释并无意义而对之加以否定,恐怕也失之偏颇,毕竟,合宪性审查制度的存在是为了防范代议制民主所可能存在的偏差,纠正很难通过代议制“多数决”原则所保障的少数人权利,防止“多数人的暴政”,保障基本权利的实现。换句话说,代议制民主作为政治过程与合宪性审查同为宪法实施的重要支柱,存在各自不同的功能领域,不可偏废。也有学者指出,合宪性审查并非反民主的,而是整个民主机制中的一环。② 合宪性解释的意义在于,在任何部门法进行法律解释时,如果存在多重解释的可能性,一定要选择最合乎宪法的方式进行解释,这也是为了确保能够通过宪法将社会中的价值决定传递并辐射至整个法律系统,保证法律系统的“体系性”和“融贯性”,实现“一致性控制”。

就同性婚姻而言,通过解释宪法而不仅仅是被动由立法加以具体化的原因在于:(1)同性恋群体的弱势地位注定他们很难通过民主过程获取权利救济;(2)科技发展改变了传统上人们对同性恋的认识,同性与异性之间的感情都是由基因决定的,并无本质不同;(3)在社会后果上,承认同性婚姻并不会对婚姻结构造成根本性的冲击,也不会通过教育影响到儿童,也就是说,同性婚姻是无害的。众所周知,美国在同性婚姻问题上涉及的争议实际上已经超越了“婚姻”,而触及政治。美国联邦最高法

① 姜峰:《违宪审查:一根救命的稻草?》,载《政法论坛》2010 年第 1 期。

② 参见[美]约翰·哈特·伊利:《民主与不信任:司法审查的一个理论》,张卓明译,法律出版社 2018 年版,第 150 页。

院的法官在这一类疑难案件中,总是“政治挂帅”,再寻找理由,所以波斯纳认为美国联邦最高法院是“政治法院”。确实,在这种政治——伦理观念的纷争中,并不存在唯一正确的答案,美国联邦最高法院针对这些政治议题所作出的“宪法决定”,有时候不得不考虑社会中的观念变化和判决可能会产生的社会后果。只有在一个逐渐能够接受同性婚姻观念的时代中,美国联邦最高法院的判决才能获得真正的社会基础,并进而影响人们行为观念的进一步改变。对于中国而言,宪法教义学层面保留“可能性”是一回事,在正确的时间作出正确的决定则是另外一回事。宪法的决定在某种程度上需要考虑天时、地利、人和,面向“事物的本质”。

同性婚姻、宪法权利与民主审议

——以罗伯茨大法官的反对意见为中心

姜 峰*

[内容摘要] 在欧伯格菲诉霍奇斯案中,保守派大法官罗伯茨针对将同性婚姻在全美合法化的多数派意见作了有力反驳。他强调,婚姻制度的历史变化并不能改变其系一男一女结合的本质特征,同性恋是个人自由,而婚姻是社会制度;《美国宪法第十四修正案》的正当程序,并未默示同性的"结婚权";婚姻不是单纯的个人自由,而是一项社会制度,拒绝同性婚姻合法化以及只给异性婚姻以政府优遇并不违反"平等保护"原则;以司法裁决同性婚姻合法化有违司法审慎原则,应交由民主过程决策。

[关键词] 同性婚姻 宪法权利 民主过程 司法审查

同性婚姻合法化问题的困难在于,它不只需要诉诸专业性的法律理解,而且涉及深刻的伦理分歧,再成熟的理性化法律机制在处理这类问题时也难以气定神闲。难题提交美国联邦最高法院予以定夺,或许仅仅是为了终结旷日持久的讨论,至少是暂时的终结。因此,对于截然分裂的法官意见,试图辨析何者方为正解的想法可能是徒劳无益的,而对于我们域外的观察者来说,理解其争议背后的宪法理论以及不同观点之间的紧张,才可能是最有价值的。

在欧伯格菲诉霍奇斯案①中,肯尼迪大法官主笔的多数派意见概有如下要点:(1)"婚姻"定义一直是变化的,同性婚姻有资格享受婚姻的神

---

* 华东师范大学法学院教授,法学博士。

① See Obergerfell v. Hodges,576 U. S. 644(2015).

圣、权利和责任;(2)“结婚权”是《美国宪法第十四修正案》默示的基本权利;(3)拒绝给予同性伴侣那些政府利益,既是对其人格的贬低也有违宪法“平等保护”原则;(4)民主讨论已经十分充分。反对派意见针锋相对,在每个要点上都作出了回应,并提供了新的论辩理由。笔者以罗伯茨大法官的意见为中心,就争议涉及的宪法问题特别是宪法权利的性质、民主过程与司法审查的关系作了初步讨论。

一、婚姻的定义

婚姻的传统定义,是一男一女的法律结合,像明尼苏达州法院在贝克诉纳尔逊案中所说的,婚姻是且一直是关于异性伴侣结合的制度,是“一种不可替代的包含生育和子女抚养的联合体”。① 1990 年版《布莱克法律词典》对婚姻的界定也是“一男一女结成的法律上的地位、条件、关系”。② 由此,从传统角度来看,“同性婚姻”这个词本身就是矛盾的。

这一点两派大法官都予承认,争论焦点在于是否接受婚姻形式的变化。早期索然无味的包办婚姻已被浪漫的自由婚姻所取代,跨种族婚姻的禁令也已经解除,各州也不再坚持将已婚男女视为一个法律整体(doctrine of coverture)的要求,而承认夫妇各自的独立地位。多数派认为,变化是婚姻制度的一部分,它“并不是一个与社会和法律的发展相隔离的概念”,男女结合并非婚姻的本质含义,婚姻是爱与神圣的结合,故同性伴侣也应享有婚姻的地位。

罗伯茨认为,历史上婚姻制度的那些变化都是外在的,其作为“一男一女的法律结合”的本质却一直没有改变,这在美国联邦最高法院的判例中也得到了承认,而且婚姻与生育和抚养后代的功能不可分割。废除种族通婚禁令这一变化,不能作为支持同性婚姻的理由,因为两种情况对婚姻本质的影响截然不同。罗伯茨所作的一个重要区分是,同性恋是“个人自由”,但婚姻属于“社会制度”。作为个人自由,人的行为可以是不受外来干涉的,重在满足个人目的;但婚姻作为社会制度,承载社会的目标,宣示个人的责任,社会为了族群的繁衍,用婚姻去约束那些喜欢性

① Baker v. Nelson, 191 N. W. 2d 186 (Minn. 1971).

② Stephen C. Hicks, Martina N. Alibrandi, Henry C. Black, Jacqueline M. Nolan-Haley and Joseph R. Nolan, *Black's Law Dictionary*, 6th ed., West Publishing, 1990, p. 972.

行为而不愿抚养孩子的人。

这是一个关键的反对理由。婚姻作为一项社会制度,并不完全基于两性的自愿。直到如今,显然也并非所有男女的自愿结合都被肯定为婚姻。婚姻只是被社会认可的异性结合,它的结成需要某种公认的成立条件,或由当局登记,或经宗教、世俗仪式宣告;同时,婚姻的解除亦需履行既定的条件,而在有的地方,婚姻一旦缔结就是不可解除的。① 稳定是婚姻的价值,因此在历史上,即使是男女之间的婚外性行为和生育也一直备受谴责。我国古时对婚姻的理解,也是强调其社会功能而非情感价值:"合二姓之好,上以事宗庙,下以继后世。"②这支持了罗伯茨所强调的,即婚姻的目的在于"保证一对父母在稳定的终生的稳定环境中抚养子女",它绝不只是一种个人自由,而是解决问题的社会安排,它解决了人们愿意发生性行为、愿意有子女但不愿意待在一起照顾子女的问题。③ 社会也借此达到一个集体的和长远的目的——种族的繁衍。

罗伯茨认为,同性婚姻缺少"婚姻"的两个核心要素:一男一女的结合以及生育和抚养后代。肯尼迪对这个反对意见有备而来。首先,他不惜笔墨强调婚姻的精神价值——爱、神圣感、自由与责任,这有利于削弱婚姻乃"男女结合"这一形式主义的反对理由,他的逻辑是,婚姻的核心是爱的结合,同性伴侣是爱的结合,所以同性伴侣也是婚姻。但前面提及,婚姻的感情基础反而可能是其作为社会制度不太强调的。其次,对于生育和抚育后代,肯尼迪强调的是,一方面,"婚姻权利不能以有能力或者承诺会生育为条件";另一方面,"同性伴侣能够提供慈爱并互助的家庭",并称"目前无数儿童正接受这样的同性伴侣的抚育"。尽管这一判断不乏事实支撑,但相反的数据也同样存在。

对婚姻的传统理解以及婚姻抚育后代的功能,都是世俗的理由——这些是大法官能够说出口的,但他们都回避了同性恋是不是一种"好的"(good)的生活方式的问题。同性伴侣并不一定缺少感情基础,事实上,

---

① 参见[芬兰]E. A. 韦斯特马克:《人类婚姻史》(第3册),李彬等译,商务印书馆2002年版,第1167~1171页。

② 《礼记·昏义》。

③ Obergerfell v. Hodges,576 U. S. 644,689(2015). 本文引用的大法官判决意见,如无特殊说明,均出自该案。下同。

由于他们总是处在充满敌意的环境中，这种结合可能比某些异性伴侣更多地基于情感因素。大法官的回避是制度性的，罗伯茨是虔诚的天主教徒，他一定有比法律推理更笃定的宗教信念，但作为大法官，他反而不能像普通公民和保守的天主教社团那样，可以在一个世俗社会中直言对同性婚姻的不屑。在历史上很长一段时间，婚姻都是教会的而非世俗的认可。塞缪尔·约翰逊（Samuel Johnson）曾严肃地说：婚姻除夫妻外还包含了一个"第三者"：社会或者上帝，意为婚姻不只是个人事务，也是社会的关切。在一个基督徒眼里，婚姻首先意味着责任。但是，"政教分离"使诉诸宗教信条反对同性婚姻变得十分敏感，而这恰恰可能在反对者内心是根深蒂固的。罗伯茨对"传统"的强调，可能是为了掩饰宗教情怀，世俗论辩措辞的限制抑制了大法官内心深处的反对。

二、结婚权：默示的宪法权利

肯尼迪把同性婚姻视为《美国宪法第十四修正案》默示的"结婚权"（right to marry），在他看来，这就像隐私权一样无可争议。这一观点背后的宪法哲学，是"活的宪法"（living constitution）理论——宪法要适应时代的变化。这是一种杰弗逊主义的激进宪法观念，它向新的时代和人民的意志开放，进而准备把所有新诉求纳入宪法庇护之下。同性恋者就是通过将自己的主张立基于"权利理论"（rights-oriented argument）获得成功的，①因为"权利"话语是"一种不妥协的话语"，②它直接诉诸宪法训诫来规避民主过程旷日持久且前途难料的审议。他们找到的宪法依据是《美国宪法第十四修正案》中的正当程序（due process）条款：非经正当程序，公民的生命、自由和财产不得被剥夺。洛克纳案③开创的"实体性正当程序"理论，成为同性婚姻合法化的先例和理论说明。

罗伯茨反对这种看法，认为在发现默示权利的过程中保持克制十分必要，要"不断地坚持对于历史的尊重，对于社会基本价值的认识，以及

---

① See William N. Eskridge r., *A History of Same-Sex Marriage*, Virginia Law Review, Vol. 79, No. 7, Symposium on Sexual Orientation and the Law(Oct., 1993), p. 1419 – 1513.

② See Mary A. Glendon, *Rights Talk: The Impoverishment of Political Discourse*, The Free Press, 1991, p. 9.

③ See Lochner v. New York, 198 U. S. 45(1905).

对于联邦主义和三权分立的敬畏”。法院不是立法机关,法官不应用自己关于社会和经济问题的信念代替政治审议,否则就是“将个人偏好变为宪法要求”。罗伯茨认为肯尼迪滥用了实体性正当程序概念,抛弃了司法克制原则,而且,这个源于臭名昭著的斯科特案①的概念现在几乎被抛弃了。多数意见赖以为据的洛克纳案判决方式,也早已行将就木。如果非要创造一项权利,它必须是“客观并且深深植根于国家的历史和传统”,并且“隐含于有序自由的概念下,以至于如果这些权利被牺牲,那么自由和正义都不复存在”。而显然,同性婚姻是近20年才出现的权利主张。②

同性婚姻可以合法化,视为宪法权利却大可质疑,这至少与宪法旨在训诫国家权力的传统功能相去甚远。宪法权利特指那些具有“公共重要性”的权利,言论自由、选举权等之所以成为宪法权利,并不是因为它们增进个人利益,而是因为它们构成民主社会的信息机制,缺少了它们,政府就会闭目塞听,公众也会无法参与公共事务,选举制度作为民主的“心脏”也将停止跳动。宪法权利也意指那些具有“脆弱性”的权利,由于其最容易受到政府的压制,才有必要写入宪法这一“高于且先于政府”的文件,言论与宗教自由如是,刑事诉讼中的沉默权、无罪推定、非法证据排除、禁止双重危险等亦然。基于这两点,宪法权利才具有“反多数权衡”的特点,就像德沃金比喻的“王牌”和哈贝马斯所谓的“防火墙”,它不受多数决机制的限制。

因此,宪法权利的主要目的在于防备国家权力的结构性缺陷,而同性结婚的权利并不具有上述特征,它不是致力于优化个人同国家的政治关系,而是在改变个人同个人的社会关系。罗伯茨指出,类似劳伦斯案③和其他隐私权的一系列判例,都并不支持宪法上的结婚权。和禁止使用避孕药、惩罚鸡奸的刑法不一样,主张异性婚姻的州婚姻法并未纵容政府侵入私人空间,它们没有创造任何罪名,也没有施加任何惩罚,同性伴侣可以共同生活,亲密行为不受干涉,没有任何人因为现行的婚姻法而必须孤

① See Dred Scott v. Sandford,60 U. S. 393(1857).

② 1995年,美国民众对同性婚姻的支持率只有25%左右。2011年,权威民调显示,已经有过半数的美国民众支持同性婚姻。

③ See Lawrence v. Texas,539 U. S. ,123 S. Ct. 2472(2003).

独终生,同时州法也没有妨碍任何人独处的自由。所以,这些州法不能以宪法默示的所谓“结婚权”而予否决。

从托马斯大法官的反对意见中,也可以得到类似的支持。他认为,同性婚姻的权利诉求与宪法防备权力、保护自由的传统功能不符。“上诉人不能根据其勉强自圆其说的‘自由’定义来声称合众国因其同性关系而对其进行了监禁或人身限制。恰恰相反,同性伴侣早就能够正常同居生活并抚养子女。同性伴侣早就能够在同性婚姻合法化的各州举行婚礼,也能够在合众国各州举行私人宗教仪式。他们能够自由通行合众国各州各地,自由选择安家之地。这些都与被监禁或受到人身限制的说法不沾边,上诉人能够任意支配自己的人生。”

同性婚姻可以合法化,但它称不上联合国原秘书长潘基文在本案判决发布后所赞誉的——“人权的进步”。同性婚姻问题带有深刻的道德、宗教和政治价值烙印,合法化满足了部分人的愿望,但注定不可能被所有人认同,在这个议题上,注定是一些人欢呼雀跃,另一些人慨叹唏嘘。合法化在根本上是一个政策性选择,而不是普遍的法律权利,将其视为“基本权利”或“人权”,仿佛在暗示那些拒绝将之合法化的国家在“侵害人权”,而这是对宪法和人权价值的野蛮的、根本性的误解。由此,我们也可以理解,为什么罗伯茨义正词严地说“同性婚姻与宪法无关”。

三、同性婚姻与“平等保护”

同性伴侣追求婚姻名分的一个重要原因是婚姻附带的可观“政府优遇”(government entitlement)。据 2007 年的官方统计,在联邦层面就有 1100 多个法条涉及的公共待遇设定了婚姻条件。州也是如此,大多数反对同性婚姻的州拒绝给予同性伴侣以婚姻的待遇,这些待遇涉及税收、继承、保险、医疗、工伤、就业、收养、移民等诸多领域。联邦的婚姻保护法(Defense of Marriage Act, DOMA)以及州的小婚姻保护法(mini DOMAs)维持了这种区别。利益是一个方面,它也造成了不公平感,当旅行或者移居他州,区别对待使同性恋者经常感受到生活的艰难。① 州对

① See Gary M. Segura, *A Symposium on the Politics of Same-Sex Marriage: An Introduction and Commentary*, Political Science and Politics, Vol. 38, No. 2 (Apr., 2005), p. 189 – 193.

同性婚姻的不同立场和待遇,造成了州法之间的冲突,使同性伴侣不能享受婚姻的同样对待,这被认为侵害他们受到"平等保护"的权利。肯尼迪在判决中写道:"将同性夫妇隔离在这个国家一项核心社会制度之外的做法,有损于他们的人格。"

主张背后的事实是存在的。罗伯茨回应的方式,是强调这种区别对待体现了政府的合理利益。利益不是权利,对婚姻的政府优遇是一种社会政策而非法律权利,法律权利要求平等以待,而政策允许厚此薄彼。对婚姻的优遇是为了推进合理的公共目标——稳定家庭这一基本的社会单元,并鼓励夫妇养育子女。"本案中的婚姻法并没有违反平等保护条款,因为区分异性和同性伴侣与州'保持传统婚姻架构'的合理政府利益有相关性。"这些优待关联着税收和财政支出,并且是民主机制审议的结果,其正当性无可质疑。否则,如果同性伴侣可以主张拥有那些政府优遇,那么单身的个人是否可以作同样主张,并说区别对待是对公共财政的误用?

政府对婚姻提供的各种优遇再次表明,婚姻不仅是一种个人自由,更是一种社会制度,尊重婚姻是为了实现抚育后代这一重要的社会目的,将同性伴侣排除在优遇范围之外,很难说是宪法上的不平等。罗伯茨的核心观点是,同性伴侣不属于"婚姻",自然也就"无权"享有赋予婚姻的待遇。不仅如此,宪法保护个人自由,但是,如果说可以要求政府提供那些优遇,则等于宪法可以强迫政府提供"积极权利"——这类权利涉及税收和财富再分配,而这与美国的自由精神不符,"同性恋者寻求的是对他们关系的公众承认,以及相应的政府福利。我们的判例一贯拒绝打着宪法自由的幌子向州政府要求福利"。

汤姆斯大法官也认为,同性伴侣对平等和尊严的渴望误解了宪法的性质,他提供了一个有力的论辩理由:尊严来自天赋,而非政府赋予,并认为这是建国时代流传至今的真正的美国精神。言外之意,同性伴侣并不是得到了婚姻的名分、享有了政府对婚姻的优遇就有了平等和尊严,多数派实际上是以臆造的"人的尊严源自政府"来支持自己的主张。有趣的是,托马斯作为联邦最高法院少有的黑人大法官,却是一个坚定的保守派。在以前的判例中,他反对针对包括黑人在内的少数族裔的"优待措施"(affirmative action),坚信真正的平等和尊严有赖于少数民族用自己的禀赋和努力去争取,优待反而阻碍社会平等地看待黑人。这一看法与他在本案中的意见遥相呼应,可能是反对派意见中最具哲学意义的论辩了。

在主张“宪法权利”时,肯尼迪强调了婚姻的崇高性,并认为同性伴侣同样是为了见证这种崇高。但是,他可能忽略了,“婚姻”之所以崇高,恰恰因为它是“一男一女的结合”,以及由此产生的抚育后代的机会和责任,这种崇高来自历史和传统,并与婚姻制度对男女之间性和生育行为的约束密切相关。同性恋者先是拥有了个人自由,他们可以生活在一起,包括性行为在内的私密活动不受干扰,而后才拥有了法律上的“民事结合”(civil union)地位,有的州(马萨诸塞州)已经给予这种关系以异性婚姻的一切好处。① 在这种情况下,同性伴侣仍然要求“婚姻”名分,是否还有充分的理由?马萨诸塞州的做法真的像同性恋者所批评的那样,与“平等但隔离”无异吗?② 为什么一定要同异性伴侣争夺“婚姻”的名分?他们是否应该有一种信心,让自己的“民事伙伴”关系变得崇高?

四、民主与司法审查

司法审查就像一个制动装置,它用于防备民主机制的失灵。在拓展言论自由、宗教自由、人身自由、种族平等公共制度方面,这一装置曾经大显身手。

这并不否认民主过程有无可替代的优点,如容许开放的公共讨论、投票的民意正当性、尊重传统、保持地方差异等。它可以解决很多问题,特别是那些与“钱”有关的公共事务——敛钱(征税)、花钱(财政)、印钱(通胀)、借钱(举债)。多半因为“钱乃身外之物”,所以容易通过妥协达成一致。在本案中,斯卡利亚大法官指出,同性婚姻合法化将改变“政府优遇”的受益对象,这与钱有关,交由司法裁决不但有违“无代表不纳税”,也与“无代表无社会变革”(no social transformation without representation)原则背道而驰。相比肯尼迪的“权利”话语,这个反对意见切题而深刻——同性婚姻既然涉及财政和征税问题,还是交给纳税人通

① See Arthur Lupia, Yanna Krupnikov, Adam Seth Levine, Spencer Piston and Alexander Von Hagen-Jamar, *Why State Constitutions Differ in Their Treatment of Same-Sex Marriage*, The Journal of Politics, Vol. 72, No. 4 (October, 2010), p. 1222 – 1235. 英国、丹麦等国在将同性婚姻合法化之前,曾有同样做法,即给予同性伴侣以相同的法律待遇。

② “Marriage is more perfect union: In gay marriage debate, separate but equal won't cut it”. See Hammond Bill, *New York Daily News*, April 20, 2009.

过民主过程决策更好。

诉诸民主过程,是反对同性婚姻的一个老生常谈的理由。[①] 婚姻问题是州立法机关的传统权限,[②]“法院不是立法机关”,在涉及价值选择、再分配问题时,民主过程更具正当性,所以本案令反对派出离愤怒的原因,就在于以司法判决终结了民主讨论。罗伯茨写道:“多数法官明确拒绝了司法审慎,忽略谦逊,公开依赖于他们想根据自己的‘新见解’重塑社会的欲望。因此,美国联邦最高法院宣布超过半数州的婚姻法无效,强制改变一个数百万年来形成人类社会基础的社会制度。”托马斯大法官说,多数派“一纸裁决一举抹去了30多个州的在此议题上的政治成果”,这是武断的和危险的。可以想见,在中西部和南部那些保守的农业州,强令同性婚姻合法化对于那些秉持传统家庭观念的人们来说会造成多大的困扰。

不仅如此,罗伯茨写道,由于没有交付民主过程慢慢解决,鲁莽的司法判决会制造更多的麻烦。例如,当一个教会学校只向异性伴侣提供住宿,或者当一个宗教收容机构拒绝同性伴侣收养小孩时,宗教自由与同性婚姻的冲突就会出现,这些问题很快就会被提交到美国联邦最高法院面前。民主过程不能满足所有愿望,但是失败的人们还有表达愿望的机会,他们的声音可以不断提出以被倾听,说服更多的人重新思考某个问题。罗伯茨认为,司法判决实际上断绝了一个让同性伴侣获得更多的社会谅解的机会,反而可能导致其愈加不被认同。

但是,民主过程的限度何在?它可以旷日持久,但可否永无定论?肯尼迪大法官没有回避民主过程的作用,他的看法是,人民已讨论过。的确,在过去的20多年,同性婚姻一直是美国社会的重要议题,“全民公决、立法讨论以及草根运动;各州研究和其他作品;以及在州和联邦法院发生的广泛的诉讼,已经增强了人们对这一议题的理解”。此前将同性婚姻合法化的20个国家,也多是借助议会立法完成的。民主过程非但没有达

---

① See The Kathleen E. Hull, *Political Limits of the Rights Frame: The Case of Same Sex Marriage in Hawaii*, Sociological Perspectives, Vol. 44, No. 2 (Summer, 2001), p. 207 - 232.

② See Ann C. Dailey, *Federalism and Families*, 143 University of Pennsylvania Law Review, 1787 (1995); Michael Grossberg, *Governing the Health*, University of North Carolina Press, 1985, p. 295 - 296.

成共识,反而加深了分裂:50 个州分成了两派,37 个州及华盛顿特区赞同同性婚姻合法化,其余 13 个州反对,这引发了州与州之间的法律冲突问题(conflict-of-laws issues),而联邦的婚姻保护法也造成了更多分歧。在这样的法律环境下,同性伴侣在反对同性婚姻的州面临深刻的敌意。还有,美国《宪法》第 4 条的"充分信任与尊重"(full faith and credit)条款要求一州尊重其他州的法令,这也同各州的立场差异构成了紧张。所以在客观上,无论是诉诸民主过程还是司法过程,似乎都需要法律的统一。①

这使社会更多地寄希望于司法过程,毕竟,美国联邦最高法院对此类案件拥有管辖权,因为这不只是婚姻定义问题,更涉及宪法的"正当程序"和"平等保护"原则。美国联邦最高法院"何乐而不为"? 从历史上看,它经常成为压倒骆驼的最后那根稻草,大法官们擅长审时度势,不失时机地作出石破天惊但顺应潮流的判决。大概这次也是一样,认可同性婚姻既然不乏"群众基础",他们所要做的也许就是说最后一句话!

尽管司法暂时终结了政治讨论,但未必像罗伯茨和斯卡利亚所说的,是美国联邦最高法院的"司法专断"。尽管美国联邦最高法院经常咄咄逼人,但这种权力并非"伟大的篡权"得来的,而是像基斯·惠廷顿所说的,有其独特的政治基础——国会和总统的默认。② 民主过程悬而不决,就轮到法院大显身手了。而且,州法院和联邦下级法院的法官们,并非被隔离在关于同性婚姻的政治对话过程之外,虽然他们作出的判决立场不一样,但也并非一味地同多数派分道扬镳,本案之前在第六巡回上诉法院的审判中,法官的意见就同多数民意一致,案子之所以打到美国联邦最高法院,无非因为美国联邦最高法院有一裁终局的宪法权力。杰克逊大法

---

① See Patrick J. Borchers, *Baker v. General Motors: Implications for Interjurisdictional Recognition of Non-Traditional Marriages*, 32 Creighton Law Review, p. 147 (1998); Deborah M. Henson, *Will Same-Sex Marriages be Recognized in Sister States?: Full Faith and Credit and Due Process Limitations on States' Choice of Law Regarding the Status and Incidents of Homosexual Marriages Following Hawaii's Baehr v. Lewin*, 32 University of Louisville Journal of Family Law, p. 551 (1994); Andrew Koppelman, *Same-Sex Marriage, Choice of Law, and Public Policy*, 76 Texas Law Review, p. 921 (1998); *Recognition of Marriage*, 32 Creightonl. Rev, p. 83 (1998).

② 参见[美]基斯·威廷顿:《司法至上的政治基础:美国历史上的总统、最高法院及宪政领导权》,牛悦译,北京大学出版社 2010 年版,第 309 页。

官曾言:“我们说了算并不是因为我们正确,我们正确是因为我们说了算。”①

民主过程并未因为司法判决而终结。首先,同性婚姻合法化意味着,许多相关制度都要改变。这可能是一个艰难的过程——联邦政府的上千项法律规定,其中包含大量的赋予异性婚姻的福利、税收、优待措施,需要慢慢在民主过程中改变;州立法机关将重新审议那些给予婚姻的优待措施,如果它们被取消,将面临合宪性疑问;有些则涉及对刑法的修改,如今后攻击执法人员的同性配偶也将入罪;②很多由政府提供的待遇也将因为新规则而增加财政支出,这意味着要考虑增税;无数公司也将重新审议那些给予婚姻的优待措施;州机构和私人雇主将重新计算给予婚姻的保险、请假等措施的成本与收益。其次,人民仍然有机会改变想法,他们可以通过新的国会立法或者宪法修正案,重新拒绝同性婚姻。甚至,在“民事伙伴”之外,或许会创生新的制度和词汇,对不同性别构成的“婚姻”进行细分。从这个意义上来说,今天的判决从司法的角度来看是终审判决,但从恒长的角度来看仍是政治对话的一个步骤,它并没有终结公共讨论。司法审查不过是美国制度的一部分。

五、结语:同性婚姻与中国

本案对美国社会影响深远,但对中国来讲,同性婚姻合法化既不值得欢呼,也不值得追求。这个判决结果是美国社会和法律机制的独特产物。

首先,是诸多特殊因素促成了同性婚姻在美国社会被接受。第一,美国是发达的后工业社会,农业及相关产业人口比重很小,这是传统伦理观念和家庭结构崩溃的社会基础。竞争性民主机制推波助澜,顺应这一社会风潮,加速了同性婚姻合法化。同性婚姻也是20世纪60年代以来“权利革命”的副产品,愿望权利化、极端个人主义、以成年人为中心(而不是以子女为中心)的生育观,导致了绝对的生育自由观。肯尼迪大法官也指出了,同性恋被接受是“20世纪晚期大规模文化和政治发展”的结果。

---

① Brown v. Allen,344 U. S. 443.

② 美国联邦的刑事法律规定,涉及美国官员、法官或联邦执法人员的攻击,绑架或谋杀其“直系亲属”的行为是犯罪。尽管“配偶”有资格成为官员的“直系亲属”,但美国《婚姻保护法》使这种保护不适用于同性配偶。

第二,美国虽然不是福利国家,但联邦和州提供的福利保险仍相当可观,如前所述,其中以“婚姻”为条件的就达1000余项,这更刺激了同性伴侣的不公平感,如果没有这个原因,同性婚姻合法化诉求将大大减弱。第三,美国政教分离让公立学校完全隔离了宗教影响,孩子自小成长在世俗氛围中,使个人自由观念容易超出宗教约束而广为传播。

其次,要注意这是个势均力敌的判决,像40年前罗伊诉韦德案①关于堕胎的判决一样,已经造成了美国社会的分裂。没有争议的案子不会诉诸美国联邦最高法院,而如果不是极富争议,也不会以5∶4收场,而且本案中一票定乾坤的,居然是摇摆派大法官肯尼迪,他的立场只是“偏左”而已。这个判决代表的不是意见的统一,而是意见的严重分裂,未来发生何种意见变化,如国会是否会以新法推翻判决,或者会不会用宪法修正案确认异性婚姻,甚至联邦最高法院将来是否自己推翻此例,都还没有定论。

这样说的原因在于,同性婚姻不是不好,但肯定不是一个绝对的好,传统的婚姻立场在美国不会消失。在本案之前,各州民意就形成了难以调和的对峙,州和联邦法院先前的判决也针锋相对,这显示了一个难题:性与婚姻问题涉及内心信念,以说服为特征的世俗法律机制恐怕难以圆满应对。而且,也许统计数据显示反对和支持同性婚姻的人们已经各半,但这只是数量的对比,不能低估某些反对者的意见强度。据报道,占美国总人口25%信众的福音派教会,已经决定对美国联邦最高法院的判决“抗争到底”。

最后,除本案的判决结果外,它的决策机制更值得我们关注。类似同性婚姻合法化这样的少数派主张之所以能够“登大雅之堂”,主要是因为那些被视为离经叛道的少数派声音能表达、被倾听、被接受。这个制度环境也催生出诸多对公共权力进行限制的法律规则。例如,在2014年,同样是在美国联邦最高法院,9名大法官一致判定今后警察搜查智能手机应申请搜查令,而不能像以前那样将之作为“附带于逮捕的搜查”而随意

① Roe v. Wade,410 U. S. 113(1973).

为之。[1] 同性婚姻合法化成为受人关注的宪法案例,在很大程度上是因为基本的公共问题都已解决。例如,曾用于射杀凶猛野兽的猎枪,今天也可用来驱赶谷仓里的老鼠。

① See Riley v. California,573 U. S. 373(2014). 该案判决书中的译本及评论,参见熊静文:《智能手机时代对搜查的宪法控制》,载齐延平主编:《人权研究》第14卷,山东人民出版社2015年版,第395页。

司法能动主义视野下的同性婚姻和平等保护

——基于欧伯格菲案的讨论

汪庆华*

[**内容摘要**] 美国宪法上的婚姻权实乃美国联邦最高法院基于司法能动主义经由正当程序条款而创设的未列举基本权利。欧伯格菲(Obergefell v. Hodges)案确认了同性婚姻合法化,也引发了广泛的争议。但它并不像反对者所描述得那么激进,它不过遵循先例,将婚姻权这一未列举基本权利平等地适用于同性伴侣而已。美国同性婚姻合法化有其学说、规范和方法的基础,可以分别从同性权利的法律演进史、未列举基本权利的平等保护和宪法解释方法这三个方面予以证成。至于欧伯格菲案是司法能动主义产物的批评,文章从经验角度为司法能动主义正名,并揭示了该案背后的司法哲学之争的实质。围绕司法能动主义的争议的核心问题在于司法和民主的关系。司法能动主义不仅没有僭越民主,实际上更具有促进民主的功能。

[**关键词**] 司法能动主义　同性婚姻　正当程序　平等保护

美国联邦最高法院在历史上曾不止一次以积极的姿态介入社会议题,突破法律形式主义的框架,从而顺应时代潮流,回应民众诉求。1954 年

---

* 北京师范大学法学院教授,法学博士。

布朗诉教育委员会案[1]确立了教育领域的种族平等,从法律上废除了公共领域的种族隔离制度。[2] 布朗诉教育委员会案引发了南方种族主义者激烈的反对。为了执行这一判决,在1957年的小石城事件中,艾森豪威尔总统不得不派出101空降师维护小石城的秩序,由军人护送黑人学生进入学校。不唯如此,在1965年格里斯沃德案中,美国联邦最高法院创设了隐私权这一未列举权利,宣布康涅狄格州禁止夫妻使用避孕药具的法律因侵犯"婚姻隐私"而无效。[3] 1973年的罗伊案判决确立了女性堕胎的权利。罗伊案引发的对立迄今未衰,支持者和反对者之间的分歧日渐扩大,冲突也愈发尖锐,至今不息。[4] 而2015年6月的欧伯格菲案[5]则是这一司法能动主义传统的继续和发展。该判决明确,各州应当为同性伴侣颁发结婚证书。作为基本权利,婚姻权不限于异性婚姻,同性婚姻和异性婚姻受法律的同等保护。判决甫一公布,肯塔基州州长即于2015年7月下令,户政人员应当依法为同性伴侣核发结婚证。尽管如此,同性婚姻的反对者仍不惜以身试法。在美国联邦最高法院宣布全美同性婚姻合法化后,肯塔基州罗恩县的户政主管金姆·戴维斯以《美国宪法第一修正案》保护其宗教信仰自由为由,向美国联邦最高法院提起诉讼,要求法院颁发紧急延缓令,允许她拒发结婚证书给同性伴侣。8月31日,美国联邦最高法院作出裁决,驳回戴维斯的诉求,但这并没有改变戴维斯维护

---

① 赫伯特·韦斯勒(Herbert Wechsler)于1959年在哈佛大学法学院的霍姆斯讲演中提出了美国联邦最高法院审理宪法案件应当遵循中立原则,摒弃任何将个人价值强加于立法机关以及一般人民的做法。他赞同布朗诉教育委员会案的判决结果,但对美国联邦最高法院用社会科学,主要是心理学的研究成果作为裁判理由的做法提出了批评,他提出应当以结社自由(freedom of association)作为废除种族隔离的宪法基础。这个思路的确比布朗诉教育委员会案的进路更具法律上的说服力。See Herbert Wechsler, *Toward Neutral Principles of Constitutional Law*, 73 Harvard Law Review, p. 1(1959).

② 对于通过法院改变社会议程,推动社会进步也不乏质疑。杰拉德·罗森伯格(Gerald N. Rosenberg)在《空想:法院能带来社会变革吗?》一书中就指出,如果没有政治上的跟进、公民的支持以及守法的动力,法律规则本身的变化并不能够带来重大的社会变革。See Gerald N. Rosenberg, *The Hollow Hope: Can Courts Bring About Social Change*, University of Chicago Press, 1991.

③ See 381 U. S. 478(1965).

④ 参见方流芳:《罗伊判例:关于司法和政治分界的争辩——堕胎和美国宪法第14修正案的司法解释》,载《比较法研究》1998年第1期。

⑤ See 576 U. S. 644(2015).

自己宗教信仰的坚定立场。9 月 1 日上班期间，她依旧将多对同性伴侣拒之门外。戴维斯此后因藐视法庭罪而入狱。①

欧伯格菲案本身蕴含法律和政治的分野、司法和立法的制衡、传统和进步的冲突。它全面而生动地演绎了成文宪法的意义和局限，宪法解释理论之间的竞争和诘难，更进一步引发对司法和民主关系的反思。本文首先经由司法学说的演变揭示了美国同性恋权利是如何发展到同性婚姻权的，并随后展现了多数意见的学说基础和理论证成。婚姻权是美国联邦最高法院在晚近历史上经由正当程序条款而创设的未列举权利，欧伯格菲案将该权利平等地适用于同性和异性。这一判决基于遵循先例的原则，依据《美国宪法第十四修正案》而作出。尽管从后果上看，它是对此前确立婚姻权的司法能动判决的强化，但这一判决本身并不像它从表面上看来那么激进。对于持反对意见的大法官基于原旨主义、文本主义对法院判决的批评，本文第三部分从活的宪法和体系解释的视角予以了回应，并运用德沃金的权利理论反驳了政策进路和法律实证主义者对同性婚姻合法化的可能挑战。基于“正当程序”条款创设未列举权利，并运用平等保护条款来确保此“基本权利”不受侵犯是司法能动哲学的具体表现。少数派大法官由此指控美国联邦最高法院犯了司法能动主义、侵越立法的严重错误。为了严肃对待这一主张，文章第四部分为“司法能动主义溯源与再审视”，指出美国宪法历史上保守的司法能动主义和自由的能动主义几乎一样激进和普遍，美国保守派关于欧伯格菲案是司法能动的指责因此变得空洞而虚伪。就功能而言，司法具有的促进民主的功能，回应了司法能动主义反民主的指控。文章指出了欧伯格菲案对于平等保护意涵的实质性扩展，并重申了美国联邦最高法院的民主促进者角色。

一、美国同性婚姻的法律史演进

同性性行为在美国经历了污名化、入罪，去污名化、除罪，主流化、正名的过程。同性性行为历史漫长，而在法律层面上争取同性伴侣婚姻权

① 金姆·戴维斯因宗教信仰而反对同性婚姻，藐视美国联邦最高法院的判决，不惜以身试法，一度成为美国媒体关注的热点。See *Kentucky Clerk Ordered to Jail for Refusing to Issue Gay Marriage License*, Washington Post, September 3, 2015.

的努力不过始于最近40年。同性婚姻法律诉求是同性恋实现同性性取向社会主流化和同性恋身份社会主流化努力的一部分。尽管在一些细节上有所出入,普遍而言,美国法律界和学术界都同意,不分民族、种族、性别或宗教,所有的人都享有法律平等保护的权利。但是,当问题转向同性恋时,对于他们/她们是否应当享有和异性恋同等的权利,具有同样的公民身份,则共识破裂,歧见迭出。

梳理美国联邦最高法院欧格伯菲案判例之前关于同性恋问题的相关判决,我们可以看到,存在从宪法认可同性性行为之惩治、宪法禁止污名化同性恋群体到同性性行为除罪化之最终实现这样一个过程。当成人基于同意的性自由除去了法律的污名,同性婚姻就成为同性权利的最后一个法律堡垒。

(一)同性性行为除罪化的历史

在1986年鲍威尔斯诉哈德维案(Bowers v. Hardwick)①中,被告因和另一男性在房间的性行为而被指控违反了佐治亚州的反鸡奸法。美国联邦最高法院判决维持了该法,认为并不存在同性性行为的宪法权利,被告也无法引用传统来证立同性性行为是基本权利。基于上述理由,佐治亚州的法律被确认合宪,同性性行为社会污名化得到了宪法的最终确认。

10年后,美国联邦最高法院在1996年的罗曼诉埃文斯案(Romer v. Evans)②中推翻了科罗拉多州宪法涉及同性恋的歧视性条款,该条款明确禁止对同性恋的任何立法、司法和行政的保护。安东尼·肯尼迪大法官主笔的多数意见指出,该条款使同性恋遭受法律的不平等对待,这种立法目的完全不能接受,因为州政府不应让某一类人成为法律边缘人。该案同时指出,性倾向并不是可疑或者准可疑分类。肯尼迪大法官在罗曼诉埃文斯案中的立场也预示了20年后的2015年由他主笔的欧伯格菲案美国联邦最高法院的态度:将同性婚姻置于实质正当程序意义上的基本权利的范围,并运用平等保护的严格审查标准(the fundamental interests standard of equal protection strict scrutiny)来判断对同性婚姻的排斥,而不是运用可疑分类或准可疑分类来激活严格审查标准。

---

① See 478 U. S. 386(1986).

② See 517 U. S. 620(1996).

在2003年劳伦斯诉得克萨斯州(Laurence v. Texas)①案中,美国联邦最高法院以5∶4判决推翻了鲍威尔斯诉哈德维案,宣告得克萨斯州的同性性行为入罪的鸡奸法违宪而无效,实际后果是使所有的将基于同意的成年人鸡奸行为入罪的州法无效,从而使几百年来饱受攻击、长期污名化的同性性行为获得与异性性行为同样的法律对待。美国联邦最高法院认为,私密的基于同意的性行为是受《美国宪法第十四修正案》正当程序条款所保护的自由的重要内容。在这里,美国联邦最高法院以司法能动主义的立场,运用实质正当程序的原理,拓展了《美国宪法第十四修正案》中所提到的"自由"一词的内容。当鲍威尔斯诉哈德维案被推翻,同性性行为除罪化,同性婚姻获得宪法的批准和全面承认就只是时间问题了。这其实是一个从基于同意的成人性行为自由到同性身份认同的演变过程。

(二)同性婚姻合法化之进程

从20世纪70年代早期,在美国,同性伴侣就开始提起诉讼以争取同性婚姻的权利。在州层面,最早认为禁止同性婚姻违反平等保护原则的是夏威夷州。该州在1993年的判决中承认了同性伴侣的婚姻权,夏威夷州的选民显然被这一判决所震惊,他们通过修改宪法的方式授权立法机关将婚姻限定于异性之间。无论如何,同性婚姻合法化问题从此进入了宪法议程的最前沿。2000年,佛蒙特州最高法院判决认定,同性伴侣有权获得除婚姻形式之外的这一制度所有的法律利益。基于此,佛蒙特州立法机关创设了"民事结合"(civil unions)制度,无论是异性还是同性伴侣都可以利用,这使得同性伴侣得以形成法律上的婚姻关系。民事结合包括共同抚养子女、在关系终止时获得赡养费、具有家庭医保的资格以及其他的法律权利。② 2003年,马萨诸塞州最高法院判决同性伴侣有权结婚,并要求州议会在180天内寻求具体解决方案。2006年,新泽西州最高法院作出了支持通行婚姻的判决。③ 当欧伯格菲案诉诸美国联邦最高法院的时候,美国已经有36个州,外加哥伦比亚特区承认同性婚姻的合

① See 539 U. S. 558(2003).

② See Evan Gerstmann, *Same-Sex Marriage and the Constitution*, Cambridge University Press, 2004, p. 4.

③ 参见郭晓飞:《中国法视野下的同性恋》,知识产权出版社2007年版,第182页。

法性。

美国联邦政府在这一问题上逆势而动。1996年,国会通过《婚姻保护法》,该法将婚姻定义成男性和女性的结合,配偶指的是丈夫和妻子。该法还规定,即使州允许同性婚姻,同性伴侣也不能基于婚姻而获得任何联邦的权利和利益。《婚姻保护法》中关于婚姻和配偶的定义被2013年的合众国诉温莎(United States v. Winsor)①案所推翻,美国联邦最高法院认为该定义违反了《美国宪法第十四修正案》。但是,在该案中,美国联邦最高法院并未给出婚姻的定义,仍将对婚姻的定义权留给了各州政府。

2014年11月,美国联邦第四、第七、第九和第十巡回上诉法院都判决认定,各州禁止同性婚姻为违宪之举,但是联邦第六巡回上诉法院认为它要受到贝克诉尼尔森(Baker v. Nelson)②案的约束,州禁止同性婚姻合乎宪法。在这个案件中,明尼苏达州最高法院将婚姻限定在异性之间。之后,贝克上诉到美国联邦最高法院,联邦最高法院驳回了上诉。贝克诉尼尔森案的先例效力在不同联邦法院具有争议。联邦第六巡回上诉法院认为它受到该先例的拘束。从各联邦巡回上诉法院的判决来看,不同联邦司法管辖区就同性婚姻合宪性问题也存在不同见解,这使美国联邦最高法院对这个问题的审理变得不可避免。在这样的背景下,美国联邦最高法院受理了欧伯格菲案。

二、未列举基本权利的平等保护

欧伯格菲案是对一系列同性婚姻案件的集中审理。这些案件来自密歇根州、肯塔基州、俄亥俄州和田纳西州,所有这些州都将婚姻定义成男性和女性的结合,而且所有这些州都在联邦第六巡回上诉法院的司法管辖区内。原告是14对同性伴侣,以及两位其伴侣已经去世的男性。被告是州负责实施婚姻法的官员。原告声称,被告由于否认他们结婚的权利,或者否认在其他同性恋合法化的州缔结的婚姻的法律效力从而违反了《美国宪法第十四修正案》。上诉人在其所在州的联邦地区法院提起了诉讼并获胜。被告上诉到联邦第六巡回上诉法院,联邦第六巡回上诉法

① See United States v. Windsor,570 U. S. 744(2013).

② See 291 Minn. 310(1971).

院对以上案件进行合并审理,推翻了地区法院的判决。联邦第六巡回上诉法院认为,各州没有宪法义务为同性伴侣核发结婚证书或者承认他州同性婚姻的效力。依据上诉人的申请,美国联邦最高法院发布调卷令对此进行了审理,于 2015 年 6 月 26 日作出判决,撤销了联邦第六巡回上诉法院的判决,推翻了贝克诉尼尔森案,宣告各州基于《美国宪法第十四修正案》有义务承认同性婚姻。[①] 多数意见书由安东尼·肯尼迪大法官主笔。[②] 持多数意见的大法官除了肯尼迪,还有斯蒂芬·布雷耶、索尼娅·索托马约、露丝·金斯伯格和艾琳娜·卡根。也就是说,3 位女大法官全都赞成同性婚姻的合法化。约翰·罗伯茨首席大法官、安东宁·斯卡里亚、克拉伦斯·托马斯和萨缪尔·阿理托大法官分别发表了反对意见书。多数意见书从实质性正当程序(未列举基本权利)的法理出发论证婚姻权乃公民之基本权利,同性伴侣的此一基本权利受到宪法的平等保护。

(一)正当程序

当争辩同性伴侣应当拥有和异性伴侣同等的婚姻权利时,其实有一个预设的前提:婚姻是宪法所保护的基本权利。就美国宪法而言,这并不是理所当然的。毋宁说,婚姻权是美国联邦最高法院大法官们的发明,是司法能动主义的产物。在美国联邦最高法院建立初期的 130 余年中,婚姻从来都没有被看成任何宪法意义上的基本权利。当法院偶尔提到"婚姻权"时,它指的也是个人达到一定年龄以后,可以按照州法结合。在整个 19 世纪,婚姻被看成普通法的权利,而不是宪法权利。因此,州立法机关在认为合适时,可以通过立法来改变普通法。这一事实很容易理解。因为在当时未列举权利的概念都还没有出现,所以不可能会存在以未列

---

① See 576 U. S. 644(2015).

② 肯尼迪于 1988 年被时任总统里根任命为美国联邦最高法院大法官,他一般被看作保守派阵营的成员,但他在民权、环保、赋予关塔那摩监狱的囚犯以诉权等方面和自由派大法官站在了一起。See *Why the Next Supreme Court Vacancy Will Favor Liberals, No Matter Who Retires*, Washington Post (Dec. 31, 2015), https://www.washingtonpost.com/opinions/why-the-next-supreme-court-vacancy-will-favor-liberals-no-matter-who-retires/2015/12/31/12828dce-978b-11e5-8917-653b65c809eb_story.html? hpid=hp_no-name_opinion-card-f%3Ahomepage%2Fstory.

举权利为基础的婚姻权。[①]

1865年,国会通过《美国宪法第十四修正案》规定非经正当法律程序任何州不得剥夺任何人的生命、自由和财产。到19世纪行将结束时,美国联邦最高法院开始认真对待《美国宪法第十四修正案》中的正当程序同样保护某些未列举权利免于州政府的干预的问题。该第十四修正案中的"自由"不仅包括《权利法案》中明确列举的权利,还包括《权利法案》未明确列举的权利。这一扩张解释、创设未列举权利的进路在美国宪法理论中被概括称为"实质性正当程序"。[②] 1905年洛克纳案为实质性正当程序的典型判决。在该案中,美国联邦最高法院以侵犯契约自由为名推翻了纽约州保护面包工人劳动权益、规定工作时限的立法。该案将契约自由解释成该第十四修正案正当程序所保护的"自由"的内容之一,被看作以实质正当程序为自由竞争资本主义保驾护航。这一判例与当时社会发展的客观情势相冲突,与民众的一般社会期待相背离,其结果是导致实质正当程序名声扫地。实质正当程序在美国联邦最高法院此后的司法过程中一度衰落,但在20世纪60年代中期又开始兴起。在1965年确立婚姻隐私权的格里斯沃德案中,道格拉斯大法官执笔的多数意见书诉诸《美国宪法第一修正案》和《权利法案》中有关刑事程序的诸多具体条款而不是正当程序条款作为论证隐私权的规范基础。[③] 道格拉斯大法官指出权利法案存在阴影区域,各种具体条款中的保障创造了隐私的领域,婚姻是隐私权的内容。[④] 尽管道格拉斯试图在说理上和洛克纳的实质正当

---

① See Evan Gerstmann, *Same-Sex Marriage and the Constitution*, Cambridge University Press, 2004, p. 74 – 75.

② 关于美国联邦最高法院实质性正当程序的起源和演变的考察,参见余军:《正当程序:作为概括性人权保障条款——基于美国联邦最高法院司法史的考察》,载《浙江学刊》2014年第6期。

③ 参见郭晓飞:《求同存异与求异存同:同性婚姻的宪法之纬》,载《环球法律评论》2005年第5期。

④ See 381 U. S. 486(1965).

程序进路予以区分,格里斯沃德案仍然被看成实质性正当程序的产物。[①]到1973年罗伊案时,实质性正当程序被直接用来证成堕胎权这一未列举的基本权利。

婚姻权是美国联邦最高法院在过去50年来的司法实践中,以实质性正当程序为基础,基于权利本位观念而延伸保护的一种权利。美国联邦最高法院于1942年宣告对累犯进行绝育手术的立法违宪,[②]1965年明确了婚姻隐私权,[③]1967年废除禁止种族通婚的法律。[④] 如果说这一时期宪法意义上的婚姻权处于一个萌动阶段,那么1978年扎布洛茨基诉瑞德霍尔(Zablocki v. Redhail)案则完全确立了婚姻作为宪法基本权利的不可动摇的和不容置疑的地位。美国联邦最高法院在该案中指出,"婚姻权具有根本重要性",并强调"格里斯沃德案等一系列案件已经证明婚姻权是隐含于正当程序条款中的根本'隐私权'的一部分"。[⑤] 1987年特纳诉萨夫利(Turner v. Safley)案[⑥]对此予以进一步确认。

欧伯格菲案多数意见重申了《美国宪法第十四修正案》正当程序条款作为未列举权利的规范基础,[⑦]指出正当程序条款"扩展到对一些对个人尊严和自治来说具有核心意义的个人选择,包括决定了个人身份和信仰的亲密关系"。美国联邦最高法院更基于洛文诉弗吉尼亚(Loving v. Virginia)案、扎布洛茨基诉瑞德霍尔案和特纳诉萨夫利案[⑧]等这类先例,

---

① 斯图尔特大法官指出,康涅狄格州禁止使用避孕药具的立法并没有违反任何具体的宪法条款,那么在我看来清楚不过的是,格里斯沃德的判决可以被合理地理解成其理由是康涅狄格州的立法实质性地侵犯了(正当法律程序保护的)"自由"。这样一来,格里斯沃德案就可以被看作基于实质正当程序进行判决的系列案件之一。See Roe v. Wade, 410 U. S. 113(1973), Stewart J. Concurring Opinion.

② See Skinner v. Oklahoma, 316 U. S. 535(1942).

③ See Griswold v. Connecticut, 381 U. S. 478(1965).

④ See Loving v. Virginia, 388 U. S. 1(1967).

⑤ 434 U. S. 374(1978).

⑥ See 482 U. S. 78(1987).

⑦ 余军基于美国联邦最高法院以正当程序条款证立新型权利的判例为基础,归纳出3种类型:源于历史传统中的正义原则而保护的权利、因权利本位观念而保护的权利、因程序性正当程序而保护的权利。参见余军:《正当程序:作为概括性人权保障条款——基于美国联邦最高法院司法史的考察》,载《浙江学刊》2014年第6期。

⑧ See 519 U. S. 102, 116(1996).

明确婚姻权作为宪法权利的地位。欧伯格菲案的多数意见认为,婚姻权是美国公民的基本权利,同性婚姻是婚姻的一种形式,因此,否决这种婚姻形式的法律无效。多数意见主要是从个体基本权利的角度,而不是从群体可疑分类的角度去阐发同性婚姻的权利的。同性恋并非孤立而隔离的少数群体,无法基于整体享有和黑人或其他少数种族同等程度的保护。将同性恋视为可疑分类从而适用严格审查标准的道路不通,但还好有个体主义的基本权利的蹊径可走。如果婚姻是宪法上的基本权利,当政府对这种权利科加负担时,政府的行为同样要受到严格审查标准的约束。

多数意见认为,婚姻权是公民的基本权利,它包含了和自己喜欢的同性或者异性结合的权利,而政府对同性进行区别对待的时候侵犯了这一基本权利,且无法满足严格审查标准的要求。多数意见列举了四大支持同性婚姻的理由。[①] 首先,婚姻领域的个人选择是个人自治的固有内容。[②] “正如堕胎、家庭关系、生育还有抚养方面的问题都受宪法的保护一样,婚姻是一个人能作出的最亲密的决定”,同样受到宪法的保护。如果承认家庭生活各个方面受到隐私权的保护,却不承认缔结作为我们社会基石的婚姻关系的权利,这将是自相矛盾的。[③] 在创设隐私权的格里斯沃德案中,美国联邦最高法院已经强调了婚姻和隐私、个人自主的紧密联系。“婚姻是两个人走到一起。它可能美好,也可能很糟糕,但人们都渴望其天长地久。婚姻带来的亲密关系到了神圣的程度。这种结合改变了生活方式,但它不是生活的理由。它是生命的和谐,而不是政治信仰;它是双向的忠诚,而不是商业的或社会性的过程;它是一种和我们一生中最高贵的那些决定具有同等程度高贵的结合。”[④]其次,婚姻作为个体联合的一种形式,具有无与伦比的重要性,它是公民的最基本的权利。适龄公民具有选择其结合对象的权利。再次,婚姻有助于保护家庭和儿童。婚姻提供了基于儿童利益永久性和稳定性的制度,不承认同性伴侣可以

---

① 关于多数意见的简要介绍和评论,参见黄明涛:《同性婚姻判决的宪法学分析——解读欧伯格菲案的多数意见》,载《中国法律评论》2015 年第 4 期。

② See Frank Michelman, *The Supreme Court, 1985 Term-Forward: Traces of Self-government*, 100 Harv. L. Rev., p. 4 (1986); Louis Henkin, *Privacy and Autonomy*, 74 Colum. L. Rev., p. 1410 (1974).

③ 576 U. S. 644, 666 (2015).

④ Griswold v. Connecticut, 381 U. S. 464 (1965).

结成婚姻,就没有婚姻所能提供的认可、稳定和可预期性,在这种环境下成长的孩子将承受污名。最后,婚姻乃社会秩序的基石。多数派在强调婚姻所具有的社会秩序建构功能的时候,实际上是在回应来自社会保守力量的质疑和潜在担忧。同性婚姻之所以在美国成为左右之争的标志性社会议题,主要原因就在于美国的清教传统以及保守的教徒基于宗教原因对同性恋持有的反对立场。

(二)平等保护

欧伯格菲案的多数意见在对婚姻是宪法权利作出肯定回答以后,必须面对第二个问题:如果美国宪法中存在婚姻权,这种婚姻权是否应当为异性伴侣和同性伴侣平等享有?法律本身就是以分类为基础的,是对不同的事物、群体和领域进行不同的对待。所以当我们问平等保护时,需要追问的是关于什么的平等。欧伯格菲案作为同性婚姻案,其核心争点在于以性取向作为进入婚姻的资格是否具有合宪性。而原告所要争持的则是同性伴侣享有和异性伴侣同样的婚姻权,不应当将性取向作为获得婚姻资格的条件。

美国联邦最高法院基于《美国宪法第十四修正案》平等保护条款,针对不同的分类发展出相应的审查标准。具体而言,就是在种族等可疑分类的案件中,实行严格审查标准。这意味着政府必须是为了追求压倒性的利益,政府采取了实现这一目标的对公民权利限制最小的手段,而且政府要承担举证责任。性别分类采用的是中度审查标准。要通过这一审查标准,法律必须是为了追求重要的利益,而且立法和目的的实现之间存在实质性关联。① 经济领域的分类采用的是合理审查标准。种族分类之所以采用严格审查标准,是因为黑人等种族作为"隔离而孤立的少数"无法通过参与政治过程而改变自己在法律上的不利处境,所以需要通过司法对针对他们进行区别对待的立法予以特别严格的审查。女性尽管在历史上遭受各种不公对待,但她们构成了选民人口的一半,她们的政治力量可以和男性相匹敌,因此,性别分类属于准可疑分类,针对女性的歧视将受到中等程度的审查。经济领域仍然采用尊重政府判断的立场,实行合理性的审查。美国联邦最高法院认为经济领域的决定涉及政策问题,只要政府的相关措施能够满足合理性的要求就可认定为合宪。

---

① See Craig v. Boren, 429 U.S. 190 (1976).

平等保护类型化的审查标准以及运用平等保护条款防止对未列举权利的侵犯和限制是1938年卡罗琳案脚注4① 效果史的一部分。脚注4对基本权利的解释引发了美国宪法结构性的转变,它是平等保护司法审查标准类型化的滥觞。在卡罗琳案之后,平等式民主观取代了自由市场理念,成为宪法自由的基础。② 在经济领域,确认积极干预国家的政治现实,放弃了150年来以契约和财产为中心的权利保护。因此,司法对经济领域的分类采取合理审查标准,对政府的经济管制行为几乎是一路绿灯。相应地,它提出了政治过程是后新政时代民众的核心论坛,而政治过程的开放性是美国联邦最高法院必须要特别予以关注的目标。脚注4强调应当向所有公民平等地分配参与政治过程的机会——投票、信息等。它更进一步指出,法院还必须确保政治输出的公平,必须要用司法过程保护"隔离而孤立的少数族群"免于多数派的"偏见"。③此后,在涉及种族隔离的案件中,美国联邦最高法院发展出了严格审查标准。

美国联邦最高法院在涉及投票权、④接近司法程序和跨州迁徙等基于实质正当程序条款发明的"基本权利"上也适用严格审查标准。但这些权利并不是基于任何宪法的文本本身,否则原告根本就没有必要诉诸平等保护条款了。这些未列举基本权利的平等保护由沃沦法院所开创,

① See United States v. Carolene Products,304 U. S. 144,foot note 4(1938).

② See Bruce Ackerman, *We the People*, Harvard University Press, 1991, p. 129 – 130. 中译本参见[美]布鲁斯·阿克曼:《我们人民:奠基》,汪庆华译,中国政法大学出版社2013年版,第137~138页。

③ 1938年,美国联邦最高法院在卡罗琳案中认为,禁止在州际运输加入植物油的脱脂乳的联邦立法合宪,能够满足合理的审查标准。在推导其结论的过程中,斯通大法官在脚注4中指出,存在一些与该案进行区分的需要采取更严格审查标准的情形,现在也不需要去考虑,那些限制政治过程的立法相较大部分其他类型的立法应当要基于第十四修正案的对政府的更具普遍性的约束而受到更严格的司法审查,这些政治过程通常是被期待用来废除不让人满意的立法的,比如,对投票权的限制,对信息传播的限制,对干预政治组织的限制,以及对和平集会的限制。我们现在不需要考虑对于那些针对具体的宗教、民族或者种族上的少数群体的法规的审查标准;也不需要考虑针对隔离而孤立的少数群体(discrete and insular minorities)的偏见是否是一个具体因素,其倾向严重损害通常是作为少数群体之保障的政治过程的运作,这样它也就需要一种与其相对应的更严格的司法审查。See 304 U. S. 144,foot note 4(1938).

④ Harper v. Virginia State Board of Elections,383 U. S. 663(1966),废除了将人头税作为投票权前提的弗吉尼亚州法。

而伯格法院萧规曹随,并没有进行进一步的拓展。伦奎斯特法院甚至对跨州迁徙的权利进行了重述和限缩,认为它们不是“基本权利”和平等保护的案件,而是联邦主义和联邦公民特权和豁免的案件。①

欧伯格菲案多数意见并不认为同性性倾向是可疑或准可疑分类。多数意见采取的是基本权利思路,是运用平等保护条款下的严格审查标准去捍卫基于实质正当程序而创设的婚姻权。既然同性伴侣和异性伴侣同样享有婚姻权,那么对这一基本权利进行区别对待的法律就无法满足严格审查标准的考验。

多数意见将未列举权利平等保护拓展到同性婚姻领域,这导致了保守派法官的激烈反对。其实,美国联邦最高法院在一系列先例中已经将未列举权利的平等保护拓展到家庭领域的各个方面,多数意见不过将其进一步推演到同性婚姻,同时运用正当程序条款和平等保护条款作为论证自由和平等保护之间具有一种相互促进对彼此意义理解功能的基础。多数意见指出,“在解释平等保护的时候,新的洞察和社会理解可能结束我们的基本制度中存在的一度为人们习焉不察,认为理所当然的无法证成的不平等”。② 罗伯茨首席大法官主笔的反对意见对第一个问题并没有不同观点。罗伯茨并不反对美国宪法存在婚姻权这一未列举权利,但他反对将这一权利平等适用于同性伴侣。

罗伯茨主笔的反对意见的立场无法保证在逻辑上的一贯性。在未列举权利问题上,保守派的法官们采取了司法能动主义的态度。他们和多数派站在了同一战线,认可美国联邦最高法院采取积极的态度,基于正当程序条款发现新的权利类型,因为这种权利和他们一贯的政治立场相吻合。但在婚姻权的身份建构上,少数派法官反对同性伴侣获得配偶的身份及其相关法律权益,少数派固守他们心目中的婚姻“传统”,坚决和多数派死磕,认为多数派的判决在摧毁美国社会的稳固基础,消灭美国社会的核心价值,僭越法官的职权,就公共政策直接立法,破坏了联邦主义。在这个问题上,他们采取了捍卫州权、对各州立法予以高度尊重的态度,不遗余力地抨击多数派法官的立法者心态。保守派的法官们认为,多数

---

① See Kathleen M. Sullivan & Gerald Gunther, *Constitutional Law*, 14th edition, Foundation Press, 2001, p. 794 - 862.

② 576 U. S. 644, 673(2015).

意见实际上是用美国联邦最高法院关于婚姻的认知统一了各州在这个问题上的立场和看法。这是用全国政府的意志去代替各州人民的意志,破坏了联邦主义尊重各州差异的意图。而且衡诸历史可知,内战之后的《美国宪法第十四修正案》的目的就是要用民权去限制州权,新政革命之后,管制性国家成为常态,公民身份的扩张及其定义实质上已经联邦化,而同性婚姻合法化是这个进程的最新进展。保守派的法官们采取了司法消极主义的态度,在同一案件中游移于司法能动与司法克制之间,在司法哲学上左支右绌,但他们保持了价值选择的一贯性:捍卫传统家庭价值观。家庭价值是美国保守主义的王牌之一。为了这一王牌,他们不惜牺牲逻辑的融贯。

欧伯格菲案的少数派法官在反对同性婚姻时,在方法论上基本上是秉持着原旨主义/文本主义的进路,和多数派采取的活的宪法/体系解释进路形成了巨大的张力,但原旨主义在理论上很难成立。如果宪法解释以立宪或者宪法修正时的宪法规范意涵为依归,那意味着美国联邦最高法院必须要放弃民权革命以来的诸多人权成就。在《美国宪法第十四修正案》制定的时候,国会的议员显然无意通过该修正案去废除公共领域的种族隔离制度。① 而当代美国联邦最高法院中最保守的大法官也不会认为应当要推翻布朗诉教育委员会案,从而回到普莱西诉弗格森案②所确立的种族隔离时代。

三、宪法解释方法与同性婚姻

(一)原旨主义(Originalism)和活的宪法(Living Constitution)

原旨主义是美国宪法解释的一个重要流派,它奉行宪法规范的意涵是固定的(fixed)、在规范制定的时候就已经确定的政治哲学。一般认为,这一解释方法在20世纪80年代的兴起和罗伯特·H.博克(Robert

① 亚历山大·M.比克尔在关于《美国宪法第十四修正案》的经典研究中,基于国会的辩论记录和当时北方广泛存在的种族隔离的实践指出,当时的国会显然无意通过该第十四修正案来取消种族隔离制度。See Alexander M. Bickel, *The Original Understanding and the Segregation Case*, 69 Harv. L. Rev., p. 1(1955).

② See Plessy v. Furguson, 163 U. S. 537(1896).

H. Bork)有极大的关系。在里根总统提名博克为大法官被参议院否决之后,①美国政治左右对立更趋严重,原旨主义的解释方法和政治哲学在政治保守派中获得相当市场。原旨主义有两个支流:原初意图派和文本主义者。原初意图派主张宪法的解释应当和宪法制定者和批准者的意图相一致,而文本主义者认为宪法的解释应当和宪法通过时普通人对于宪法文本的一般意义的理解相一致。

欧伯格菲案判决时,美国联邦最高法院 9 位大法官中的克拉伦斯·托马斯(Clarence Thomas)和安东宁·斯卡利亚②都是原旨主义的捍卫者。托马斯在欧伯格菲案的反对意见书中认为,多数法官明显违背了制宪者关于什么是自由的教诲。“早在 1787 年之前,自由就被理解成免于政府行为的干预,而不是获得政府利益的赋权。制宪者制定宪法以维护对自由的这一理解。但是,多数派法官以‘自由’的名义以一种制宪者不会承认的方式去引用我们的宪法,实际上是破坏了制宪者试图保护的自由。”③在判决结果上和托马斯一个阵营的斯卡利亚也具有明显的原旨主义色彩,④斯卡利亚的司法哲学坚持宪法是用来延缓进步,乃至于阻止进

① 罗伯特·H. 博克是美国著名的保守派法学家,1987 年被里根提名为大法官候选人,但其原旨主义的立场在美国国会和美国社会引发极大反弹,导致其提名最后被联邦参议院否决。这一事件的后果是使美国联邦最高法院大法官的提名和任命变得更政治化,党派政治对联邦最高法院的影响表面化。当事人对该事件的描述,see Bork, *The Tempting of America: The Political Seduction of Law*, Touchstone, 1990。自由派的视角, see Ronald Dworkin, *Freedom's Law: The Moral Reading of the American Constitution*, Harvard University Press, 1996, p. 265 – 305。在该书中,德沃金用了 3 章篇幅讨论博克任命事件。德沃金认为,在任命大法官时,应该要检视他以往的法律哲学,而基于此,不应任命博克为大法官。另一章关注的是我们可以从博克任命事件中获得什么教训。还有一章则是对博克专书的反驳。

② 斯卡利亚是里根提名的大法官,1986 年就职以来的 30 年中,在一系列司法判决中展现了其保守主义的政治立场。他不赞成控枪和平权措施,反对堕胎权和同性婚姻。他主笔的意见书多姿多彩,个人风格鲜明,文本主义立场突出,经常不乏讥讽和嘲弄。斯卡利亚大法官于 2016 年 2 月 13 日逝世。

③ 576 U. S. 644, 721 (2015), Thomas J. Dissenting Opinion.

④ 斯卡利亚认为,相对非原旨主义,原旨主义是种更小的恶。非原旨主义的困难在于无法就用何种主张取代原旨主义的问题上达成共识。非原旨主义以“基本价值”作为合宪性的“试金石”带来的问题在于,它会导致以法官个人的意志取代法律的意志,我们无法对法官个人认为重要的政治价值和我们社会中最重要的政治价值进行区分。See Antonin Scalia, *Originalism: The Lesser Evil*, 57 Cin. L. Rev., p. 863 (1989).

步的。不过,和托马斯的原初意图解释相区别的是,斯卡利亚是文本主义解释的代表。[①] 斯卡利亚基于对原初意图进路的弊病的洞察,[②]从而强调他要探究的是宪法文本的原初意旨,而不是立宪者的原初意旨。[③] 原初意图的根本缺陷在于它追求的是立宪者的主观意图。[④] 文本主义区别原初意图的第二个方面在于文本主义者并不诉诸立法史。斯卡利亚特别指出:"在解释任何法律的时候,诉诸立法史都是非法和不明智的。"原初意图派和文本主义者由于奉行宪法规范的意涵是固定的政治哲学,所以在判决结果上往往殊途同归。这也是它们常常被置于原旨主义而不加区分的重要原因。

与原旨主义形成鲜明对比的是活的宪法。[⑤] 这一进路认为,宪法与其胶柱鼓瑟探求立宪愿意,不如反映时代精神、社会变迁和民众需求。活的宪法解决了成文宪法的安定性和社会发展的变动不居之间的紧张。这一解释方法背后隐藏着进步主义的历史观,给人以希望与鼓舞。由于在修辞上采取了尊重当代人的立场,就策略本身而言也比较容易获得公众舆论的支持,同时也解决了原旨主义以制宪者或制宪者同代人的理解来约束当代人的"死者之手"的统治中隐含着的不民主因素。欧伯格菲案多数意见书以社会变迁的观念为活的宪法的论证基础。

欧伯格菲案多数意见书指出,"婚姻的起源说明了婚姻在人类社会

---

① 斯卡利亚文本主义司法哲学观, see Antonin Scalia, *A Matter of Interpretation*, Princeton University Press, p. 23 – 29。

② 斯卡利亚曾经指出,就寻求原意的任务而言,历史学家比法律人更能胜任。Antonin Scalia, *A Matter of Interpretation*, Princeton University Press, p. 85. 他同时揭示了原旨主义背后的法哲学——原初宪法构建了一个完美的世界——而这一哲学和历史事实相背离:1787 年宪法接受了奴隶制。

③ Antonin Scalia, *A Matter of Interpretation*, Princeton University Press, p. 38.

④ 亨利·保罗·莫纳汉(Henry Paul Monaghan)从遵循先例原则角度揭示了原旨主义无法成立。See Henry Paul Monaghan, *Stare Decesis and Constitutional Adjudication*, 88 Colum. L. Rev. , p. 723(1988).

⑤ 美国宪法学者杰克·巴尔金(Jack Balkin)试图调和原旨主义和活的宪法之间的紧张关系,认为它们是一个硬币的两面,并在此基础上建立解释框架,重述美国宪法实践。See Jack M. Balkin, *Living Originalism*, Mass: The Belknap Press of Harvard University Press. 中译本参见[美]杰克·M. 巴尔金:《活的原旨主义》,刘连泰、刘玉姿译,厦门大学出版社 2015 年版。丁晓东基于宗教视角对巴尔金活原旨主义予以介绍和批评,参见丁晓东:《宗教视野下的美国宪法解释——评巴尔金的〈活原旨主义〉》,载《政法论坛》2015 年第 5 期。

制度中的中心地位,但它不能独立于法律与社会而存在。婚姻的历史既有延续,也有变迁。即使是在异性婚姻领域,改变也非罕见”。婚姻作为人类社会和谐稳定的基础、亲密关系的结合和生命延续的制度,具有漫长的历史和悠久的传统。在很长一段时间里,婚姻主要肩负着种族绵延的重任。种族绵延是指在这个世界上一种生物的持续存在。生物个体都有一定的寿命,尽管寿命长短有差异,但它们都有死亡的时候。因此,一个种族要在这个世界上存续下去,就必须不断地有新个体产生出来,替代旧的个体,就像接力赛一样。所谓“绵绵瓜瓞,民之初生”。① 这样的种族绵延依赖于生物的生殖功能。又因为人类有能力跳出从性爱到生殖再到抚养的生物链条,种族绵延失去了自然的保障,所以需要一种文化的手段,而生育制度就是人类种族绵延的人为保障。② 但是,随着社会道德的宽容、女性地位的提高和避孕技术的发展,婚姻和生育之间的相关性一直在降低。如果法律并没有把异性的婚姻权和生育挂钩,法律将不能以同性无法实现生育目标为由而将其排除在结婚权外。

如果以传统来反对同性婚姻,“如果今天的婚姻和两千年前一模一样,那么你可能可以娶一个你没有见过的 12 岁的小女孩,把妻子作为财产随意处理,把跨种族婚姻的夫妇投入监狱,离婚也成为不可能的事情”。③ 所以,我们应当以变迁的眼光来看待社会,同样与时俱进地解释宪法。套用一下弗兰克福特大法官当年对布朗案的评论,“同性恋获得公平对待的那些因素要远远比忠诚于历史更为重要”。④ 欧伯格菲案多数意见书在论证婚姻的形式不应局限于异性之间的时候,直接诉诸活的宪法。“第十四修正案并不认为它(制定时就)了解自由的所有面向,因此他们授予未来世代的人保护所有人的权利的宪章,其含义为每个世代的人所领会。”⑤

---

① 《诗经·大雅·绵》。

② 参见费孝通:《乡土中国　生育制度》,北京大学出版社 1998 年版,第 105、109 页。

③ Evan Gerstmann, *Same-Sex Marriage and the Constitution*, Cambridge University Press, 2004, p. 22.

④ 弗兰克福特大法官的原话是,“黑人获得公平对待的那些因素要远远比忠诚于历史更为重要”。See Bernard Schwarz, *A History of the Supreme Court*, Oxford University Press, 1993, p. 298.

⑤ 576 U. S. 644, 664(2015).

(二)文本主义和体系解释

作为美国联邦最高法院中保守派的代表和文本主义的旗帜性人物,当斯卡利亚大法官以异议者的姿态出现时,他对于美国联邦最高法院在社会道德领域的宽容和纵容总是抱着一种不可遏制的愤怒。斯卡利亚在欧伯格菲案反对意见中指出,无论9位大法官的教育出身、地域分布还是宗教信仰都使他们不具有广泛的民主代表性。9人都是成功的法律人,不是哈佛大学就是耶鲁大学毕业;9人中有4位是纽约市人,只有一位大法官不是来自东海岸或者西海岸的州;来自西南州的大法官一位都没有;如果不算加利福尼亚州,则一位来自西部的大法官也没有;没有福音派的基督徒(这个群体构成了美国人的1/4),也没有隶属任何清教徒教派的。① 斯卡利亚的反对意见可以说充满了情绪,乃至于愤怒。一些表达充满了反讽和嘲弄,例如,在引用了多数意见"婚姻的性质就是通过长久的纽带,两个人在一切能够发现诸如表达、亲密关系和精神方面的自由"之后反问"真的(Really)吗";②又如,讽刺"多数派的意见在风格上装腔作势,在内容上自我中心",并直斥多数派法官的哲人王立法者心态。但这似乎并没有影响他论说的逻辑和思想的一贯性,即同性婚姻没有任何宪法文本依据。"我们没有任何理由去推翻一项不被第十四修正案文本所禁止的实践(指婚姻限于异性之间)",该实践还受到自该修正案批准以来就是公开的、广泛的而且未受到任何挑战的漫长传统的支持。③

斯卡利亚基于文本主义对多数意见予以激烈批判,而多数意见则以体系解释证成婚姻权应当拓展到同性婚姻。未列举权利的创设,就规范基础而言,或者求助于正当程序条款,或者诉诸平等保护条款,或者同时诉诸二者,有时甚至诉诸权利法案各个具体条文的相关模糊地带。④ 在

---

① 576 U.S. 644,717(2015),Scalia J. Dissenting Opinion.

② 斯卡利亚的反对意见书中对多数派的意见夹叙夹议,此类轻蔑、不屑的口语化表达颇多,如"Huh?""What say?"。See 576 U.S. 644,719(2015),Scalia J. Dissenting Opinion.

③ 576 U.S. 644,716(2015),Scalia J. Dissenting Opinion.

④ 在格里斯沃德案中,美国联邦最高法院诉诸《权利法案》中的多个条文,运用体系解释的方法发明了隐私权。

宪法解释方法上,往往要借助于结构解释或者体系解释。[①] 欧伯格菲案多数派的意见反复穿梭于《美国宪法第十四修正案》的正当程序条款和平等保护条款之间,以体系解释的视角强调二者之间的实质连接。婚姻关系涉及个体所能享受的政府权利、利益和责任的方方面面,如税收、继承和财产权,证据法中的夫妻特权、手术签字资格、收养的权利,作为未亡人的权利,出生和死亡证明,职业伦理要求、职工福利、医疗保险、子女监护以及抚养探视权等。如果同性婚姻无法受到与异性婚姻同等的保护,则说明同性伴侣的上述权利未经正当法律程序即被剥夺。

(三)政策辩论和原则主张

在罗伯茨首席大法官看来,多数派将婚姻的权利拓展到同性婚姻的时候,实际上是在进行一个政策判断,而政策判断应该要留给立法者来决定。很多同性婚姻反对者持有一种"滑坡理论",认为如果同性可以结婚,那下一步是不是应该允许人和物体结婚? 近亲之间是否也可以结婚? 因为同性婚姻认为婚姻可以不受历史、传统和宗教的影响,这必然使婚姻制度陷入无政府主义的泥潭。[②] 罗伯茨并没有这么极端,他的立场是将同性婚姻的问题留给立法机关去决定,司法部门不要包办替代。

罗伯茨更进一步引用《联邦党人文集》中关于司法的定位来证立法官必须要恪守其位。批准宪法的人授予法院的是判断的权力,而不是武力,也不是意志。[③] 政治的决断属于人民,而人民通过代议机关来展现其决断。[④] 当美国联邦最高法院攫取本该由人民和立法机关来进行判断的社会事务的机会的时候,是将自己的价值观强加在那些和他们价值观不同的人的身上,将美国联邦最高法院变成实现社会变革的通道,并终止了正在进行中的政治辩论。在罗伯茨的眼中,欧伯格菲案多数意见并非建立在中立的宪法原则的基础上,而是建立在这些持多数派的大法官关于

① 马歇尔首席大法官主笔的麦卡洛克诉马里兰州案堪称美国联邦最高法院结构/体系解释的经典案例。See M'c Culloch v. Maryland, 17 U. S. 316(1819). 马歇尔指出,由于该案涉及的"必要和适当"条款所在的《美国宪法》第1条第8款的本身是授予国会权力的,所以当国会依据"必要和适当"条款进行立法时,应当采取扩张主义以支持国会立法的解释。

② 关于同性婚姻面临的来自传统、菲尼斯的新自然法和"滑坡理论"的质疑,参见郭晓飞:《中国法视野下的同性恋》,知识产权出版社2007年版,第183~192页。

③ See C. Rossiter ed., *The Federalist Papers*, No. 78, Mentor, 1961, p. 465.

④ See Larry Kramer, *The People Themselves*, Oxford University Press, 2004, p. 73-92.

自由应当为何的偏见之上。

引入德沃金的政策辩论和原则辩论之后,我们可能会获得对于多数意见说的一种新的视角。① 事实上,在疑难案件中,法官既不应该是,实际上也不是代理立法者。有一种人们耳熟能详的假定,即法官在立法者已经作出的政治判断之外再进行判断时,法官们是在立法。这种假定是误导性的。原因在于论者忽略了原则和政策之间的区别。政策性主张(arguments of policy)是这样来正当化一个政策决定的,因为该决定推进或者保护作为一个整体的共同体的某些集体目标,比如,应当支持航空业,因为对航空业的资助有助于加强国防。政策是描述目标的命题。原则性主张(arguments of principle)则是这样来正当化一个政策决定的,因为该决定尊重或者保障了个人或者团体的权利。比如,赞成有关少数群体享有平等尊重和关切(equal respect and concern)的权利之反歧视的法规,这就是一种原则性主张。法官在处理原则性主张时具有立法机关和行政部门所没有的优势,法官能够考虑长远价值,而代议政治则受短期利益的左右。"法院在处理原则问题时具有立法机关和行政部门所欠缺的独特能力。法官们有闲暇、专业的训练以及与民意的区隔保障他们以一种学者的方式去探究政府的目的。"②既然婚姻权是一种基于权利的原则性主张,那么法官比立法者更有能力对这一问题作出审慎的决定。

四、司法能动主义溯源与再审视

(一)司法能动主义(Judicial Activism)的经验考察

司法能动主义,是指司法机关在对立法和行政行为的审查中,创造性

① See Ronald Dworkin, *Hard Cases*, *Taking Rights Seriously*, Harvard University Press, p. 14 – 80.

② Alexander Bickel, *The Least Dangerous Branch*, 2nd edition, Yale University Press, 1986, p. 25. 中译本参见[美]亚历山大·M. 比克尔:《最小危险的部门——政治法庭上的最高法院》,姚中秋译,北京大学出版社2007年版,第27页。比克尔和德沃金在原则问题上有类似主张,但也存在细微差异:比克尔认为,法院宣示原则时也会有政策考量,德沃金坚持法院不应当考虑政策因素;比克尔主张,法官的优势在于能够顾及长远价值,而德沃金从个人主义批判功利主义和集体目标;两人都认为法官像学者乃其优势,比克尔着眼法官的制度性功能,如独立、时间和专业性等有助于发现原则,德沃金则以法官的超级论证能力来建构法院的地位。

地解释宪法，回应社会的关切，以社会价值受托人的身份，扮演社会政策制定者的角色。以此言之，司法能动主义关涉的是司法和立法、行政分支之间的关系，而无关于法官的价值选择，[①]波斯纳更是直接将司法能动定义为“司法相对立法和行政而言扩张了自身权威的行为”。[②] 同为联邦上诉法院法官的弗兰克·伊斯特布鲁克（Frank Easterbrook）给出的司法能动的定义是，如果法官宣布国会制定的法律无效，这就是一个能动主义的判决。[③] 司法能动的反面是司法谦抑（Judicial Restrain），司法谦抑意味着尊重先例，在宪法模糊的地方尊重政府部门政策形成的自由。[④]

以保守—自由为自变量，以司法能动—司法谦抑为应变量，可以形成四组关系，即保守派的司法能动主义、保守派的司法谦抑主义、自由派的司法能动主义、自由派的司法谦抑主义。

自由派的司法能动主义的代表判例有格里斯沃德案[⑤]（隐私权）、米兰达案[⑥]（沉默权）、贝克案[⑦]（一人一票）。沃伦法院可以说是自由派司法能动主义的巅峰时期，在沃伦大法官的领导下，美国人民的权利借助美国联邦最高法院的判决而得以实质性增加，美国联邦最高法院成了民权革命的旗手。[⑧] 自由派的司法能动主义判决背后的理念是活的宪法，这种司法哲学其实是对成文法本身局限性的一种克服与补充。文字客观局限与社会不断变迁之间一直存在紧张关系，而成文宪法的修改又极其困

---

① 参见［美］克里斯托弗·沃尔夫：《司法能动主义——自由的保障还是安全的威胁？》（修订版），黄金荣译，中国政法大学出版社2004年版，第3页以下。沃尔夫强调，司法能动主义的宗旨是法官不应拒绝裁判，并应广泛运用其权利，尤其是通过扩大平等保护和个人自由的手段去实现公平——保护人的尊严。在国内众多关于司法能动主义的研究中，对美国司法能动主义的一个简洁而准确的描述，参见范进学、冯静：《司法能动主义在中国：司法哲学之可能走向》，载《云南大学学报》2010年第2期。

② See Richard A. Posner, *How Judges Think*, Harvard University Press, 2008, p. 287.

③ See Frank Easterbrook, *Do Liberals and Conservatives Differ in Judicial Activism*, 73 U. Colo. L. Rev., p. 1407(2012).

④ Ibid., p. 1401(2012).

⑤ See Griswold v. Connecticut, 381 U. S. 478(1965).

⑥ See Miranda v. Arizona, 384 U. S. 436(1966).

⑦ See Baker v. Carr, 369 U. S. 186(1962).

⑧ See Bruce Ackerman, *We the People*, *Volume 3*, *Civil Rights Revolution*, Harvard University Press, 2014. ［美］莫顿·J. 霍维茨：《沃伦法院对正义的追求》，信春鹰、张志铭译，中国政法大学出版社2003年版，第53页以下。

难,因此,成文宪法对社会的规范无法跟上社会发展的步伐。① 自由派的司法能动主义可以说是应运而生,这不过是对于成文宪法回应社会发展捉襟见肘内在焦虑的外在缓解。

正因为自由派和能动主义曾经有过这么一段浪漫而快乐的时期,自由派往往被贴上了司法能动主义的标签,而司法谦抑则成为保守派法官的专利。毋宁说,这是一场美丽的误会。实际上,既有自由派的能动主义,也有保守派的能动主义;既有保守派的司法谦抑,也有自由派的司法谦抑。

司法能动主义并不总是建立在进步主义哲学的基础上。当保守派的法官持有能动主义立场时,它所捍卫的就是往昔的秩序。例如,1905 年的洛克纳判决作为保守派能动主义的代表判例,宣告了纽约州保护面包工人的福利立法无效。这和当时进入大工业时代以后工人权利保护、社会福利制度等客观需求是不相吻合的。20 世纪 90 年代,在伦奎斯特法院时期兴起的新联邦主义原则下,以州权为由宣告国会基于州际贸易条款的各项立法违宪而无效。这实际是对传统的联邦主义的回归,在经济领域里试图取消联邦政府的优势地位,恢复州权及其州立法的应有地位。伦奎斯特法院也被自由派学者指控为"保守的能动主义"的典型。在涉及枪支管制的洛佩兹(U. S. v. Lopez)②案中,伦奎斯特法院推翻了国会制定的《校园及其周边无枪支法》。在涉及保护女性人身自由的莫里森(U. S. v. Morrison)③案中,伦奎斯特法院推翻了国会制定的《防治针对女性暴力犯罪法》。司法能动并不是自由派法官的专利,伦奎斯特法院时期保守派的司法能动相较于沃伦时期有过之而无不及。拉里 · 克雷默(Larry Kramer)不无愤怒地指出,伦奎斯特法院时期的 5 位保守派大法官通过撤销或者削弱关于控枪、环境保护、版权以及女性和残疾人权益保

① 这也是最近几年在美国主流宪法学界,宪法文本之外的研究大为风行的深层原因,代表性作品,参见[美]劳伦斯 · 却伯:《看不见的宪法》,田雷译,法律出版社 2011 年版。See Akil Amar, *Unwritten Constitution*, Basic Books, 2012; Larry Kramer, *The People Themselves*, Oxford University Press, 2004.

② 514 U. S. 549(1995).

③ 529 U. S. 598(2000).

障等领域的联邦规制而篡夺了管理社会的权力。① 伦奎斯特法院保护州政府不受民权诉讼的侵扰,保护州的官员免于联邦规制命令,保护财产所有者免于环保规制,保护白人免于补偿行动的不利后果。② 与此形成鲜明对比的是,在卡罗琳案脚注 4 以后的美国宪法制度的建构中,自由派的大法官们在涉及隔离而孤立的少数、民主程序等问题上采取的是严格审查的能动主义哲学,而在涉及以州际贸易条款为基础的立法时,一直采取的都是司法谦抑的态度。

弗兰克 · 伊斯特布鲁克法官以宣告国会的法律无效以及和行政部门关于成文法的解释不同作为司法能动的指标,对伦奎斯特法院 1999 年和 2000 年审期的所有案件进行统计,发现在这两个审期,总共 50 个案件(占所有判决的 1/3)中至少有一位法官持有“司法能动主义”的判决意见。首席大法官伦奎斯特投下了 23 票司法能动的判决;斯卡利亚、肯尼迪和托马斯大法官投下了 30 票;斯蒂文斯大法官 28 票;奥康纳、苏特和金斯伯格大法官各 26 票;布雷耶大法官 24 票。所有的 9 位大法官都是司法能动主义者,他们中的任何一位在一个审期中宣告无效的联邦法规比首席大法官马歇尔在 34 年司法职业生涯中宣告无效的还要多。保守派的法官和自由派的法官在能动主义的问题上没有显著差别。③

既然如此,保守派的法官或者保守派的人士指责欧伯格菲案的多数意见以司法能动主义进行篡权就没有什么实质意义。在伊斯特布鲁克的统计中,斯卡利亚大法官可谓保守派法官中最不惮采取能动主义立场的。在欧伯格菲案的反对意见书中,斯卡利亚大法官对多数意见能动主义立场的攻击也是最尖锐的。以子之矛,攻子之盾。矛尖,盾厚?就此而言,

---

① See Larry D. Kramer, *The Supreme Court v. Balance of Powers*, N. Y. Times, Mar. 3, 2001, at A13.

② See Peter M. Shane, *Federalism's "Old Deal": What's Right and Wrong with Conservative Judicial Activism*, 45 Vill. L. Rev., p. 201 (2000).

③ See Frank Easterbrook, *Do Liberals and Conservatives Differ in Judicial Activism*, 73 U. Colo. L. Rev., p. 1401 (2012). 伊斯特布鲁克认为,除非存在适用宪法推翻国会立法的清楚的理由;也就是说,宪法具有传统法律而不是道德或者政治哲学的说服力时,否则我们应该承认民主制定的法律的合宪性。Ibid, p. 1405. 伊斯特布鲁克的立场接近国内宪法学界的合宪性解释说。关于合宪性解释的综合性研究,参见王书成:《合宪性推定论:一种宪法方法》,清华大学出版社 2011 年版。

司法能动主义的批评并不能对欧伯格菲案的多数意见构成实质上有意义的挑战。

(二)遵循先例与司法能动之间

罗伯茨首席大法官的反对意见认为,同性婚姻应当由民主议程来决定,而非由司法机关越俎代庖。[①] 司法机关的越位实际上已经违反了政府不同机构功能分离的要求。他进一步强调,他本人并非出于对同性婚姻的反对才不同意多数意见,而是因为同性伴侣能否结婚本来就不属于司法机关的职责和范围。他的观点中隐含了宪法解释应当要遵循司法中立、政治问题不可诉的思路。该原则是马歇尔首席大法官在马伯里诉麦迪逊案中最早提出来的。所谓的政治问题,是指这样的一些问题:存在明确的宪法文本将此问题委托给其他部门处理;不存在解决这类问题的在司法上可以发现或者可以操作的标准;如果行政部门不提供一个事先的政策决定司法部门将无法裁判;法院如果裁决必然表现出对其他政府分支的不尊重;对已经作出的政治决定的毋庸置疑遵守的非同寻常的需要,以及不同机关对同一问题相互冲突的见解将带来不可避免的尴尬。除非一个案件中存在上述情形之一,否则它就是可以司法的案件。[②] 在保守派法官看来,同性婚姻显然应该由立法机关来处理,它属于政治问题。如果法院通过判决的形式去确认已经存在的社会共识,那么,法院将变成第二个民意机关,其存在的价值和理由将大打折扣。

欧伯格菲案无疑是具有司法能动后果的判决,但它本身并没有创设新的权利类型,它只是把此前美国联邦最高法院已经明确为宪法未列举权利的婚姻权平等适用于同性伴侣而已,这是法律续造的一种典型形式。保守派的大法官们承认婚姻权而拒绝其平等适用。这一保守派的立场在

① 关于罗伯茨首席大法官在欧伯格菲案反对意见中阐述的民主和司法关系的全面讨论,参见姜峰:《同性婚姻、宪法权利与民主审议——以罗伯茨大法官的反对意见为中心》,载《法学评论》2015年第6期。另外,还有从正面论述法院民主性质的,参见何海波:《多数主义的法院:美国联邦最高法院司法审查的性质》,载《清华法学》2010年第3期。何海波认为,美国联邦最高法院的判决具有强烈的多数主义色彩,和民选机构一样反映了民意。司法审查能够在较长时段里和主流民意的变迁保持一致。美国联邦最高法院既受制于民主过程,又塑造了民主过程。另外,还可参见[美]杰弗里·罗森:《最民主的部门:美国最高法院的贡献》,胡晓进译,中国政法大学出版社2013年版。

② See Baker v. Carr, 369 U. S. 186(1962).

逻辑上无法自洽。保守派的人士也往往攻击欧伯格菲案司法能动,这一攻击实际上是偷梁换柱的,并不是欧伯格菲案司法能动,而是此前创设了宪法上婚姻权的法院能动。在形式意义上,从遵循先例的角度来说,欧伯格菲案甚至是司法谦抑的,它尊重美国联邦最高法院此前的判决,展现了审慎的美德。① 如果说欧伯格菲案在法理基础上仍然薄弱,这就不是此案本身的问题,而是所有以未列举权利为基础的判决都会面临的处境。大量进步主义的司法判决在宪法文本上都相对薄弱。这也是此类判例出台以后引发经久不绝争议的原因。除非我们彻底拒绝未列举权利,否则斯卡利亚式的法律形式主义的指责无法对美国联邦最高法院进步主义事业构成原则性的否定。

五、结语

欧伯格菲案是身份政治在法律领域的新突破。保守派人士批评美国左派操纵身份议题,认为无论是性别、种族还是性取向都是身份议题的外在表现。然而,人民不分性别、民族、种族、性取向等因素受法律的平等保护不过是现代法治的应有之义,而且它的内涵已经从普遍的形式平等逐渐演进到衡平的实质平等。司法更多地介入传统上由民主过程、立法机构决定的社会问题,不过是这种平等观范式转移的必然应对。

就同性婚姻的合法化问题,多数意见和反对意见表面上的分歧在于对其宪法规范的不同认识。持反对意见的大法官认为,如果没有宪法规范的基础,美国联邦最高法院就没有权力为当事人创设新的权利。而多数意见认为,宪法规范并没有穷尽所有的权利类型,存在美国联邦最高法院基于宪法规范扩展权利类型的必要性和现实性。对于宪法规范的不同认识,其背后隐藏的是对宪法解释方法的各自坚持。认为规范就是规范,如果没有规范基础,司法爱莫能助的大法官采取了文本主义和实证主义的进路;认为规范的确是规范,规范的不完整需要司法补充的大法官采取的是"活的宪法"的主张。更进一步,多数意见和反对意见的冲突是司法哲学上的。欧伯格菲案中多数意见和反对意见争议的核心问题涉及司法

---

① 与一般认识不同,遵循先例不仅维护了法律的稳定性,它也会赋予法律变迁以合法性。关于这一问题的经典讨论, see Henry Monoghan, *Stare Decesis and Constitutional Adjudication*, 88 Colum. L. Rev., p. 723(1988)。

在国家整体性政治结构中的定位,也就是司法与民主关系的问题。法院应当严格遵守司法和民主的分际、对民主过程的缺陷视而不见,还是说应当借助于司法审查来弥补民主的缺陷,进而夯实民主基础,从而使司法审查摆脱反多数的难题?如果国会的实际运作已经被政党政治所控制而长期空转,民众的意见已经无法经由代议过程转化为法律的时候,法院就不应对民主的赤字视而不见,而是要扮演一个它未曾预期的民主角色。

当我们仔细探究民主制度的弱点时,就会发现司法审查不仅无损于民主,还是民主的不可分割的部分。司法审查是民主过程健全运作的制度保障。约翰·伊利在《民主和不信任》这一关于司法审查民主性迄今最为有力的辩护中指出,司法审查不仅因其消极美德而获得证立,更因为其能动主义而不可或缺。司法在疏通意见管道、削减民主赤字、避免政治僵局等领域具有重要功能。[①] 伊利以沃伦法院时期的司法能动主义判决作为分析的起点,成功建构了程序主义的司法审查理论。该理论不仅有效回应了对司法审查非民主性的责难,解决了宪法文本开放性问题带来的空隙填补问题,而且为民主制度内在弊病——多数人暴政问题提供了拯救之道。伊利主张一种参与导向,强化代议制(participation-oriented, representation-reinforcing)的司法审查进路。据此,司法审查不仅是符合民主制原则的,还是防止民主制弊端的切合实际的、有效的保障机制。司法能动很多时候是疏通民主通道淤塞的必要途径。民主为法治提供了合法性和公共价值基础,法治为民主提供了纠错机制和少数者权益保护。[②] 就此而言,欧伯格菲案是美国联邦最高法院以司法能动主义哲学为指引,基于实质正当程序对未列举基本权利进行平等保护,拓展美国公民身份意涵的里程碑案件,它再次确认了美国联邦最高法院的民主促进者功能。

---

① See John Hart Ely, *Democracy and Distrust*, Harvard University Press, 1981.

② 德沃金曾经指出,"如果让一群非民选的专家来取代立法决定,即使专家的决定比立法者的判断更好,如专家制定出更公平的所得税制度,这仍然是民主的毁灭,也是民治的损失。但如果说问题事关一项规制或者政策本身是否破坏或弱化了社群的民主特征,我们应将该问题交给法院处理……这时,法院的决定就不是反民主,而是促进民主的"。See Ronald Dworkin, *Freedom's Law: The Moral Reading of American Constitutional Law*, Harvard University Press, 1996, p. 32. 关于德沃金的这一观点的引述,参见黄昭元:《司法审查正当性争议——理论基础与方法论的初步检讨》,载《台湾大学法学论丛》第32卷第6期。谨此致谢,此处译文有所改动。

论美国同性婚姻案宪法解释及其方法

范进学*

[内容摘要] 美国联邦最高法院对《美国宪法第十四修正案》中关于“任何州未经法律正当程序，皆不得剥夺任何人的生命、自由或财产”的正当程序条款所作的解释以及采用的解释方法，显然呈现一种针锋相对的对峙与分离格局；关于同性结婚权是否合乎宪法的主张、观点、立场均存在不可通约性。在欧伯格菲案中，人们明显地感受到政治对于宪法解释的深刻影响。

[关键词] 欧伯格菲案 同性婚姻 宪法解释 历史解释 文本解释

2015年6月26日，美国联邦最高法院在欧伯格菲诉霍奇斯案①中以5:4的微弱多数票通过了由肯尼迪大法官代表的法院多数（金斯伯格、布雷耶、索托马约尔和卡根）就同性结婚权作为宪法上的基本权利而予以同等保护的判决意见。多数判决遭遇到了以首席大法官罗伯特为首的其他三位大法官斯卡里拉、托马斯、阿利托的强烈反对。整个法院的判决意见，无论是多数判决还是少数反对意见，都使人强烈地感受到，美国联邦最高法院大法官关于同性恋者的结婚权是否合乎宪法的主张、观点、立场均存在不可通约性。在该案中，大法官对《美国宪法第十四修正案》关于“任何州未经法律正当程序，皆不得剥夺任何人的生命、自由或财产”的正当程序条款所作的解释以及采用的解释方法，显然呈现一种针锋相

* 上海交通大学凯原法学院教授，法学博士。

① See Obergefell v. Hodges, 576 U. S. 644 (2015). 本文中所援引的大法官判决意见，如无特殊说明，均出自该案的多数判决与少数反对意见，特此说明。

对的对峙与分离格局。本文是对本案中多数判决与少数反对意见就法院的司法角色及解释方法所阐释的分歧观点予以梳理与分析。

一、司法角色:司法积极抑或是司法克制

美国联邦最高法院的司法角色定位问题由来已久。早在20世纪30年代罗斯福第一个执政时期(1933～1937年),美国联邦最高法院即以5∶4的票数宣布拯救全国经济复苏的"新政"的全部法律因违反宪法正当程序而无效。1937年3月9日,刚刚获得连任总统的罗斯福在向全国播出的无线电广播讲话中就指责当时的美国联邦最高法院"一直没有充当一个司法机关,而是充当政策制定机关"的角色,美国联邦最高法院把自己司法功能不适当地确定为国会的第三院——一个"超级立法机关"(super-legislature),大法官把宪法中没有的、从来不存在的意图解读到宪法语词与含义之中,因此,必须采取措施把宪法从美国联邦最高法院拯救出来,把法院从其自身中拯救出来,因为立宪者所确立的独立司法机构意味着美国联邦最高法院实施宪法而不是通过司法权的专断行使修改宪法,需要的是法治政府而不是人治政府。[①] 应当说,自19世纪晚近以来,尤其是自1905年洛克纳案[②]以来,美国联邦最高法院的司法角色定位明显发生了转变,开始由司法克制转向了司法积极主义,即"当法官离开法庭进行立法时,他们就被贴上司法积极主义者的标签"。[③] 这种格局在1947年被阿瑟·施莱辛格称为"司法积极主义"。[④] 施莱辛格指出,司法克制与司法积极主义的区别是:司法克制主张,"立法机关既然制定法律,那么就由立法机关消除法律的不足";而司法积极主义的回答是,"在实际操作中,立法机关不能消除它,至少要等到伤害可能无可挽回地落到毫无防备的个人身上,因此法院自己必须采取行动"。司法克制对此回答,"这样做就行使了司法滥权";司法积极主义则回答,"我们不能依赖于一个日益保守的选举团去保护少数人或保障基本人权,如果我们自己

---

① See David M. O'Brien, *Constitutional Law and Politics*, *Volume Two*, *Civil Rights and Civil Liberties*, University of Virginia, 1995, p. 68－69.

② See Lochner v. New York, 198 U. S. 45, 25 S. Ct. 539(1905).

③ [美]肯恩·凯密克:《司法积极主义的起源和当代含义》,范进学译,载陈金钊、谢晖主编:《法律方法》第11卷,山东人民出版社2011年版,第75页。

④ See Arther M. Schlesinger, *The Supreme Court: 1947*, *Fortune*, Jan. 1947, p. 202、208.

不去干预,那么我们将背叛宪法的精神和目的”。[①] 由此可知,司法克制与司法积极主义之基本立场在于司法角色定位不同。

继罗斯福广播讲话78年之后,他批评美国联邦最高法院充当立法者角色的现实,在欧伯格菲诉霍吉斯案的少数派大法官看来仍然存在。首席大法官罗伯茨在其反对意见中批评多数派法院判决是“意志的行为,而非法律的判断”,并指出:它宣布的权利在宪法或本院先例中没有任何基础;多数派明确地否认了司法的“谨慎”,甚至忽视了表面上的谦卑,忽视了司法角色的克制观念,而根据它自己“新的观点”公开地依赖于自身重塑社会的欲望上,形成了“非正义的性质”。罗伯茨重申了麦迪逊在《联邦党人文集》中关于法院角色定位的阐述:司法机关“既无力量,也无意志,而只有判断”;[②]他认为,既然“我们的宪法没有规定任何婚姻的理论”,那么多数判决将同性结婚权扩展到正当程序条款中的“自由”之中的法律理由就是不存在的,同性结婚权应否被扩展到“婚姻”或“自由”之中是人民的权利,而非法院所能做到的,如果法院这么做了,就是从人民那里“偷窃”(stealing)来的,因为“美国联邦最高法院不是立法机关”。美国联邦最高法院的合法性就在于按照宪法和法律,在判决案件中保持谦卑与抑制;而法院的角色除了谦卑或抑制,什么都不是。通过民主审议达成的决定,人们不会失望,因为这是我们的政治文化,但今天的法院阻止了这一切。面对这一切,一种不同的法院观点就是法院更温和克制,因为法官是未经选举的这一事实使他们权力的合法性局限于作出法律判断。最后,罗伯茨告诉支持同性恋者可以庆祝今天的胜利与获得的利益,但“不要庆祝宪法,它与同性结婚权没有任何关系”。斯卡利亚大法官在他的反对意见中指责多数派判决是一种“赤裸裸的立法——事实上是——超级立法权(super-legislative-power)的司法主张”,多数法院判决威胁到了美国民主。今天的判决说明,320,000,000美国人的“统治者”(ruler)就是美国联邦最高法院9个法律职业者(lawyer)中的多数。斯卡利亚批评多数判决是“狂妄自大”(hubris)、“自命不凡”(pretentious)、“自高自大”(egotistic),在他看来,司法机关是“最小危险”的联邦部门,

---

① See Arther M. Schlesinger, *The Supreme Court: 1947*, *Fortune*, Jan. 1947, p. 206.

② [美]汉密尔顿、杰伊、麦迪逊:《联邦党人文集》,程逢如、在汉、舒逊译,商务印书馆1980年版,第453页。

因为法院“既无力量,也无意志,只有判断,最终必须依赖于行政力量”和国家。大法官托马斯批评多数判决“远离了民主”,“明显忽视了作为自由保护的政治过程”,他主张应该把同性婚姻是否包含在“自由”中的问题交由人民自己决定,所以多数判决是“深深误导”。阿利托大法官在其反对意见中批评多数判决是把“他们自己的观点强加于全国人民”,是“把发明的一项新权利”强加于这个国家的其他人,是法院权力的滥用;如果宪法包含了保护同性者结婚权的条款,则将有义务实施它;但是宪法没有对同性婚姻说什么。在政府制度中,主权在民,人民有权利掌握他们自己的命运,任何关于基本权利的改变都应当经由人民选举的官员作出改变,他认为法院应该具有“司法自我限制”(judicial self-restraint)与谦卑的美德,否则就是我们宪法解释法律文化的堕落(corruption)。

反对派的意见集中于一点,无非关于法院或法官角色的定位:是自我克制还是充当立法者?同性婚姻问题既然宪法中没有明确规定,就属于留给人民自己裁量的问题,作为法律“判断”机关的法院不能踏入属于人民决定的政治或社会政策领域,越俎代庖。事实上,反对派并非一味反对同性婚姻,他们也承认美国11个州与哥伦比亚特区的议会对同性婚姻的合法化,首席大法官罗伯茨就指出:“在我的判决中,它不是一个关于婚姻制度是否应当包括同性夫妇的改变问题,取而代之的是一个关于在我们民主共和国中决定应当取决于通过他们选举的代表的人民行动。”所以,他们反对的不是同性婚姻本身的问题,而是由谁作出对同性婚姻的选择问题,是由人民通过选举出来的代表以投票的方式,还是取而代之由非选举的法院或法官来决定?这才是问题的核心。正如斯卡利亚所说:直到法院停止针对同性婚姻的公共讨论才真正展现美国的民主。换言之,即使将同性婚姻权涵摄至“自由”或“婚姻”概念中,那也是人民的事情,与非民选的法院或法官没有任何关系。

与反对派的批评意见相反,多数意见认为,宪法制度的功能就在于个人在诉求基本权利之前无须等待立法行为,所以,当一个人受到侵害而诉求宪法权利保护时,即使广大民众不同意,即使立法机关拒绝采取行动,个人仍然有权利这样做,宪法思想作为法律原则确立下来,就是为法院所适用,因此,他们认为“基本权利不应当屈从于投票,而是依赖于非选举的结果”,“基本权利的论证与保护是解释宪法的司法义务之永恒的内容”。在本案中,法院面临的法律问题就是宪法是否保护同性夫妇的结婚权，针对案件当事人诉求的迫切性，法院有义务解决他们提出的要求并回答他们提出的问题，因而他们是在运用宪法保护受到基本权利侵害者的利益，是"宪法"而不是他们赋予了同性夫妇"婚姻权"。多数判决的观点似乎印证了首席大法官休斯的判断："事实是，我们生活在宪法之下，但宪法是什么，由法官说了算。"[①]正如萨曼所说，"现在每一个人都同意：最高法院是宪法含义的最终裁判者"。[②] 从1954年布朗案关于种族隔离制度的废除、1965年格瑞斯伍德案关于隐私权的承认、1973年罗伊案关于妇女堕胎权的赋予到2008年黑勒案关于人人持有枪支权的确立，哪一个案件的判决不是由美国联邦最高法院说了算？

从欧伯格菲案反对派大法官对法院多数判决的批评以及多数判决意见观之，如今美国联邦最高法院大法官们对司法角色定位的看法如同80年前，似乎没有多大改变，也许这种争论仍然会继续下去。尽管司法克制者指责司法积极主义者在宪法层面上行使司法立法，认为民主意味着人民必须制定根本法律，但总体来说，"司法积极主义对于政治活动而言更常常是一种激励而非阻碍"。[③]

二、历史解释：原初意图抑或当下意图？

历史解释，是指力图从制定法产生时立法者所确立于法律文字中的本来意图来推知立法者的意图的一种解释方法。立法时以及立法过程中的相关资料，如一切草案、审议和讨论记录、立法理由及说明文件等，皆可为历史解释之重要依据。历史解释是除了语法文义探求法律原意之最基本的方法，尤其是对以主张探求立法者原意为目标的原意主义者而言更直接和重要。德沃金曾指出：历史解释，作为一种宪法审判方法是把合理的宪法解释限制于表达立宪者的历史意图这一原则之内。[④] 其实，除考察制宪者的历史意图或文本的原初理解含义外，根据当代史考察文本在当下的意图或含义未必不是"历史"解释。所以，历史解释就存在尊重原

---

① United States v. Nixon, 418 U. S. 633, 703 (1974).

② Jeffrey M. Shaman, *Constitutional Interpretation: Illusion and Reality*, in Introduction, Greenwood Press, 2001.

③ Christopher Wolfe, *Judicial Activism: Bulwark of Freedom or Precarious Security?*, Rowman & Littlefield Publisher, 1997, p. 110.

④ See Ronald Dworkin, *Law's Empire*, Harvard University Press, 1986, p. 360.

初意图的原意主义解释与尊重当代人选择意图的自由主义解释两种方法。在美国宪法解释的历史中,这两种解释方法均不乏实践者、倡导者与支持者。

欧伯格菲案中的多数判决在解释《美国宪法第十四修正案》中关于正当程序所保障的"自由"含义时,都运用了婚姻自身变迁的历史与当代历史的自由进步学说,将同性婚姻权解读到"自由"概念之中。多数判绝不是从"婚姻 = 男女 + 生殖"的传统定义出发,而是从"婚姻 = 幸福 + 抚育"的新视角强调了婚姻是人类最基本的需求。他们从最初婚姻夫妻一体、妻子受丈夫保护与管制的制度到妇女权利独立,以及从父母之命、媒妁之言的包办婚姻到自愿结合的自由婚姻的历史考察中发现,过去数世纪婚姻在结构上发生了深刻的转变,并影响了人们对婚姻的看法,因此,他们认为"作为只限于异性关系的婚姻制度是随着时间的过去而不断演化的"。尤其是自20世纪晚期,随着大量的文化与政治发展,公众态度对同性恋更宽容。此外,多数判决的意见还考察了历史与传统中的法院判例,如1967年洛文诉弗吉尼亚案、①1978年扎布罗斯基诉雷德海尔案、②1987年特纳诉萨夫利案③及其他案件,都认为婚姻是个人至关重要的权利之一,对于自由人追求幸福不可缺少,因此,异性伙伴之间的结婚权一直受到宪法的保护。但是,这些法院的判例之所以局限于异性婚姻,是因为"法院作出的推定都受到当时时空之限制"。在此,多数法院的判决,涉及一个核心问题,即正当程序条款保护的"自由"在历次法院的判例中确立了"婚姻权"属于"自由"的内容,意味着立宪者所确立的宪法原则是与时俱进的,正如在这类判决中指出的:"本法院的案件表达了更宽泛的宪法原则。在界定结婚权时,这些案件都把这种权利建立在历史、传统和其他内含这种亲密结合的宪法自由基础之上,从而论证了该权利的本质属性。"因此,多数判决提出了自由进步的历史解释观,认为"不正义的实质是我们可能总是以我们自己时代的眼光看待它。起草与批准权利法案与第十四修正案的那代人不相信他们知道自由所包含的所有维度,因此他们把保护所有人享有自由的权利的宪章委托给未来的一代人,因为我

① Loving v. Virginia, 388 U. S. 1, 12(1967).

② Zablocki v. Redhail, 434 U. S. 374, 384(1978).

③ Turner v. Safley, 482 U. S. 78, 95(1987).

们知道它的含义”。这里的“我们”被斯卡利亚批评说：无须说，“我们”就是我们这9名法官。

这种貌似尊重历史的解释方法却遭到持异议的大法官的批判。反对派采取的是尊重原初意图与含义的历史解释方法，他们得出的结论与多数判决观点截然相反。罗伯茨首席大法官认为，国家在创立时期，早期美国人大量吸收了法律学者（像布莱克斯通）的观点，把“丈夫与妻子”之间的婚姻视为“私人生活伟大的关系之一”，以及哲学家（像洛克）的观点，把婚姻表述为“男女之间的自愿合约”，“其主要目的是生育”和子女的“养育与资助”。[①] 对那些起草和批准宪法的人来讲，“婚姻 = 男女 + 生育”抚育。即使是早期的法院判例，也是不断重述婚姻传统意义上的含义，把婚姻视为“男女之间的结合”。斯卡利亚大法官也指出，“1868年第十四修正案批准时，各州就把婚姻限制在男女之间”，自批准时起，每一个那时活着的人皆持这种观点。阿利托大法官也承认，“数千年来，婚姻只有与一件事是密不可分的，那就是只有一对异性夫妇可以做的一件事：生育”。他指出：我们国家创立时就以每个人皆具有不可剥夺的自由权利为基石，尽管自由具有许多含义，但同性婚姻权却不在其中，这一权利缺乏根基，与长期形成的传统相对立。选择结婚是为了个人的幸福，是21世纪人们才接受的观念。多数法院判决中也承认：“自国家建立后，婚姻被理解为男女之间的自愿合约。”因此，罗伯茨认为，即使包办婚让位于浪漫的自由婚，婚姻的这些变化仍没有改变作为男女之间结合的婚姻核心结构。罗伯茨针对多数派判决是依赖于历史上存在过的先例而得出的结论指出：这些案件[②]中所涉及的法律皆未改变婚姻作为男女结合的定义，因为案件中多数人要求的婚姻是传统意义上的婚姻，无论是格瑞斯伍德案还是劳伦斯案，其中涉及的隐私权与同性鸡奸犯罪等虽均涉及结婚权，但都没有为重新定义结婚权提供任何积极的基础，更没有提供为什么婚姻核心定义是“两个人”（two-person）而不是传统的“一男一女”的理由。因此，按照罗伯茨首席大法官的观点，运用历史解释方法无法得出同性结婚属于宪法基本权利的结论。

---

① 576 U. S. 644，691（2015），Roberts，dissenting.

② See Turner v. Safley，482 U. S. 78，95（1987）；Zablocki，434 U. S.，at 383；Loving，388 U. S.，p. 12.

托马斯大法官在反对意见中,将历史解释方法运用得炉火纯青。他在异议意见中,即以对多数法院判决不仅脱离宪法而且脱离建国时所确立的原则批评开始,运用历史方法,专注于考察历史上包括政治哲学家、立宪者、报刊等主流观点对"自由"的定义与理解。托马斯认为,自1787年以来,自由一直被理解为"免于政府行为干预"(freedom from government action),而非"来自政府利益的权利"(entitlement to government benefits)。立宪者创制了保留这种理解的宪法。建国时期,人们对"自由"(liberty)的理解深受17世纪洛克的自然权利和社会契约论思想的影响。洛克把人类描述为在自然状态下生活,"那是一种完备无缺的自由状态,他们在自然法的范围内,按照他们认为合适的方法,决定他们的行动和处理他们的财产和人身,无须得到任何人的许可或听命于任何人的意志"。[①] 因为那种自然状态把他们的人身自由与财产留给了人类,当人类同意进入社会之后,人们即获得了社会自由,而这种社会自由"除了经人们同意在国家内所建立的立法权外,不受其他任何立法权的支配;除了立法机关根据对它的委托所制定的法律以外,不受任何意志的统辖或任何法律的约束"。[②] 洛克的理论深刻地影响了17世纪和18世纪的其他杰出思想家,如布莱克斯通。布莱克斯通就把公民自由(civil liberty)表述为除非"受制于法律","个人是他自己行为完全的主人"。洛克的政治哲学流行于18世纪的美国,1756年波士顿报纸就宣称"自然状态下的自由"是"每一个人"的"内在的自然权利",在社会中,每一个人都享有不受控制的自由。所以,建国时期作为自然自由的"受人类法律限制"(constrained by human law)的公民自由必然仅仅涉及那些政府之外的自由。这种18世纪的自由更多与"消极自由"(negative liberty)有关,也就是说,"免于……"(freedom from),而不是"对……有自由"(freedom to),即免于大量社会与政治邪恶的自由,包括专断的权力。正如一位学者在1776年指出:自由的普遍观念仅仅是消极的(negative),仅仅是没有限制(the absence of restraint)。[③] 当时的殖民地将法律表述为侵犯他们的自由,他们讨论的法律是禁止个人在某一个神圣的日子在大

---

① [英]洛克:《政府论》(下篇),叶启芳、翟菊农译,商务印书馆1964年版,第5页。

② 同上书,第16页。

③ 576 U. S. 644,729(2015),Thomas,dissenting.

街上和公路上行走,或禁止在晚上某一时刻之后出国等。所以,无论怎样定义"自由",自由的原初含义就是"免于政府行为干预"的自由,它不包括"给予"或"许可"某种自由。就某种意义而言,立宪者在自由更广泛的意义上会承认婚姻的自然权利,但不会包括政府承认和利益的权利,因为这些权利留给了个人,如同性恋者可以山盟海誓,可以举行宗教仪式以示庆祝,可以抚养子女及享有一对夫妇所应当享有的没有政府干涉的社会自由,而这些自由在建国时期被理解为先于政府而不是源于政府的自由。正如洛克所指出的,"最初的社会是在夫妻之间,这是父母与子女之间社会的开端"。① 所以,请愿人误解了婚姻制度,要求结婚权是一种积极自由而非消极自由。在哲学意义上,自由仅是"免于政府行为",而不是"政治利益的权利";在宪法意义上,自由的含义可能更窄,仅包括免于身体的限制和监禁。最后,托马斯得出的结论是,我们的宪法像之前的《独立宣言》一样,是以一个简单的真理为基础的——一个人的自由是由政府保护的而不是提供的。今天多数判决把这一事实扔在一边,漠视了正当程序条款所保护的对"自由"的最普遍理解,歪曲了建国时所确立的原则。

可见,运用不同的历史解释方法,即尊重宪法制定时的理解还是当代人的理解,所得出的结论是迥异的。因为就历史解释方法而言,其本身就是一个包容性很大的概念,原意主义、文本主义,甚至非原意主义都可能被包含在内或者存在交叉与重叠。原意主义与文本主义都离不开对历史的考察与探究,非原意主义其实并非完全抛弃宪法文本,只是说在解释宪法文本时,要考虑更多原初意图或含义以外的因素——社会变迁、公共道德、价值判断等,而这些因素都是需要借助历史才能说明白。由此看来,虽然历史解释方法与解释主义相比不易使人误解,但该方法的确过于宽泛。②

三、文本解释:尊重文本抑或超越文本?

我们的时代是一个立法的时代,是一个受法律文本统治的时代。美国宪法解释文本主义的代表人物斯卡利亚大法官曾指出:"联邦法官所

① [英]洛克:《政府论》(下篇),叶启芳、瞿菊农译,商务印书馆1964年版,第48页。

② 参见范进学:《美国宪法解释方法论》,法律出版社2010年版,第31页。

解决的每一个法律问题皆涉及文本的解释——立法文本、法律文本或者宪法文本。”①而文本解释就是指按照宪法文本的字义进行解释的一种方法,但对文本字义也存在两种理解:是严格地遵循字义的原初理解,还是超越文字的字面含义作宽泛理解?斯卡利亚否认自己是一个严格解释主义者,他认为“文本既不能作严格解释,也不能作宽泛解释,文本应当作合理解释,包含它全部合理的意义”。②

在本案中,大法官们争论的是同性结婚权是否包含在《美国宪法第十四修正案》关于“未经正当程序,各州不得剥夺任何人的生命、自由和财产”条款之中。该条款是在美国内战之后的1868年针对各州保护黑人的权利而制定的。任何人要从正当程序条款关于“自由”的含义中解释出“同性结婚权”,单单从“自由”的文本字义解释是很困难的。然而,多数法院判决认为:该条款保护的基本自由包括《权利法案》中所列举的大部分权利。③ 此外,这些自由也延伸到某些个人选择,这些选择主要是个人尊严与自主权,包括界定个人身份与信仰的亲密选择。所以,根据《美国宪法》,从以下四个原则即可推断出同性恋者享有结婚权。

理由一:个人选择权内含于个人自主之中。

婚姻与自由之间具有永恒的联系,像涉及避孕、家庭关系、生育与儿童抚养的选择,都受到宪法的保护,因此,“寻求结婚的两个男人或两个女人之间的结合存在着尊严以及做出这种深刻选择的自主权”。④

理由二:结婚等同于忠诚。

“忠诚关系满足了婚姻为什么是基本权利的基本原因”,因此同性夫妇具有与异性夫妇享有亲密结合的权利。

理由三:婚姻不等于生育,而意味着保障儿童、家庭等权利。

结婚权,即建立一个家庭与抚养子女的权利表述,是正当程序保护的自由的核心内容。一种对生育的能力、渴望或承诺,在任何州都不是,也从来没有成为一项有效婚姻的先决条件。鉴于保护结婚夫妇的权利的先

---

① Antonin Scalia, *A Matter of Interpretation: Federal Courts and the Law*, Princeton University Press, 1997, p. 13.

② Ibid., p. 23.

③ See Duncan v. Louisiana, 391 U. S., p. 145, 147 – 149 (1968).

④ Cf. Loving, supra, at 12 (“[T]he freedom to marry, or not marry, a person of another race resides with the individual and cannot be infringed by the State”).

例不是为了生育,因此不能说,法院或各州对结婚权的规定有条件地限定于有能力或者承诺生育上。宪法婚姻权具有许多方面,生育仅是一个方面。

理由四:婚姻是社会秩序的基石。

婚姻是我们民族共同体的结构,象征着得到承认与保护的各种物质利益。由于国家本身使婚姻具有了更多宝贵的意义,将同性恋者排除出去,对他们来说在重要性上是不平等的。

以上4个原则理由中,除了理由一与正当程序条款中的"自由"有某种联系外,其他3个理由皆与婚姻有关。当然,正如反对派所考察的"自由"含义,正当程序中的"自由"一直是指免于政府干预的自由,是消极自由;而结婚权属于"我要"的积极权利。如果从"自由"就是"自主"的角度下定义,自主无非不受某种干预的自由;而"选择"权应当属于自主的范畴,即选择的自由。那么,个人对婚姻的选择就是自由的。所以,结婚权属于自由权似乎是没有疑问的,也正是在此意义上,多数判决指出:寻求结婚的两个男人或两个女人之间的结合的婚姻也是一种选择的自主权。其中,最关键的问题是,多数判决中所理解的婚姻选择的自主权改变了"婚姻"的传统定义,把婚姻的本质理解为"忠诚+利益"(子女的、家庭的、当事人的),而非传统意义上的"男女+生殖"。

由于宪法未对婚姻作任何规定,所以罗伯茨首席大法官极力反对改变传统意义上的"婚姻"定义:"结婚的基本权利不包括有权让一个国家改变其对婚姻的定义","我们的宪法没有制定任何婚姻的理论","宪法自身对婚姻什么也没说"。为了说明"婚姻是男女间的结合",罗伯茨还引用了字典解释,1828年《美国语言词典》对"婚姻"的解释是,婚姻是"男女的一生法律结合",目的是"防止性行为的混乱,促进家庭幸福,确保长久及子女教育"。1891年《布莱克法律词典》(第1版)把婚姻定义为"男女一生法律上结合的公民身份"。这种字典式解释应当说具有强烈的说服力。

托马斯大法官认为:多数判决歪曲并偏离了宪法文本,其表现是将形式正当程序歪曲为实质正当程序,《美国宪法第十四修正案》正当程序条款保障的仅是一个人在被剥夺生命、自由和财产之前的"程序"是"正当"的,这是形式意义上的正当程序;多数判决则是要求相关州"许可"(licenses)或"承认"(recognize)当事人的同性结婚权。这是对"正当程序”条款的误解。即使按照实质正当程序,请愿者也必须首先证明自由被“剥夺”,多数判决书中声称州法律“剥夺”了请愿者的“自由”,然而,这种“自由”概念却不是正当程序适用时最普遍的含义,而是对宪法文本中“自由”概念的误解。

阿利托大法官则明确指出:“宪法对同性婚姻的权利什么也没说。”单纯从“自由”之术语看,它有许多含义:在古典意义上,自由包括现在受到政府规制的经济权利;在社会民主意义上,它包括各种政府利益的权利。但是,同性婚姻权却不在“自由”含义内。因为同性婚姻权是当代出现的一个新权利,直到2000年荷兰承认同性恋婚姻合法化之前,没有任何一个国家承认同性婚姻权的合法性。所以,选择婚姻是以个人追求幸福为基础的观念虽为今天的许多人所分享,但不是传统上的观念。即便当下美国许多州改变了婚姻的观念,但仍有一些不承认同性婚姻的州没有放弃传统的理解。所以,同性婚姻权是一个关乎社会成员广泛接受的问题,只有获得社会的广泛承认,这种新权利才能产生。正如斯卡利亚所批评的:法院创造一个宪法和修正案都遗漏的“自由”。这种对文本上未有含义的创造,就是对文本意义的超越。

四、结语

从欧伯格菲诉霍吉斯案美国联邦最高法院关于同性婚姻合法化判决的争论中,人们明显地感受到政治对于宪法解释的深刻影响。从多数派看,除肯尼迪是由共和党里根提名任命外,其余4位均由民主党总统任命:金斯伯格、布雷耶是由民主党克林顿任命的,索托马约尔和卡根是由民主党奥巴马任命的,他们4位大法官组成了坚固的自由主义阵营;反对派中全部由共和党总统任命:首席大法官罗伯茨由小布什任命,斯卡里拉由里根任命,托马斯由布什任命,阿利托由小布什任命,他们这4位大法官结成了牢固的保守派阵营。不同的阵营在解释宪法过程中所代表的政治立场以及所采取的解释立场、策略与方法皆是大相径庭的。自由主义派被冠以“司法积极主义者”的符号,往往超越宪法文本解释宪法,属于创造性解释,因而也被称为“非解释主义”(noninterpretivism),它往往被司法克制的保守派斥责为修改宪法,是“司法立法”(judicial legislation)或“政策制定”(policy making);而保守派被冠以“司法克制主义者”的符号,奉行法院的角色是“解释”宪法而非“重写”宪法,是确认宪法的原初理解或尊重立宪者的意图,解释宪法的全部目的在于适用宪法的规定,恪守宪法法律,“发现”法律而不是“发明”法律,因而也被称为“解释主义”(interpretivism)。这一点在本案中表现得十分突出。人们的疑问是,面对同样宪法文本,一样的文字,相同的案件事实,为什么这些统一培养出来的“法律职业者”得出的解释结论完全相反?是解释方法问题还是政治立场问题?但无论如何,这些问题皆会触及一个宪法理论上的核心问题:如何解释宪法?这不仅是本案引发的问题,更是在宪法解释中的永恒主题。

[宪法事例 2] 全国人大常委会对《香港特别行政区基本法》第 104 条的解释

[编者按]

2016 年 11 月 7 日,第十二届全国人大常委会第二十四次会议全票通过对《香港特别行政区基本法》第 104 条的解释,规定对不符合本解释和香港特别行政区法律规定的宣誓应确定为无效宣誓,并不得重新安排宣誓。这次释法规范了立法会议员宣誓的程序与效力,并对该法第 104 条的不同理解与争议的相关语言、规范内涵,不同含义之间的界限等进行了说明。全国人大常委会对宣誓相关内容的解释,从国家主权的高度阐明了国家主权与国家意志,是对公然宣扬"港独"言行作出的明确、积极、有效的法律回应。通过释法,全国人大常委会表达了维护《宪法》和《香港特别行政区基本法》尊严的决心,丰富了《香港特别行政区基本法》的规范内涵,便于人们统一对法律的理解,亦有助于香港社会树立法治信心,消除社会争议,明确规范指引,回到法治的轨道。编者在此选编了 3 篇论文。汪进元教授的《〈香港特别行政区基本法〉解释体制的内在张力及其缓解——从全国人大常委会针对〈香港特别行政区基本法〉第 104 条的解释说起》一文认为,本次释法依然彰显了《香港特别行政区基本法》上香港特别行政区终审法院提请释法与人大主动释法的关系问题,他认为,应当依据法律纠纷涉人涉事的区域范围、关联关系和重要程度,通过必要的立法来划定中央、香港特别行政区之间的释法范围。黄明涛教授的《从程序角度看人大释法的合法律性与正当性》具体讨论了本次全国人大常委会释法过程中的若干程序问题,并提出了完善的建议。姚国建教授和谈文栋的《作为宪法性义务的政治效忠——以香港特别行政区立法会议员宣誓事件为视角》则从实质角度讨论了本次释法的对象:议员宣誓。他认为,宣誓争议的本质是议员的政治效忠问题。香港特别行政区议员对国家和香港特别行政区承担政治效忠义务,宣誓是政治效忠的表现,不能以言论自由为由否认法定的宣誓要求。为论述便捷,以下论述使用人大释法,即指代全国人民代表大会行使“解释法律权”。

《香港特别行政区基本法》解释体制的内在张力及其缓解

——从全国人大常委会针对《香港特别行政区基本法》第 104 条的解释说起

汪进元*

[内容摘要] 2016 年 11 月,因香港特别行政区立法会个别候任议员在就职宣誓中带有“港独”言论,全国人大常委会主动针对《香港特别行政区基本法》(以下简称《香港基本法》)第 104 条进行了解释,也再次引发了香港民众的热议和争论。焦点还是《香港基本法》第 158 条第 3 款中香港特别行政区终审法院提请释法与全国人大常委会主动释法的关系问题。《香港基本法》设计的解释体制因司法传统差异,出现了集中释法与分散释法之间的不对接、最终解释权与司法终审权之间的屏蔽等问题,也因此造成了主动释法与提请释法之间的不协调。对此,应该依据法律纠纷涉人涉事的区域范围、关联关系和重要程度,通过人大立法(解释)划定两地的释法范围;同时,制定特别行政区基本法解释的技术规范,指导特别行政区法官的个案释法。

[关键词] 主动释法 提请释法 冲突与缓解

《香港基本法》第 104 条规定:“香港特别行政区行政长官、主要官员、行政会议成员、立法会议员、各级法院法官和其他司法人员在就职时必须依法宣誓拥护中华人民共和国香港特别行政区基本法,效忠中华人民共和国香港特别行政区。”本条明确规定了宣誓的主体、内容、时间和

---

* 东南大学法学院教授、博士研究生导师。

宣誓的强制性要求等。

2016年11月7日,全国人大常委会根据《宪法》第67条第4项和《香港基本法》第158条第1款关于法律解释权的规定,针对本条的宣誓制度作出了具体解释的决定,这也是《香港基本法》实施以来全国人大常委会第五次对《香港基本法》作出解释。

一、本次人大释法的动因、内容和争点

(一)本次人大释法的直接动因

近年来,香港社会少数人公开宣扬"香港独立"或"香港民族自决"等"港独"或者具有"港独"性质的言论,引起包括广大香港居民在内的全国人民的高度关注、忧虑和愤慨。"港独"的本质是分裂国家,"港独"言行严重违反了"一国两制"的方针政策,严重违反了《宪法》《香港基本法》,以及与香港特别行政区有关法律的规定,对国家统一、领土完整、国家安全以及香港特别行政区的长期繁荣稳定造成了严重影响。

2016年香港特别行政区第六届立法会议员选举过程中,一些宣扬"港独"的人员报名参选,香港特别行政区选举主任依法决定其中6名公开宣扬"港独"主张的人不能获得有效提名。2016年10月12日,在新当选的立法会议员宣誓仪式上,个别候任议员在宣誓时擅自篡改誓词或在誓词中增加其他内容,蓄意宣扬"港独"主张,并侮辱国家和民族,被监誓人裁定宣誓无效。香港社会以至于立法会内部、立法会与特别行政区政府之间,对上述宣誓的有效性、是否应该重新安排宣誓等问题,产生了意见分歧和争论,并由此影响了立法会的正常运作。①

(二)本次人大释法的具体内容

基于上述原因,全国人大常委会(经委员长会议提起)直接启动了《香港基本法》解释程序,并从如下几个方面对《香港基本法》第104条进行了具体解释(为了行文方便,下面转述人大释法原文)。②

---

① 2016年11月5日全国人大常委会《关于〈中华人民共和国香港特别行政区基本法〉第一百零四条的解释(草案)》的说明。

② 参见全国人大常委会《关于〈中华人民共和国香港特别行政区基本法〉第一百零四条的解释》。

一、《中华人民共和国香港特别行政区基本法》第一百零四条规定的"拥护中华人民共和国香港特别行政区基本法，效忠中华人民共和国香港特别行政区"，既是该条规定的宣誓必须包含的法定内容，也是参选或者出任该条所列公职的法定要求和条件。

二、《中华人民共和国香港特别行政区基本法》第一百零四条规定相关公职人员"就职时必须依法宣誓"，具有以下含义：

（一）宣誓是该条所列公职人员就职的法定条件和必经程序。未进行合法有效宣誓或者拒绝宣誓，不得就任相应公职，不得行使相应职权和享受相应待遇。

（二）宣誓必须符合法定的形式和内容要求。宣誓人必须真诚、庄重地进行宣誓，必须准确、完整、庄重地宣读包括"拥护中华人民共和国香港特别行政区基本法，效忠中华人民共和国香港特别行政区"内容的法定誓言。

（三）宣誓人拒绝宣誓，即丧失就任该条所列相应公职的资格。宣誓人故意宣读与法定誓言不一致的誓言或者以任何不真诚、不庄重的方式宣誓，也属于拒绝宣誓，所作宣誓无效，宣誓人即丧失就任该条所列相应公职的资格。

（四）宣誓必须在法律规定的监誓人面前进行。监誓人负有确保宣誓合法进行的责任，对符合本解释和香港特别行政区法律规定的宣誓，应确定为有效宣誓；对不符合本解释和香港特别行政区法律规定的宣誓，应确定为无效宣誓，并不得重新安排宣誓。

三、《中华人民共和国香港特别行政区基本法》第一百零四条所规定的宣誓，是该条所列公职人员对中华人民共和国及其香港特别行政区作出的法律承诺，具有法律约束力。宣誓人必须真诚信奉并严格遵守法定誓言。宣誓人作虚假宣誓或者在宣誓之后从事违反誓言行为的，依法承担法律责任。

现予公告。

可见，本次人大释法将宣誓视为公职人员就职的法定条件和必经程序，同时，还规定了宣誓的形式、内容，拒绝宣誓与无效宣誓的认定和后果以及监誓制度等。

（三）本次人大释法的争议焦点①

焦点一：2016年11月7日上午，在全国人大常委会办公厅的新闻发布会上，有记者提问：《香港基本法》第104条的实质是不是政治效忠的问题？时任第十二届全国人大常委会副秘书长、香港基本法委员会主任李飞回应说：确实是这样，《香港基本法》第104条规定的本质就是政治效忠问题，要求法定公职人员政治效忠是天经地义的事情。

那么，这里的“政治效忠”所指为何？在笔者看来，对这一问题的回答，直接涉及《香港基本法》与《宪法》、香港特别行政区与中华人民共和国、香港特别行政区政府与中央人民政府等方面的关系问题。所谓“政治效忠”，就是指拥护《香港基本法》就是拥护国家宪法，效忠香港特别行政区就是效忠中华人民共和国，同时也意味着香港特别行政区政府和人民对中央政府的认同与服从。因此，李主任继续说：大家看这个条文，在讲特别行政区之前明确写的是“中华人民共和国香港特别行政区”，效忠特别行政区本身就是必须效忠中华人民共和国，如果说效忠特别行政区而不效忠于中华人民共和国，实质上就是把香港特别行政区视为独立于国家之外的政治实体，明显违反“一国两制”的方针和基本法。

焦点二：有记者提问：全国人大常委会只有在香港特别行政区终审法院提出请求时才能进行释法，怎样看待这样的质疑和说法？李主任回应说：现在香港特别行政区有一些貌似法律权威的人，从基本法制定的时候就散布歪理邪说，基本法实施以后这么多年继续进行肆意歪曲，所以造成现在有一个舆论陷阱——“只要人大释法就是干预香港的司法独立”。

记者的问题涉及如何理解《香港基本法》第158条关于解释体制的规定问题。在香港特别行政区某些人看来，依据该条第3款的规定，全国人大常委会启动释法程序的前提条件有3个：一是（事务范围）涉及中央政府专管事务以及中央与特别行政区关系事务；二是（启动时间）在香港特别行政区法院个案审理时作出不可上诉的终审判决之前；三是（前置程序）应由香港特别行政区终审法院提请全国人大常委会解释。言下之意，本次全国人大常委会释法不符合上述前提条件，属于“主动插手”。

---

① 参见《全国人大常委会办公厅2016年11月7日新闻发布会》，载国务院新闻办公室官网2016年11月7日，http://www.scio.gov.cn/xwfbh/qyxwfbh/Document/1532203/1532203.htm。

因此,李主任再次提醒香港特别行政区某些“貌似法律权威的人”要好好读一读《香港基本法》第158条的解释体制。根据该条规定:(1)本法的解释权属于全国人大常委会(第1款);(2)全国人大常委会授权香港特别行政区法院在案件审理时对本法关于特别行政区自治事务享有自主解释权(第2款);(3)香港特别行政区法院在案件审理时对本法的其他条款也可解释(第3款);(4)全国人大常委会作出的解释对香港特别行政区法院有拘束力。显然,全国人大常委会对《香港基本法》的全部条款都有解释权,即便是全国人大常委会授予香港特别行政区法院在案件审理时对特别行政区自治条款自主解释权以及对其他条款附条件的解释权,但是,作为授权者的全国人大常委会不会因此受到限制。对此,李主任特别强调:这一条“应由终审法院提请”的规定,不能限制全国人大常委会。

焦点三:有记者提问:这次全国人大常委会启动释法程序会不会变成一个惯例,以后在香港特别行政区的行动或者香港特别行政区的情况都会按照这样的事件去“插手”或主动释法,有关“港独”的问题会不会再有其他释法的情况?李主任回应说:全国人大常委会负责解释法律,这是宪制权力,也是宪制责任。实际上大家看全国人大常委会释法都是对重大问题才释法,而且对属于基本法规定的特别行政区自治范围内的事情,全国人大常委会基本上没有作过释法。但是,“如果出现基本法在香港得不到正确实施,损害了香港根本利益,危及‘一国两制’的原则底线的情况,人大常委会就要行使权力”。

这一问题自然与前述第二个问题有直接关联性,或者说就是第二个问题的延续,具体涉及全国人大常委会统一释法与香港特别行政区法院分散释法、全国人大常委会主动释法与香港特别行政区终审法院提请释法、全国人大常委会最终释法权与香港特别行政区司法终审权等方面的关系问题,同时,也存在对《香港基本法》相关制度的理解误区以及全国人大及其常委会实施《香港基本法》的立法和立法解释不到位的问题。

二、《香港基本法》解释体制的内在张力

从理论上说,香港特别行政区法院的独立司法权和终审权以及对《香港基本法》的解释权等均源于中央通过《香港基本法》的授予,因此,全国人大常委会依法对《香港基本法》的相关条文进行解释、监督香港特别行政区法院解释和适用《香港基本法》,符合授权法的基本原理。但

是,权力的授予与权力的运行是两回事。《香港基本法》设立的解释体制因两地的司法传统以及法律解释权的运行方式不同,尤其是在司法终审权上的不同,出现了不协调甚至冲突的现象。

(一)全国人大常委会统一释法与香港特别行政区法院分散释法的不对接问题

香港在英国100多年的殖民统治期间承继了英美的司法传统,采用分散式个案宪法和法律解释制度,即在个案审理中,法官依据案件事实具体解释宪法和法律,并通过"解释学循环"论证、选择、续造个案法律,甚至裁判违宪的法律无效或者不予适用。无论《香港基本法》是不是"小宪法",[①]它都是统帅所有现行有效的香港特别行政区法律规范和法律制度的宪法性法律,是解释和适用其他法规范的依据和基准。因此,香港特别行政区各级法院在个案审理中经常引用《香港基本法》的相关条文处理具体案件。根据邹平学教授的研究,在香港回归后香港特别行政区法院审理的案件中,有上千件涉及《香港基本法》的判决。在这些判决中,《香港基本法》的160个条文,有超过1/3的条款被引用和解释。[②] 由此可见,香港特别行政区各级法院的法官几乎每天都在解释与适用《香港基本法》。

但是,中国内地则源于大陆法传统,采用集中式宪法和法律解释制度,即由全国人大常委会统一解释宪法和法律,由最高人民法院、最高人民检察院负责司法解释,且不存在个案法律的理解、说明、判断、选择或者续造等问题。同时,全国人大常委会不是专门的宪法法律解释机关,缺乏常态化的运行机制。这就出现了两种释法模式运行方式的不对接。而且,采用这种集中式释法模式处理《香港基本法》的解释问题,出现了香

① 传统宪法理论认为,宪法是国家法,即有国家才有宪法;但在联邦制下,出现了联邦宪法与州宪法,即所谓"大宪法"和"小宪法";欧盟宪法出现后,宪法又成为跨国之间的基本法。所以,德国学者因高尔夫·派内斯(Ingolf Pernice)说:"后国家宪法概念将传统意义上的国家和民族置于一旁。"参见韩大元主编:《比较宪法——宪法文本与宪法解释》,中国人民大学出版社2008年版,第17页。因此,承认《香港基本法》是"小宪法",并不意味着《香港基本法》可以违背国家宪法,也不意味着香港特别行政区高度自治权脱离了中央授权,更不意味着香港特别行政区可以独立于中华人民共和国之外。

② 参见邹平学等:《香港基本法实践研究》,社会科学文献出版社2014年版,第377页。

港特别行政区法院适用法律的不对接问题。这两个“不对接”,一方面意味着全国人大常委会对《香港基本法》的解释不到位;另一方面也导致香港特别行政区法院个案法律适用的困境,甚至“真空”。

从理论上和实践中看,在特定个案审理中,法官的认知能力和价值取向、案件当时的官方政策和社会共识等因素,一直制约着法官对案件事实的采集和认定以及对法律的论证、判断、选择甚至续造。所以,德国学者米勒等人区分“文本规范”与“个案规范”,后者是法官在个案中实际适用的具体法律;①美国首席大法官马歇尔在马伯里诉麦迪逊案中直白地说:“法律是什么? 法官说了算。”一语道破天机。

(二)全国人大常委会主动释法与香港特别行政区终审法院提请释法的不协调问题

不容置疑,依据《香港基本法》第 158 条第 1 款的规定,全国人大常委会对《香港基本法》的全部条款都有主动解释权,但也不能否认,《香港基本法》已经同时授权给香港特别行政区法院在案件审理时对《香港基本法》的相关条款进行解释。有一种观点认为:从《香港基本法》第 158 条第 3 款的文义上看,在终审判决中,香港特别行政区法院对涉及中央专管事务和中央与特别行政区关系事务的条款,无权自行解释。② 本文认为:该款首先规定香港特别行政区法院“在审理案件时对本法的其他条款也可解释”,结合该条第 2 款的规定,香港特别行政区法院在案件审理时对《香港基本法》的所有条款都有权解释,只是在对中央专管事务和中央与特别行政区关系事务条款进行解释时,应该尊重所附提请解释的条件,包括:提请主体、启动时间、事务范围、结果预测、强制要求和解释效力等。③

① 参见[德]卡尔·拉伦茨:《法学方法论》,陈爱娥译,商务印书馆 2003 年版,第 13 页。

② 李浩然:《香港司法案例中的中央与特区关系——以提请释法的条件和程序为视角》,载《港澳研究》2014 年第 1 期。

③ 《香港基本法》第 158 条第 3 款规定:“……但如香港特别行政区法院在审理案件时需要对本法关于中央人民政府管理的事务或中央和香港特别行政区关系的条款进行解释,而该条款的解释又影响到案件的判决,在对该案件作出不可上诉的终局判决前,应由香港特别行政区终审法院请全国人民代表大会常务委员会对有关条款作出解释。如全国人民代表大会常务委员会作出解释,香港特别行政区法院在引用该条款时,应以全国人民代表大会常务委员会的解释为准。但在此以前作出的判决不受影响。”

因此,当法官对相关条款的解释不影响案件的判决或者不是在对案件作出不可上诉的终局判决之前,即便是涉及中央专管事务和中央与特别行政区关系事务的条款,法官也可以自行解释,因为是否“影响案件的判决”以及是否为“不可上诉的终局判决”,是香港特别行政区终审法院是否应该提请解释的关键点。因此,如何把握全国人大常委会主动解释与香港特别行政区终审法院提请解释之间的“度”是实践中的难题。

除上文提到的集中解释与分散解释之间的不对接外,还存在事务领域的交叉性以及法官的认知能力和价值取向问题。朱国斌教授认为:“基本法的很多条款既包括了自治范围的事务,又涉及中央人民政府管理的事务,并不能绝对地区分。”①邹平学教授也认为,《香港基本法》第二章“中央和香港特别行政区的关系”主要规定了中央与特别行政区关系事务,但也涉及香港特别行政区自治事务(如第16条等);同时,在其他各章也有涉及中央与特别行政区关系的事务。② 就本案解释而言,尽管直接动因是“港独”势力猖獗的问题,但也涉及对《香港基本法》第104条的理解。从字面上看,该条规定的是香港特别行政区公职人员宣誓效忠《香港基本法》和香港特别行政区,似乎与中央无关。但是,正如李飞主任所言,《香港基本法》也好,香港特别行政区也好,前面的“中华人民共和国”才是关键的限定词。

相较社会的复杂性和多变性,立法总是相对滞后的;同时,法律原则的抽象性和法律语言的模糊性,意味着《香港基本法》始终需要被解释,也始终处于被解释的状态。因此,这种内在张力导致的困局,也将会持续存在。

三、《香港基本法》解释体制之张力的缓解机制

(一)厘清司法权的性质和功能,消除理解上的误区

目前,理论上比较统一且中央也认可的一种观点是,香港特别行政区法院的司法解释权和终审权具有授权性、地方性和有限性,即源于主权国家的授予,限于特别行政区范围之内,应受到授权者的监督。③ 但是,香

① 朱国斌:《香港基本法第158条与立法解释》,载《法学研究》2008年第2期。

② 参见邹平学等:《香港基本法实践研究》,社会科学文献出版社2014年版,第345页。

③ 同上书,第373页。

港特别行政区法院的个案释法制度不可能改变,全国人大常委会也不可能,当然也不应该一一过问具体的案件。因此,在笔者看来,下面几个问题值得进一步讨论。

首先,从司法权的属性上看,司法权的国家属性是不证自明的。在联邦制国家,成员国是有限的主权实体,但成员国最高法院也不享有司法终审权,即不服成员国最高法院判决的案件,联邦最高法院享有上诉管辖权和终审权;在单一制国家,全国只有一个终审法院。因此,香港特别行政区法院的终审权也只是中央解决香港回归在过渡时期的特别授权。在中央收回司法终审权之前,维持当下《香港基本法》混合型解释体制(集中解释与分散解释的结合),主动接受全国人大常委会的最终解释权,从心理上是可以接受的。

其次,从地方自治视角上看,地方自治是指地方居民以自己的机关处理地方行政事务,其核心是行政自治。当然,为了便于处理地方自治事务,地方自治团体也享有自治立法权和自治财政权,但从来没有所谓的自治司法权。地方自治是单一制国家的产物,地方自治权源于中央的授予,与中央政府有优劣从属之关系。①《香港基本法》第2条规定:"全国人民代表大会授权香港特别行政区依照本法的规定实行高度自治权,享有行政管理权、立法权、独立的司法权和终审权。"既然《香港基本法》授予香港特别行政区居民包括独立司法和终审权在内的高度自治权,中央尊重《香港基本法》的授权,同时特别行政区居民也应该从心理上理解、尊重、接受和认同这种授权性自治。香港社会少数法律界精英人士揣着明白装糊涂,故意曲解《香港基本法》中的自治条款,制造舆论陷阱,鼓动"港独",是包括香港特别行政区大多数人在内的全国人民不能容忍的大事。

最后,区别宪法解释与部门法解释的价值和功能。笔者认为,宪法解释就是解决个案法律适用(或者合宪性)问题,追求的是社会正义;而部门法解释处理的是当事人间具体的权利、义务和责任问题,追求的是个案正义。② 因此,美国型司法审查分"两步"走,当法官或当事人质疑本案拟

---

① 参见张正修:《地方制度法——理论与实践》(综合版),台北,新学林出版股份有限公司2009年版,第10页。

② 参见汪进元:《宪法个案解释基准的证成逻辑及其法律控制》,载《中国法学》2016年第6期。

适用法律违宪、缺位、竞合或者冲突时,启动宪法诉讼,并通过宪法解释判定法律违宪不予适用,或者续造、选择个案可适用的法律;然后,依据宪法解释处理具体的权利、义务和责任。在德国,宪法法院也不是"超级上诉法院",在宪法诉愿中,也只是处理其他法院的法律适用问题,当其他法院所适用的法律违宪,宣布无效或者建议修订,再通过宪法解释提出处理意见,发回其他法院再行处理个案的权利、义务和责任。显然,宪法解释具有立法的性质。《香港基本法》是否为"小宪法",需要进一步研究,但它肯定不是部门法。香港特别行政区法院在个案审理中解释《香港基本法》,也是在解决个案法律适用问题,具有立法的性质。因此,从授权法和职能分工视角看,全国人大常委会对有争议的问题主动解释,符合《香港基本法》确认的复合型解释体制。

(二)强化中央专属事务立法(解释),保证香港特别行政区法院有法可依

一方面,制定中央专属事务方面的法律,明确国防、外交以及中央与特别行政区关系事务的具体类型和范围、处理原则、程序和方式等。对涉及中央与香港特别行政区在事务领域的交叉和融合问题,当然应该由全国人大常委会解释,或者由全国人大常委会个案授权香港特别行政区法院解释。具体地说,凡是法律关系主体牵涉中央与特别行政区、内地(大陆)与港澳台地区、外国政府以及这些地区和国家的社会组织或个人之间的法律纠纷,或者争议的事务范围与前述地区和国家有牵连关系的案件,在香港特别行政区法院受理之后,都应该启动提请解释程序,而且应明确规定这是香港特别行政区法院的义务,必须履行。

另一方面,针对《香港基本法》应该注重目的解释和协商解释。在个案法律解释中仅限于文义解释,容易陷入困境甚至僵局,《香港基本法》的主要目的是维护国家主权、领土完整和特别行政区的稳定与繁荣,在符合这一目的的前提下,有权解释主体作出的解释,都是可以接受的。有一种观点认为,普通法的解释方法只注重文义解释,甚至指责全国人大常委会滥用目的解释方法。实质上,文义、体系、历史、目的4种解释方法,是两大法系国家普遍采用的方法,正如斯若维斯所言:"他坚持文字含义的首要地位,从而通过分析推理的过程来确定宪法侵犯。相反,他的同事们仍然直接通过确定宪法的精神、意图和文本外的一些既定原则来寻求宪

法的内容。"①此外,全国人大常委会也可用协商方法解释《香港基本法》,既可以稳定实施"一国两制"的基本方略,也可以补充和完善《香港基本法》的不足,还可以增强解释文的可接受性。

（三）制定《香港基本法》解释的技术规范,指导香港特别行政区法官的个案释法

"技术规范是指拘束解释者在个案审查中选择和续造个案规范的原则和规则,是法的发现规则。"②技术规范属于法律解释方法问题,但不是解释方法本身,而是解释方法的具体化,如采用词语的固有和常见意义、同类条文作出合并解释、总原则涵摄子原则、原则涵摄规则、当字面解释矛盾时应根据目的解释等。此外,政治问题回避、宪法判断回避、部门权力的核心职能不可侵犯、立法性评价优位等方面也属于宪法法律解释的技术规范。技术规范是美、德等国宪法判例积累的结晶。在英美法系国家,技术规范就是现行有效的法律。美国联邦最高法院自1803年马伯里诉麦迪逊案以来,不断地创制、修订宪法解释的技术规则。詹姆斯·安修也对美国历年的宪法判例进行了整理,提炼出50个字面解释规则(他称之为指南)和14个意图解释规则。③ 威廉姆·N.艾斯克瑞奇等将美国联邦最高法院1986~1993年的案例法解释规则归纳为文本主义解释规则、法外考量规则和实体原则解释规则等三大类,共118个具体规则。④

《香港基本法》自实施以来,学者讨论《香港基本法》解释体制和方法的著作和论文不少,但是,学者的观点要么陷入解释体制不能自拔,要么阈于文义解释与目的解释之争。值得庆幸的是,也有学者论及《香港基本法》解释技术方面的具体规则问题。例如,李树忠、姚建国等在《香港特区法院的违基审查权——兼与董立坤、张淑钿二位教授商榷》一文中,首先介绍了终审法院近两任首席法官的观点,即"法院只可能解决法律

① [美]西尔维亚·斯若维斯:《司法审查与宪法》,谌洪果译,北京大学出版社2005年版,第174页。

② 汪进元:《宪法个案解释基准的证成逻辑及其法律控制》,载《中国法学》2016年第6期。

③ 参见[美]詹姆斯·安修:《美国宪法判例与解释》,黎建飞译,中国政法大学出版社1999年版,第2~3章。

④ See William N. Eskridge, Jr. Philip P. Frikey & Elizabeth Garret: *Legislation and Statutory Interpretation*, 2nd edition, Foundation Press, 2006, p. 389 - 397.

问题,不能解决政治、经济及社会问题”和“政治问题不予审查”等。同时,他们主张,“政治问题不予审查”是香港特别行政区法院内部控制的必要手段。[①] 制定《香港基本法》解释的技术规范,并以全国人大立法或者全国人大常委会立法解释的形式,拘束香港特别行政区法院对《香港基本法》的解释,具体确定文义解释与目的解释之间的关系、立法解释与司法解释之间的关系、法律问题与政治问题之间的关系以及国家宪法总原则与《香港基本法》子原则之间的关系等。技术规则是美国司法谦抑的具体措施,继受英美司法传统的香港特别行政区法院也能够接受。

① 参见李树忠、姚建国:《香港特区法院的违基审查权——兼与董立坤、张淑钿二位教授商榷》,载《法学研究》2012 年第 2 期。

从程序角度看人大释法的合法律性与正当性

黄明涛*

[内容摘要] 2016年全国人大常委会对《香港特别行政区基本法》(以下简称《香港基本法》)的解释符合"基本法"的规定,具有"合法律性",但从"正当性"的角度看,全国人大常委会的这次释法也有值得讨论的问题。本文从解释草案的提案主体、释法程序的时间跨度、香港特别行政区基本法委员会的咨询功能等方面,提出了程序性改进的方案,以求进一步增进全国人大常委会释法的正当性。

[关键词] 议员宣誓案 香港基本法 人大释法 基本法解释程序

一、第五次人大释法

2016年11月7日,全国人大常委会就《香港基本法》作出了一次解释,这是自香港特别行政区创建以来的第五次释法,也是第四次并非基于香港特别行政区终审法院的提请而作出的"主动释法"。本次解释文乃针对《香港基本法》第104条——"宣誓条款"①——而作出,社会普遍认为,这是对香港特别行政区第六届立法会中两位新当选议员所作出的争议性宣誓行为的回应。

以下简要交代事件背景。2016年9月,香港特别行政区立法会完成换届选举;10月12日,第六届立法会于首次会议上安排议员作宣誓时,来自"青年新政"(香港特别行政区本地政治团体)的梁颂恒(Sixtus

---

* 武汉大学法学院教授,法学博士。

① 《香港基本法》第104条规定:"香港特别行政区行政长官、主要官员、行政会议成员、立法会议员、各级法院法官和其他司法人员在就职时必须依法宣誓拥护中华人民共和国香港特别行政区基本法,效忠中华人民共和国香港特别行政区。"

Leung Chung Hang)、游惠贞(Yau Wai Ching)两位当选议员以超乎常规和具侮辱性的方式进行宣誓,导致该二人的宣誓未能如期完成;当香港特别行政区立法会主席随后以“主席裁决”(President's Ruling)决定择日安排两名议员重新宣誓时,香港特别行政区政府迅速入禀香港特别行政区高等法院,以司法复核程序挑战该裁决之合法性,并同时请求法庭判定两人已因无效宣誓而丧失议席;香港特别行政区高等法院原讼庭快速反应,于10月18日决定容许该司法复核程序,并于11月3日完成开庭聆讯,法官表示将尽快作出判决,①以决定梁、游二人宣誓是否有效及相关法律问题;与此同时,全国人大常委会正在北京举行第十二届全国人大常委会第二十四次会议,经由“委员长会议”提请,常委会全体会议于11月7日表决通过了全国人大常委会《关于〈中华人民共和国香港特别行政区基本法〉第一百零四条的解释》,其中特别阐明,“宣誓人故意宣读与法定誓言不一致的誓言或者以任何不真诚、不庄重的方式宣誓……属于拒绝宣誓,所作宣誓无效,宣誓人即丧失就任该条所列相应公职的资格”,而此时香港特别行政区高等法院尚未就案件作出判决;到11月15日,也即释法后1周左右,原讼庭区庆祥法官发布判决书,判定梁颂恒、游惠贞10月12日所作宣誓为无效,并因此丧失就任议员之资格;二人随即上诉至香港特别行政区高等法院上诉庭,于11月30日被判败诉;②之后,二人再向上诉庭申请上诉至香港特别行政区终审法院之许可(leave),于2017年1月16日遭驳回。③ 原讼庭认定,根据《香港基本法》第104条、《宣誓及声明条例》第16(d)条、第19(a)条及附件2的规定,相关宣誓为无效,且特别指出,无论有没有释法,案件判决结果将是一样的。④ 上诉庭的判决同意这一结论。人大释法并没有在解决此次宣誓争议中扮演主要角色,这或许加深了关于“此次释法是否确有必要”的疑问。

---

① 参见《梁游宣誓复核案审结　法官押后裁决》,载联合早报网,http://www.zaobao.com/realtime/china/story20161103－685791。

② See CACV 224,225,226,227/2016.

③ Ibid.

④ See “I agree with Mr Yu's submission that the outcome of this case as regards Mr Leung and Ms Yau is the same with or without referring to the terms of the Interpretation”. See HCAL 185/2016、HCMP 2819/2016, para. 120.

二、释法的合法律性与正当性

对本次以及过往历次人大释法(刚果案人大释法除外)所引发的关注,中央的立场同样清晰,即对《香港基本法》条文作出解释,是《香港基本法》赋予全国人大常委会的权力,人大释法作为一项法律制度,已构成“一国两制”的组成部分。① 的确,在1999年刘港榕案之后,全国人大常委会以抽象方式(非依终审法院之提请)解释《香港基本法》条文的权力已经在香港特别行政区司法实践中被完全承认,前者可以对《香港基本法》的任何条文作出解释,而该等解释对特别行政区司法机关具有法律上的约束力。简言之,全国人大常委会有权释法,这一权力是法定的,其行使亦满足“合法律性”的要求。

尽管从法律上讲,人大释法在制度上是无容置疑的存在,解释权也完整且全面,但在事实上,释法权的运用是一个基于审慎原则的判断,并不能亦未曾被“用尽”。也即,法律上是否享有某一权力是一回事,而该等权力应当如何行使才能不只是合法,且更符合合理或正当之标准,是关键问题。包括本次宣誓条文释法在内,对人大释法的争议焦点主要不在于其是否“合法”,而在于其是否适当、是否必要、是否达成其本身的政策目标。

对此,需要从两个角度观察及评价人大释法:一是合法律性(legality)的角度;二是正当性(legitimacy)的角度。内地官方媒体与诸多学者对人大释法的评论,主要聚焦于“合法律性”;②释法在香港特别行政区所引发的讨论,尤其是法律界所表达的忧虑与质疑,则主要围绕历次释法行动的“正当性”。两套话语迄今并未正面相遇,尤如在平行空间里,但这一局面必须被改变。所谓合法律性,是一种基于既定的严格意义的法律规则的相对形式化的判断——或为合法,或为不合法(违法),主要考虑相关行为是否有授权依据、是否遵循既定程序、是否纳入了必要的考

① 全国人大常委会原副秘书长、香港基本法委员会原主任李飞在全国人大常委会通过释法之后召开的记者会上表示,“宪法和香港基本法明确规定,全国人大常委会对基本法行使全面和最终的解释权”。

② 参见本报评论员:《人大释法是权力也是宪制责任》,载《人民日报海外版》2016年11月5日,第1版。

量因素、是否体现在明确可见的形式、是否违反了强制性的规范等。就人大释法而言,相关规则是较简要、概括式的,仍缺乏专门适用于释法程序的实定化的细致规则,但只要全国人大常委会通过其常规全体会议表决通过解释文且此前完成了征询基本法委员会意见的程序,那么,所通过的正式解释文就被会被认为符合法定要件,是合法的解释。所谓正当性,是基于实际效果(不同于法律效力)、社会评价而对某一项权力的行使所作的宽泛、概括性的判断——体现为程度上的高低,而不是非此即彼的定性,主要考虑有关权力之行使是否增进了体制的权威、是否巩固了对政府的信心、是否推进了施政目标、是否缓和了社会争议等。因此,对合法权力的行使,一般很难说其"全无正当性"或"完全正当",而更可能被认为"稍欠正当性"或"颇有正当性"。就人大释法而言,一方面,须保证《香港基本法》的准确适用,尤其在涉及超越特别行政区自治范围之事项或利益时,须澄清相关规范的含义;另一方面,又应助力于维系特别行政区司法过程的完整性(integrity),此乃"一国两制"政策生命力之所在,所以,社会公众对于单次特定人大释法的观感,必然取决于其补充抑或改写了本地法律规则、保护抑或干扰了本地司法程序、增进抑或削弱了司法权威、化解抑或加剧了政策争议或政治争议等。从根本上讲,正当性是在合法律性的前提下,对人大释法的更高要求,其立足于这样一种确信或期待,即人大释法可以开放给社会讨论其得失,且人大释法制度亦能够因此而不断获得改进。

三、程序建构与人大释法的正当性

第五次人大释法所引发的争议主要源于释法的方式。不论是释法出台的时间点,还是全国人大常委会的释法程序,其共同之处在于,两者都是一种程序性的要素。基本法中有关释法制度的条款比较简略,难以为主动释法提供程序框架。一方面,这或可理解为基本法未对释法程序作出具体规限;另一方面,从程序正义的角度看,全国人大常委会仍然应当以一种更完备、透明的程序来进行自我规限与建构,从而有助于增强释法的正当性。

何以如此?在根本上,我们须认识到,人大释法作为一项"法定制度",是普通法传统所不熟悉的,终归需要与香港特别行政区法律制度作充分协调与融合,才能达成良好效果。第一,人大释法因其对香港特别行政区司法机关有约束力，所以实质上是一种——宪制性的——法源，能够改写香港特别行政区的原有法律规则。典型例证就是2011年刚果案中的释法，该次释法将香港特别行政区原来奉行的有限豁免规则改变为绝对豁免规则。法律规则的改变可以是大幅的、急剧的，也可以是小步的、渐进的；既可以达成正面效果，也有可能造成负面影响，因此需要审慎评估和判断，而程序框架无疑是必要的。第二，人大释法在技术层面上存在与香港特别行政区司法程序相协调的问题。司法复核程序是普通法的重要组成部分，在香港特别行政区行之多年，是监察公权力行为、促进良好管治、为个人权利提供救济所不可或缺的制度，涉嫌违反基本法的行为亦可通过该程序获得纠正。当申请人符合相关法定要件或案件具有涉及公共利益的重要性时，法院不能拒绝批予许可。与此同时，全国人大常委会也有责任去关注任何与基本法有关的争议，尤其是那些超出了香港特别行政区自治范围的法律问题。这就在客观上造成一种局面，即一项法律争议可同时进入香港特别行政区法院的司法程序和全国人大常委会的视野（议程）。从法院角度讲，在缺少正式的制度安排的情况下，无法预测相关议题在全国人大常委会的议事程序中所处的状态，且独立行使司法权的要求也令其不能回避作为司法机关的职责。如果要尽力避免两套平行程序所得出的结论不一致，恐怕只能在相关程序上作一定补救。第三，人大释法有相当机会涉及重大争议问题，令中央介入特别行政区本地层面的争拗，因此需要一套合适的程序来使释法的实质内容实现“正当化”（legitimization），如与司法机关作类比，全国人大常委会如介入香港特别行政区有巨大社会争议的议题——如外佣居港权问题——则几乎不可能令各方都满意，那么，如无一套清晰、透明、完备的程序来达成释法，就容易受到质疑。

笔者认为，从人大释法所采行的惯常程序来看，并结合内地法律体系中有关全国人大常委会的职权与程序的规定，可以从以下几个方面进行程序性的改进，以增进人大（主动）释法的正当性。

（一）解释草案的提案主体

从过往4次主动释法的提案主体来看，国务院与委员长会议各占据两次。根据立法法和全国人大常委会议事规则，国务院是享有提案权的国家机关。尽管在1999年释法中，国务院作为提案主体曾引发争议，但自从主动释法被香港特别行政区终审法院正式接纳之后，这一点已经不再是问题。反观全国人大常委会委员长会议,其并无提出法律解释案的明确授权。在实践中,委员长会议承担了人大常委会日常运作中的大量职能,尤其是程序性的职能。但随着时间推移,这一机构也慢慢地获得了一些具有实体性质的权力,或者说拥有了对人大常委会职权内事项的实质性影响力。从本次释法可以看出,在常委会的每一次全体会议之前,委员长会议都举行了会议,并提前听取了相关报告。例如,第十二届全国人大常委会副秘书长李飞先行向委员长会议作释法有关情况的汇报,再向常委会全体会议作有关解释草案的说明;[①]又如,法律委员会(现宪法与法律委员会)对解释草案进行审议之后,先行向委员长会议作报告,再向全国人大常委会全体会议作报告。[②] 由此可知,委员长会议已经成为人大释法制度中的重要机构,发挥了实质性的作用。

现在的问题是,应如何定位委员长会议?如何评价其行使释法提案权这一"制度实践"?是否需要对其在释法程序中的角色与权力作具体设计?应当以立法、修改议事规则或其他方式来处理吗?

笔者认为,《香港基本法》授予全国人大常委会作法律解释的权力,并未限定在常委会内部程序中哪些机构可作为提案主体,只要解释案由全国人大常委会全体会议通过,即符合基本法的要求。就此而言,委员长会议充当解释草案的提案主体,不违反基本法。至于说立法法、全国人大组织法等全国性法律并未赋予委员长会议以法律解释提案权,根据"一国两制"政策,内地法律体制与香港特别行政区法律体制之间应保持清晰界限,所以,在行使基本法所授予的释法权时,不宜以内地法律体系中的相关规定为依据。同时,根据《香港基本法》第11条、第18条的规定,上述法律也应被排除在基本法解释制度外。[③] 尽管委员长会议的地位也是由全国人大组织法所确立,但问题在于,基本法解释制度是一项由基本法自身所创设的、全新的、不同于内地法律制度的制度,因此,其相关程序

---

① 载中国人大网,http://www.npc.gov.cn/npc/xinwen/syxw/2016-11/05/content_2000986.htm。

② 载中国人大网,http://www.npc.gov.cn/npc/xinwen/syxw/2016-11/06/content_2001375.htm。

③ 关于香港特别行政区法律体制的独立性与封闭性,参见黄明涛:《论〈香港特别行政区基本法〉的自足性——对基本法第11条第1款的一种解读》,载《学习与探索》2015年第1期。

不应受制于基本法秩序以外的其他内地法律。

基于此，笔者认为，关于委员长会议的地位、角色与职权，基本法都为全国人大常委会留出了一定的空间去作设计。从主动释法的操作层面看，也必须有一个主体来推动整个程序的启动，因为：一方面，不可能由全国人大常委会全体会议向自己提出草案，这在逻辑上不成立；另一方面，法律委员会作为全国人大专门委员会，是常设机构，但由于其本身承担了对任何法律草案作统一审议的职能，也不适合作为解释草案的提案主体，否则同样会出现“审议自己提出的草案”的局面。所以，从理论上讲，委员长会议是可以被设计为解释案的提案主体的，最好的办法就是以明确的程序规则赋予其提出解释草案的权力，并且，这一规则应专门为《香港基本法》解释程序而设计，独立于全国人大常委会的现行议事规则，从而可以避免与全国人大常委会在内地法律体制中的角色相混淆。

（二）释法程序的时间跨度

要确保释法妥当地作出，就需要让释法程序经历必要的时间跨度，否则相关审议机关、受咨询机构以及全国人大常委会组成人员不可能有机会深入了解释法的缘起与目的、解释文的措辞与含义以及法律效果，也无空间令与释法利害相关的各方提出其见解或理据——无论这些声音是否有正式渠道被全国人大常委会接收。

如果以《全国人民代表大会常务委员会议事规则》为参照，其第 15 条第 2 款明确规定，议案由常委会交付法律委员会作统一审议之后，只能由后者向本次、下次（两个月后）或以后的全国人大常委会全体会议提出，这是典型的“冷却”条款，以便让任何议案都不至于在常委会的同一次会议上匆忙走过太多环节，从而保证审议质量。以此观之，第五次释法的法律委员会审议与全体会议的表决在同一次常委会会议中完成，明显太过匆忙，值得反思。

根据全国人大常委会当前的行事方式与惯例，并参考立法草案的处理程序，笔者认为，（主动）释法程序至少应分解为如下几个环节：（1）启动。委员长会议有权就全国人大常委会全体会议议程提出建议，如其决定提出基本法解释案以启动释法程序，则须一并纳入该议程建议；如其接受其他主体的释法提请——如国务院——则同样应列入有关议程建议之中。（2）“草案一读”及审议。在预定的全国人大常委会全体会议上听取关于解释草案的说明（类似“立法说明”），可称为“草案一读”，其后，可按惯例安排分组审议。由于《香港基本法》第158条要求释法之前必须征询香港特别行政区基本法委员会的意见,所以在“草案一读”之后,也必须正式向基本法委员会征求意见。分组审议的意见与来自基本法委员会的意见应交付法律委员会作处理。(3)法律委员会的审议及修改。法律委员会的职责在于对议案作法律层面的统一审议,因此,其审议环节应置于常委会委员分组审议与基本法委员会的征询意见程序之后,以确保任何实质上的修改都能够被纳入草案文本,当法律委员会完成其工作之后,相关报告应当向不早于下一次的常委会提出。(4)草案表决稿的形成及表决。在不早于“草案一读”之后的下一次常委会上,解释草案表决稿可以提交至全国人大常委会全体会议审议,如顺利,可于该次会期中安排表决。

上述安排的好处包括:尽早令公众获知启动人大释法的情况,预留充裕时间完成征求意见程序或其他咨询程序,给予全国人大常委会全体会议以必要期间对草案作充分考虑与审议。依循此等程序,可以很直观地避免释法的突兀感与草率感,同时,增加释法透明度,保护公众知情权,从而有利于提升人大释法的正当性。

(三)香港特别行政区基本法委员会的咨询功能

香港特别行政区基本法委员会作为附设全国人大常委会内的工作机构,其主要功能在于研究、咨询与提供其他辅助。根据《香港基本法》第158条的规定,人大释法作出之前,征询基本法委员会的意见是必经程序。从增强释法透明度以及吸纳与整合利益相关方意见的角度来看,基本法委员会应该更好地发挥其咨询机构的功能:一方面,其人员组成兼顾了内地与香港特别行政区的意见,也同时包含了官方与专业界的意见;另一方面,其作为全国人大常委会的工作机构,又具有一定的灵活性,可以在咨询方式上不拘一格,以进一步展现包容性与开放性。

从目前基本法委员会提供咨询意见的时间节点来看,其主要工作在草案正式提出之前展开,即征询基本法委员会的意见是形成解释草案的过程中的一个步骤,这从历次释法的相关官方文件中均可体现出来。具体来讲,委员长会议会向基本法委员会发送解释草案之“征询意见稿”,而后者以此文件为基础举行会议,并提出相关意见。当草案正式向全国人大常委会全体会议提出之后,基本法委员会基本不再作进一步研议,只会在全体会议上报告其研究意见。如果按照传统理解,将基本法委员会仅仅定位为全国人大常委会的工作机构,则与全国人大常委会法工委一样,其主要职能在于为草案的起草提供技术支持,因此其不能获得一般委员或法律委员会那样的审议权,似乎可以说得通。但是,作为基本法明文创设并赋权的机构,不应被限定于此种太过狭隘的、技术性的、地位偏低的状态。笔者认为,基本法授予基本法委员会的“接受征询意见”的权力,与审议草案的权力有实质上的可比性,其应该对正式提交至全国人大常委会的解释草案发表具有独立性的意见,唯此方有机会更好地纳入相关方面的诉求,而不只是充当辅助委员长会议的技术性部门。也就是说,应当改变目前的做法,赋予基本法委员会审议草案的权力,以实现基本法所要求的“征询意见”,并且其审议意见应当与全国人大常委会委员在分组审议中形成的意见享有一样的地位,提交至法律委员会作统一处理,以进入释法程序的下一阶段。经由这样的程序改造,基本法委员会可以获得更充分的研讨时间、更大的话语权,也更有机会发展出其他增强释法透明度与公众参与度的工作方式,从而帮助提升人大释法的正当性。

作为宪法性义务的政治效忠

——以香港特别行政区立法会议员宣誓事件为视角

姚国建* 谈文栋**

[内容摘要] 香港特别行政区立法会议员宣誓争议的本质是议员的政治效忠问题。政治效忠表达的是个人或组织对国家的忠诚义务,其经历了由道德义务向法律义务(首先是宪法义务)的转变。在现代法治框架下,政治效忠集中表现为个人或组织等主体对国家宪法体制的尊重和维护,其主体包括个人、国家公职人员、政党、社会组织和地方政府,但不同主体效忠义务的具体内容及其违反的后果均存在差异性。宪法上的政治效忠义务应通过普通法律予以具体化并应由相应的法律机制予以保障。香港特别行政区议员对国家和特别行政区承担政治效忠义务,宣誓是政治效忠的表现,不能以言论自由为由否认法定的宣誓要求。

[关键词] 政治效忠　宪法义务　香港基本法

一、问题的提出

2016年11月7日,第十二届全国人大常委会第二十四次会议全票通过了《关于〈中华人民共和国香港特别行政区基本法〉第一百零四条的解释》。在其后的新闻发布会上,第十二届全国人大常委会基本法委员会负责人表示《香港特别行政区基本法》(以下简称《香港基本法》)第104条的本质是政治效忠问题,要求法定公职人员政治效忠是天经地义的事

---

* 中国政法大学法学院教授,法学博士。

** 浙江省人民检察院工作人员。

情。[①] 这一政治效忠问题的背景是2016年10月12日在香港特别行政区立法会发生的“梁、游宣誓事件”。在该事件中，两名立法会当选议员在就职宣誓过程中不按法定誓词宣誓，反而质疑香港特别行政区属于中国一部分的事实，并对中国进行侮辱；香港特别行政区政府遂就其议员资格向法院提出诉讼，全国人大常委会也随即对基本法相关条文作出解释，香港特别行政区高等法院其后颁布一审判决，裁定二人议席取消，其后二人上诉也被驳回。

通过全国人大常委会的解释和香港特别行政区法院的裁决，香港特别行政区议员宣誓问题得以解决，法院判决也得到香港社会的普遍认同，但是本案涉及的本质问题即政治效忠问题需要进行进一步理论上的探讨。首先，政治效忠的性质问题，即它是一个道德问题还是一个法律问题。其次，政治效忠的结构问题，如政治效忠的主体、对象及其与公民基本权利之间可能存在的紧张关系。最后，政治效忠的保障机制问题。通过对这些问题的研究，最终要来解答政治效忠在香港特别行政区应如何实现，即作为我国的一个特殊地方单位，香港特别行政区居民、公职人员乃至特别行政区政府对国家承担怎样的效忠义务以及这一义务如何实现？

二、政治效忠的内涵及理论基础

政治效忠作为组合词汇包含“政治”和“效忠”两个层面。根据《说文解字》，“效忠”一词是指“敬也”，强调“进心曰忠”，表示对某人或组织的忠诚。现代社会同样强调忠诚的品质，所以“忠”的内涵在历史长河中并没有多大改变，作为良好的道德品质一直保留下来，即“忠”强调以“利他”为核心，不为己利，尽心尽力谋求他者的利益。[②] 虽然内涵基本不变，但是效忠的对象在现代社会发生了很大的变化，尤其是在这一伦理概念进入政治领域以后。在古希腊，政治是指城邦中的公民参与统治、管理等各种公共生活的总和。《周礼·地官·遂人》有“掌其政治禁令”之说，《尚书·毕命》中亦有“道洽政治，泽润生民”之说，其含义是国家权力、制度、秩序以及人民的教化之说。孙中山先生认为，“政”就是众人之事，

① 参见李飞：《基本法要求公职人员政治效忠天经地义　是必然要求》，载环球网，http://china.huanqiu.com/gangao/2016－11/9642553.html。

② 参见华燕：《论“忠”之法律义务及其限度》，载《法律科学》2011年第6期。

“治”就是管理,管理众人之事就是政治。总体上,可以将政治理解为关涉国家权力的行使与运作,因而,政治效忠的基本含义是指个人、组织等主体对国家或国家权力的忠诚。

政治上的忠诚与服从是国家建立与存续所必需的,没有忠诚就没有稳定的统治,没有服从就不能建立稳固的秩序,中国古代先贤在《论语》中主张,“君使臣以礼,臣事君以忠”,强调臣民对君王的政治效忠。儒家伦理以君臣关系为核心,使“忠”这一私人伦理成为一种政治道德,而这种对君王的忠诚实质就是对国家的忠诚。

西方思想家借助社会契约论论证政治效忠的基础。在欧洲的封建社会,国王作为最大的领主,将土地以及连同土地上的司法、财政等权力封赐给他的臣属,而臣属则需要宣誓效忠于国王,形成国王的封臣;国王封臣会将自己的土地再分封给下一级臣属,并获得自己封臣的效忠。如此,形成欧洲意义上的封建制度。领主除要赐予封臣领土及权力外,还要保护其不受侵害;封臣则需要提供自我装备的部队保卫领主。这一政治社会结构被霍布斯概括为“保护与服从”的政治秩序。根据霍布斯的社会契约理论,“保护与服从”是人类社会政治秩序的基础;人本生活在自然状态,但自然状态奉行“丛林法则”,危及每个人的生命与安全;为摆脱这一困境,人们将自己的权力和力量让渡给主权者,以求主权者对自己的保护,“在这种行为,大家把自己的意志服从他的意志,把自己的判断服从于他的判断”。[①] 在“保护与服从”秩序下,所有人均需对主权者——国王效忠,而国王则对所有人提供保护。正如威尔逊所指出的,臣民“应该效忠皇家权力,这种权力是保护的由来”;对国王的效忠建立在“感激原则和利益原则之上”;“一个移居海外的英国人,不论与英格兰有多遥远,他都应当和在家乡一样,效忠于他的国王。不论在哪里,他都应当为背叛这种效忠的罪行而受到法律的惩罚”。[②]

在古代政治向近代政治转型的过程中,构建起人民主权理论,强调国

---

① [英]霍布斯:《利维坦》,黎思复、黎廷弼译,商务印书馆1985年版,第130~132页。

② James Wilson, *Considerations on the Nature and Extent of the Legislative Authority of the British Parliamen*t, in The Works of the Honorable James Wilson, L. L. D., Vol. Ⅲ, Philadelphia, The Lorenzo Press, 1804, p. 241 - 243.

家的权力源于人民而不是君主,所以政治效忠的对象变成了由人民组成的国家,而不是君主。同时,近代国家的人民通过制定宪法来维护革命或者改革的成果。当革命隐去,人民的意志凝成宪法中的具体规范,宪法就成为承接人民意志看得见的文本。所以,维护宪法也就是维护革命成果和人民主权,政治效忠的对象也就从抽象的人民主权或国家变成了相对具体的体现人民主权内涵的宪法体制。

当宪法体制取代封建时代的君主及近代抽象的人民而成为政治效忠的对象以后,宪法作为国家的根本法又从法律的角度赋予政治效忠新的理论基础,这就是法规范意义上的“权利—义务”的相对性理论。宪法作为界定个人与国家之间关系的法律,首先要确认个人所享有的基本权利,以此明确个人在国家中的主体性,但个人亦需要对国家承担必要的义务以维护国家的存在和安全。这些义务包括服从、纳税、服兵役等,它们是宪法得以正常运转的前提,效力先于实定法,任何国家机构都无权限免除公民或者团体对基本义务的履行,①其背后是对宪法体制正常运转的维护,亦即对宪法体制的效忠。由于宪法所具有的法的属性,通过宪法义务的设定来确认个人对宪法体制的效忠就不单纯是道德层面的要求,而是法律上的义务,具有法律规范的约束力。

三、政治效忠宪法表达的规范分析

在政治效忠获得法律上的正当性后,需要考察政治效忠在各国宪法和法律中的具体体现以完成对政治效忠理念规范意义上的梳理。

《德国基本法》是规定效忠义务的典型例子。作为反思纳粹暴政的产物,《德国基本法》对民主自由基本秩序的贯彻是彻底的。《德国基本法》分别从公民的言论自由、结社自由、基本权利丧失以及政党政治、州内宪法体制和公职人员等方面对政治效忠进行了规定。多数国家以确立国家公职人员的宣誓制度来体现其对国家的效忠。根据统计,联合国193 个成员国宪法中明确规定国家公职人员宣誓制度的有 177 个。另外,通过确认公民维护国家统一和安全的义务来体现政治效忠也是众多国家宪法采取的立法技术。根据 2007 年的统计,156 部宪法中有 104 部

① 参见王晖:《法律中的团结观与基本义务》,载《清华法学》2015 年第 3 期。

宪法设有公民基本义务规范,[①]这些义务条款中隐含政治效忠的占多数。我国现行宪法也确认了公民或组织的政治效忠义务,如禁止任何组织或者个人破坏社会主义制度、国家机关等主体必须遵守宪法和法律、公民在行使自由和权利时不得损害国家利益。宪法还具体规定公民有维护国家统一、维护祖国安全、服兵役和纳税等义务。这些内容都直接或间接地确认了我国公民或组织维护宪法体制的政治效忠制度。除宪法文本外,各国宪法监督机关的一些判例也是重要的规范来源。通过判例,文本上的政治效忠义务得以具体化,政治效忠的内涵、理论基础及界限更明晰。在这些案件中,比较典型的有德国的社会主义帝国党违宪案[②]、迈克吉尼斯诉英国案[③]等。

通过考察各国宪法和法律文本以及典型判例,可以将宪法上的政治效忠制度概括为以下几个方面内容。

(一)政治效忠的对象

政治效忠的对象,是指向谁效忠,这是政治效忠作为法规范存在的首要问题。政治效忠的对象不是个人,也不是社会团体或政党,而是整个国家的宪法体制。对象的不同是现代法治框架下的政治效忠与古代效忠理念的根本区别。

如前所述,宪法体制是立宪国家政治效忠的基本对象。具体而言,对国家宪法体制的效忠可以展开为3个层次:一是国家共同体的统一完整。国家统一性是宪法所确认和维护的价值,是宪法体制的重要内容。维护国家共同体的统一性构成政治效忠的最低层次,强调对民族国家的统一维护,不得从事分裂国家、鼓吹地方独立等有损于国家统一完整的活动。二是对人民主权原则的忠诚。现代意义上的国家是以人民主权原则为基础建构起来的,人民主权原则也是各国宪法的核心原则。对人民主权原则的忠诚强调对人民主体性的尊重,对人民实现权力的基本机制民主制度的尊重。三是维护宪法所确立的基本价值秩序。宪法体制不仅包括宪

① 参见李勇:《宪法义务比较研究》,载《甘肃政法学院学报》2007年第4期。

② 参见张翔主编:《德国宪法案例选释(第1辑)基本权利总论》,法律出版社2012年版,第264~284页。

③ 参见郑戈:《基本法框架下的人大释法与政治效忠》,香港基本法澳门基本法研究会关于"全国人大常委会对香港基本法第104条的解释"学术研讨会上的发言,载有章2016年12月1日,https://www.ilawpress.com/material/detail?id=157654136。

法所确立的各项制度,还包括规范与制度背后所蕴含的价值理念或价值秩序,这是政治效忠的最高层次。例如,《德国基本法》规定了自由民主的基本价值秩序,联邦宪法法院在社会主义帝国党违宪案中指出,这是一种自由、平等以及排除任何形式的专制、在国民多数意志自我决定基础上的以法治国家原则为前提的统治秩序,包括尊重人权、责任政府、依法行政等。我国宪法中的基本价值秩序当然和德国有所区别,其中突出的地方在于社会主义这一根本制度和以人民代表大会制度为根本政治制度组成的制度体系,同时,基本权利的保护也是我国宪法所确立的价值秩序体系的内容。

(二)政治效忠的性质

在宪法上,政治效忠作为对相关主体约束性的规范确认了主体的基本义务。基本义务在宪法中是与基本权利相对存在的,但是关于基本义务的效力却存在相当大的争议。有观点认为,任何个人都不可能以私人身份违宪,从而推断出宪法义务的效力不存在。这一论断值得商榷。宪法规定的基本义务对公民具有约束力是毫无疑问的,只是有些义务具有直接效力,有些义务不具有直接效力。① 那些不具有直接效力的基本义务需要以具体法律来落实。如我国《宪法》第 52 条规定了维护国家统一的义务,这是典型的公民政治效忠的义务,但这一义务无法直接通过宪法实施,而是通过其他法律对此完善补充。《国家安全法》《民族区域自治法》《反分裂国家法》《刑法》都对此作了具体的规定。对于公职人员,法律会为其设定更明确的效忠义务,宪法中的效忠义务也将通过更为明确而具体的法律规定来实现。如我国《公务员法》《国防法》《驻外外交人员法》《现役军官法》等法律就分别规定了公务员、外交人员和军人的特殊效忠义务。

(三)政治效忠的主体

"主体"是政治效忠义务的履行者,不同主体政治效忠的内容也会有所区别。《美国宪法》明确规定了总统效忠于宪法的义务,《德国基本法》分别规定了公民、公职人员、政党、各州的效忠义务。具体而言,政治效忠的主体包括以下几类。(1)公民。公民的政治效忠义务更是最低的,主

---

① 参见王锴:《为公民基本义务辩护——基于德国学说的梳理》,载《政治与法律》2015 年第 10 期。

要承担的是否定性义务,即不得实施有损于国家统一完整的行为,公民言论表达即使不符合宪法基本价值秩序一般也不会受到处罚。当然,由于各国历史文化以及宪法价值的差异,也有一些国家对公民有损于本国宪法核心价值的言论予以处罚。如德国《反纳粹与反刑事罪法》规定,不准以任何形式宣传纳粹思想,严格禁止使用纳粹标志的行为,禁止德国网站使用纳粹标志与口号,任何发表否认纳粹大屠杀言论的人都将受到严惩。这显然与德国等欧洲国家遭遇的纳粹统治惨痛教训有关。(2)公职人员。公职人员和普通公民存在区别,按"特别权力关系"理论,公职人员和国家之间存在"基于维护行政之功能和目的以及国家或营造物的特别依存关系",①是国家权力的实际行使者,其地位来自法律授权,构成宪法体制的一部分,因而对宪法体制的存续性影响极大,所以对公职人员的政治效忠义务要求更高。(3)政党等政治性团体。现代政治本质上是政党政治。政党等政治性团体的公共性、政治性特征明显,以执掌国家政权为目标。一旦政党在选举中获胜成为执政党,其所奉行的政治纲领将演变成国家的法律和政策,从而对国家宪法体制造成影响。一些国家的宪法也对此作出明确规定。如《德国基本法》第21条即指出政党不得违反基本价值秩序和德意志共和国的政治效忠义务。②《韩国宪法》也有类似规定。(4)地方政府。地方作为国家共同体的重要组成部分,负有维护宪法体制的义务,包括不得试图从国家整体中分裂出去、不得施行在价值上与中央相冲突的宪法体制。《德国基本法》要求各州宪法体制应符合基本法所定之共和、民主及社会法治国原则。这实际赋予了各州最高层次的政治效忠义务。

四、政治效忠对公民言论自由与结社自由的约束

政治效忠与基本权利存在内在张力,当宪法将政治效忠作为一项基本义务来规定时,必然会对相关主体的某些基本权利构成限制。总体来

---

① 蔡震荣:《行政法理论与基本人权之保障》,台北,五南图书出版股份有限公司1999年版,第9页。

② 《德国基本法》第21条第2款规定:"政党依其目的及其党员之行为,意图损害或废除自由、民主之基本秩序或意图危害德意志联邦共和国之存在者,为违宪。至是否违宪,由联邦宪法法院决定之。"

看，与政治效忠存在张力的主要是公民的言论自由和结社自由。

（一）政治效忠与言论自由

在一般情况下，普通公民的言论表达很难对宪法体制产生明显的影响，但是在互联网时代，公民言论有可能借助于网络而超越时间和地域，实现影响范围和空间扩张，那些原本难以对国家宪法体制造成损害的言论借助于互联网也可能产生实质性影响。但是，基于宪法以基本权利为优先的价值选择，对于公民言论自由应采取宽松解释，只有对于极端的危害性言论才可按其违反政治效忠义务来处理。

但公职人员的言论自由与普通公民有别。公职人员身份源于宪法和法律的授权，其本身是宪法体制的一部分，所以其言论不单纯是个人自由问题，有可能直接对国家宪法体制造成影响。基于对宪法体制的维护，公职人员在履行政治效忠义务方面要高于个人，相应地，其权利尤其是言论自由要受到更多的限制。例如，一般公民并不需要通过宣誓表示对宪法的效忠，但宣誓制度是保障公职人员政治效忠的基本制度，且具有法定的宣誓内容和宣誓程序，公职人员不能以言论自由为由拒绝宣誓或擅自更改宣誓的内容或程序等。以迈克吉尼斯诉英国案为例，1997 年英国议会当选议员马丁·迈克吉尼斯主张效忠女王的宣誓要求侵犯了《欧洲人权公约》所保护的言论自由权和宗教自由，但欧洲人权法院认为效忠宣誓是为了维护英国的君主立宪制，是对本国基础性宪法原则的保护；参选便意味着自愿放弃了在这一事项上行使言论自由的权利。

（二）政治效忠与结社自由

政治效忠还有可能与公民的结社自由形成张力。结社是公民参与政治生活的重要方式，结社自由是公民基本权利。政党是公民行使结社自由的必然产物，但一些政党有可能因其违背自由民主的基本秩序而被认定违宪。要求政党遵守和维护宪法体制实际上是对公民的结社自由予以限制。德国宪法法院在社会主义帝国党违宪案中对其理由作了经典的解释：政党是基于公民的结社自由而形成的，所以不可避免地带有多元色彩，但政党内部秩序应符合民主原则；一般性的违法、反对政府以及反对宪法体制的行为不应被认定为违宪；对政党在政治效忠的考查应当基于可视化的党纲和特定政党活动。

五、香港特别行政区议员宣誓与政治效忠

如前所述,香港特别行政区少数当选议员宣誓事件的本质是政治效忠问题。《香港基本法》"序言"指出,《香港基本法》是根据《宪法》制定的,目的是规定香港特别行政区实行的制度,以保障国家对香港特别行政区的基本方针政策的实施。这表明,基本法是"一国两制"原则的法律化,是香港特别行政区的宪制性法律,构成我国宪法规范的一部分,基本法所构建的制度是我国宪法体制的一部分,宪法和基本法一起构成了香港特别行政区宪制的基础,①其所共同构建的香港特别行政区宪法体制是我国整体宪法体制的一部分。所以,香港社会的政治效忠既包括对宪法和基本法共同确立的特区宪法体制,也包括宪法所确立的国家宪法体制。香港特别行政区的宪法体制具有地方性,国家宪法体制具有整体性,它们都是特区社会的政治效忠对象。实际上,《香港基本法》第23条、第104条已经间接地明确了香港社会政治效忠的双重含义:一是维护香港特别行政区作为中华人民共和国一部分的主权属性,特区不得从事任何叛国、分裂国家、煽动叛乱、颠覆中央人民政府及窃取国家机密的行为;二是拥护基本法所确立的政治秩序,尤其是公职人员就职时必须依法宣誓拥护基本法,效忠中华人民共和国香港特别行政区。

就效忠主体而言,香港特别行政区居民、政府公职人员以及特区政府都应承担各自内容不同的效忠义务。《香港基本法》第23条要求香港特别行政区立法自行禁止叛国等行为,实际上是为香港特别行政区居民设定了效忠国家的基本义务。香港特别行政区政府公职人员行使香港特别行政区的高度自治权,但高度自治权来自中央的授权,所以公职人员对授权者应承担效忠义务;同时,香港特别行政区政府作为高度自治的地方政府亦不得从事分裂国家的行为。

由于《香港基本法》第23条赋予香港特别行政区的立法义务并没有完成,所以第104条确立的宣誓制度对于维护国家安全就显得尤为重要。实际上,本条内容通过相关的规定而变得完整和具体化。根据《立法会

---

① 参见韩大元:《中华人民共和国宪法与香港特别行政区基本法共同构成香港宪制的基础》,载全国人大常委会基本法委员会办公室编:《纪念香港基本法实施十周年文集》,中国民主法制出版社2007年版,第77~90页。

条例》第 40 条第 1 款 b 项的规定，每一位获提名的候选人所必须提交的提名表格都必须载有一项“示明该人会拥护《香港基本法》和保证效忠香港特别行政区的声明”。因此，直接适用香港特别行政区法律就可判定两名议员在宣誓中的辱华行为属于违法行为。同时，全国人大常委会 2016 年 11 月 7 日所作出的释法中也指出了《香港基本法》第 104 条宣誓制度的具体含义，并明确了两名议员的宣誓在形式和实体上都是不符合《香港基本法》的。

那么，《香港基本法》第 104 条、全国人大常委会的释法以及香港特别行政区本地的相关立法共同构建的特区公职人员的宣誓制度是否与议员的言论自由相冲突？

根据香港特别行政区本地立法，议员在获得提名之时就已签订相应的声明，表明本人会拥护《香港基本法》和保证效忠香港特别行政区；而且，任何人在与选举有关的文件中就重要事项作虚假或错误陈述，或故意在选举文件中遗漏重要事项均属犯罪。《香港基本法》第 1 条明确规定“香港特别行政区是中华人民共和国不可分离的部分”，所以，当选议员在宣誓时辱骂祖国的行为表明其已经在选举文件中作出了虚假陈述。同时，根据全国人大常委会的释法，宣誓制度不仅仅是一项程序性制度，它还具有实体性内容，即宣誓人必须真诚、庄重地进行宣誓，准确、完整、庄重地宣读包括法定内容的誓言。显然，以言论自由为由来否定法定宣誓内容的正当性是难以成立的，言论自由不展现在宣誓这个场合；而且，公职人员作为国家宪法体制的一部分却在宣誓的过程中辱骂国家更是严重挑衅国家主权和“一国两制”的行为，违背了其对国家和香港特别行政区宪法体制所承担的效忠义务。所以，此事件的症结不是言论自由的问题，而是是否正常按照宣誓要求完成政治效忠义务的问题。

香港特别行政区是我国不可分割的一个特殊地方单位，同时香港特别行政区的政治情况复杂，多元化的政治格局以及高度分化的利益格局使本身就带有政治色彩的政治效忠问题在香港特别行政区更具争议性。但越具有争议越应认清问题的本质。那就是，作为国家的一个地方单位，其居民、公职人员和政府均应承担对国家和特区宪法体制的效忠义务，这一义务不因中央与该地方关系的特殊性、本地政治体制的特殊性以及居民权利保障体制的特殊性而减损。认识到这一点有助于公职人员对宪法体制的维护,从而继续维护香港特别行政区稳定繁荣。同时,推动香港特别行政区政治效忠的落实既要借助《香港基本法》,也要通过当地的具体配套制度。

[宪法事例3] 辽宁贿选案

[编者按]

辽宁贿选案是新中国成立以来查处的第一起发生在省级层面的代表贿选案件。这个案件不仅导致由辽宁省45名全国人大代表的当选无效，而且直接导致辽宁省人大常委会因超过一半的委员代表资格终止，而致使省人大常委会不足法定人数，无法履行职责。因此，这个案件不是单纯的一个代表贿选案件，其涉及我国人民代表大会制度的若干基本方面，值得仔细研究。这里选编了4篇论文。秦前红教授的《返本开新——辽宁贿选案若干问题评析》除讨论了贿选的成因以及治理外，还专门讨论了"临时筹备组"在宪法上的定性问题，认为筹备组的成立虽事出无奈，但也有成本过高的问题，且宪法依据有所不明，有待立法完善。王世涛教授的《论人大选举制度之革新——从辽宁贿选案切入》针对我国人大选举制度提出了若干完善建议。沈寿文教授的《人大代表贿选的逻辑——辽宁贿选案的警示》则聚焦间接选举过程中的候选人提名程序，从另一个视角分析了辽宁贿选案。钱锦宇教授的《选贤举能、良法之治与国家治理的现代化——治理理论视域中的贿选及其规制》从国家治理现代化的角度分析了辽宁贿选案，提出了若干贿选治理的措施建议。

[案件概要]

在辽宁省第十二届人民代表大会第一次会议选举全国人大代表的过程中，有45名当选的全国人大代表拉票贿选，总计有523名辽宁省人大代表涉及此案。2016年9月13日，第十二届全国人大常委会第二十三次会议通过《关于辽宁省人大选举产生的部分十二届全国人大代表当选无效的报告》,确定45名全国人大代表因拉票贿选当选无效。按照相关法律规定,涉案的省人大代表已由原选举单位接受其辞职或被罢免终止代表资格。辽宁省第十二届人大常委会共有组成人员62名,其中有38人因代表资格终止,其常委会组成人员的职务也相应终止。因此,辽宁省人大常委会组成人员不足半数,无法召开常委会会议以履行职责。2016年9月13日,第十二届全国人大常委会第二十三次会议决定成立辽宁省第十二届人大第七次会议筹备组,负责筹备辽宁省第十二届人大第七次会议的相关事宜。根据全国人大常委会的决定,筹备组是代行省人大常委会部分法定职权的临时性机构,负责筹备并召集省人民代表大会,办理省人大代表辞职后的备案、公告,代表补选后的资格确认等事项。

返本开新

——辽宁贿选案若干问题评析

秦前红*

[内容摘要] 辽宁贿选案不仅是一个重要的公共事件,同时也凸显了地方人大制度运行的一些法律问题。必须客观分析贿选形成的原因,并在立法上明确界定贿选的意涵和问责措施;进一步规范临时筹备组的运作程序;优化人大代表的选举和结构制度。

[关键词] 人大制度 辽宁贿选案 选举制度 当选无效

2016年9月13日,全国人大常委会第二十三次会议表决通过了关于辽宁省人大选举产生的部分第十二届全国人大代表当选无效的报告,确定45名全国人大代表因拉票贿选当选无效。与此同时,全国人大常委会还决定成立辽宁省第十二届人民代表大会第七次会议筹备组,负责筹备辽宁省第十二届人民代表大会第七次会议的相关事宜。2013年湖南衡阳贿选案和2016年辽宁贿选案凸显了贿选的相关法律问题研究的重要性。这些问题亟须在法理上给予及时的梳理和回应。限于篇幅,本文不可能一一作答,只能择要者予以探究。

一、贿选原因略探

此次事件是人大制度历史上一次最强烈的"地震"。全国人大常委会原委员长张德江指出:"辽宁拉票贿选案是新中国成立以来查处的第一起发生在省级层面、严重违反党纪国法、严重违反政治纪律和政治规矩、严重违反组织纪律和换届纪律、严重破坏人大选举制度的重大案件,

* 武汉大学法学院教授,法学博士。

是对我国人民代表大会制度的挑战,是对社会主义民主政治的挑战,是对国家法律和党的纪律的挑战,触碰了中国特色社会主义制度底线和中国共产党执政底线……辽宁拉票贿选案充分暴露出在选举全国人大代表的过程中,选举组织机构和相关责任人不执行党中央的决策部署,有法不依、执法不严、违法不究,对破坏选举的行为熟视无睹;一些代表候选人利用资本操纵选举,明目张胆拉票贿选;一些人大代表目无法纪,把收受代表候选人钱物视为潜规则;一些人大领导干部和工作人员知法犯法,为代表候选人拉票穿针引线……”①

辽宁大规模贿选现象的存在充分表明:辽宁的选举生态不佳,贿赂成为一种选举的潜规则,在当地似乎不贿赂即不能当选;对贿选不持耻感成为当地的群体心态,钱票(选票)交易俨然司空见惯,行为人毫无内疚之感;防范贿选的制度缝隙太大,控制选举的权力太过封闭,使暗箱操作成为可能。大多数国家或地区的贿选皆为达到控制执政权之目的,中国特殊的政治体制决定了贿选人不可能颠覆执政党的领导地位,故我国频发的贿选案其实主要与权力寻租、资本逐利等密切关联。

辽宁贿选案所牵涉的人数之多、范围之广、后果之严重匪夷所思。辽宁发生的如此大范围的选举弊案是一个颇为极端的个例。它表明政风涣散在那里沉疴已久,也表明选举组织者的放任不作为或严重无能。甚而言之,是当地某些领导人借换届之际搞权钱交易。

一般而言,随着市场经济的发展和利益群体的多元化,大众参与政治的欲望会提升,对政治民主的期待也会提高。其中,社会新兴阶层、知识分子阶层更是政治民主的热衷参与人。他们所持的政治理念和个人气节也使其更希望通过公平竞争的方式获寻政治抱负的施展。对当选代表最有强烈愿望的是一些企业老板,尤其是民营企业老板。其中原因,大致如下:依照宪法、法律的规定,人大代表有言论免责权和特殊的人身保障权。人大代表非经特定程序,不受随意逮捕和拘留,此种法定特权为人大代表的“护身符”,一些人对此十分看重。

迄今为止,中国市场竞争的规则尚待健全。权力操纵市场,权力过度地垄断资源,诱使一些民营企业越来越热衷于攀附权力。当选人大代表

① 《辽宁45名全国人大代表因贿选当选无效》,载《新京报》2016年9月14日,A07版。

可以低成本地接近权力，甚至享受权力的优待与眷顾。当选人大代表有时也是一些企业家身份改变和炫耀的资本。

二、关于临时筹备组

辽宁贿选案创痛之巨、波及范围之广，为中国人大制度史上所罕见，以至于既有的《全国人民代表大会和地方各级人民代表大会选举法》(以下简称《选举法》)、《全国人民代表大会组织法》等法律均不能应对此案。全国人大常委会不得不召开临时会议，并成立临时筹备组以应对当下非常之局。筹备组具体负责的事项包括：(1)对辽宁省第十二届人民代表大会代表资格终止的情况予以备案、公告；(2)对补选产生的第十二届辽宁省人民代表大会代表，根据代表资格审查委员会的报告，确认代表的资格或者确定代表的当选无效，并公布补选的代表名单；(3)召集辽宁省第十二届人民代表大会第七次会议；(4)需要由筹备组负责的其他事项。另外，筹备组还下设代表资格审查委员会。

临时筹备组之成立有例可循，法律根据却有待明晰。所谓有例可循，是指在中国人民代表大会的制度实践中曾有过类似前例。例如，为因应重庆设立直辖市之需，1997 年第八届全国人大常委会第二十五次会议通过全国人民代表大会常务委员会《关于成立重庆市第一届人民代表大会筹备组的决定》。2009 年，上海市撤销南汇区将其并入浦东新区，采取由市人大常委会作出决定，成立筹备组的做法。2012 年 6 月 21 日，国务院批准设立三沙市，2012 年 7 月，海南省人大常委会通过了《关于成立三沙市第一届人民代表大会筹备组的决定》，筹备组批准设立选举委员会主持三沙市第一届人民代表大会的选举，负责召集三沙市第一届人大会议。

上述三例筹备组设立之情形可细析如下：其主体适用的类型为一个新行政区划创制下的地方国家机关，且其人大机构由间接选举的地方人大代表组成；其设立之动因在于迅速组建地方国家机构，形成有序的国家管理，消除国家管理的空档。按照人民代表大会制度的运作机理，乃是通过直接选举产生基层人大，再由基层人大选举产生上级人大，再由省、直辖市等地方人大选举产生全国人大。依据上述制度通道，新行政区划中的人民代表大会似乎可以不经由临时筹备组的方式产生。然而，不经由临时筹备组的方式运转效率太低，其中关涉的各种程序规定付之阙如，因而具有更多的不确定性。

与辽宁贿选案处理方式最相类似的乃是衡阳贿选案。2013年12月,湖南衡阳市人大因牵涉大规模贿选,几百名市人大代表最后仅剩十几位保持清白之身,衡阳市人大陷于“瘫痪”状态。为此,湖南省人大常委会发布《关于成立衡阳市第十四届人民代表大会第三次会议筹备组的决定》。筹备组的职责为:(1)负责筹备衡阳市第十四届人民代表大会第三次会议的有关事宜,接受由衡阳市选出的部分省人大代表的辞职并报省人大常委会备案、公告;(2)接受衡阳市所属县、不设区的市、市辖区人大常委会报送的代表资格终止的报告并公告;(3)召集衡阳市第十四届人民代表大会第三次会议。同时,筹备组下设代表资格审查委员会,负责审查补选衡阳市第十四届人民代表大会的选举是否符合法律规定等相关工作。

衡阳、辽宁发生贿选案后,对湖南省人大常委会和全国人大常委会成立临时筹备小组的行为当然应作合宪性和合法性推定,这是由全国人大常委会和湖南省人大常委会分别作为最高国家权力机关和地方最高权力机关的性质所决定的。全国人大常委会原副委员长李建国在有关辽宁人大临时筹备小组的决定草案说明中指出:“经全国人大常委会党组报请党中央同意,经委员长会议讨论,一致认为,由全国人大常委会决定成立辽宁省第十二届人大第七次会议筹备组,代行省人大常委会部分职权,是必要的,是可行的,符合宪法精神,符合选举法和组织法的原则。”①

根据现行《宪法》第5条的规定,中华人民共和国实行依法治国,建设社会主义法治国家。自党的十八大以来,中国共产党反复强调任何改革必须于法有据,要用法治思维、法治方式来实现国家治理。法治原则要求公权机关的权力必须有边界,其行为要依法得到授权。尽管现行《宪法》第67条规定了全国人大常委会的22项职权,但全国人大常委会组织筹备组的行为到底符合《宪法》第67条规定的哪一项职权,确实需要全国人大常委会通过宪法解释或者通过制定、修改法律来加以明确,否则成立筹备组行为的法律依据就存在可斟酌的地方。依照性质之考量,筹备组应当具有选举法所规定之选举机构性质,且代行辽宁省人大常委会的部分职权。然而,《选举法》和《全国人民代表大会和地方各级人民代表

① 《辽宁45名全国人大代表因贿选当选无效》,载《新京报》2016年9月14日,A07版。

大会代表法》等法律对筹备组的设立及职权等均没有规定,《全国人民代表大会议事规则》和《全国人大常委会议事规则》对此也没有规定。全国人大常委会于2015年对地方各级人民代表大会和地方各级人民政府组织法、选举法、代表法有过一次集中修改,这本来是衡阳贿选案发生后建立、完善"选举筹备小组"的最好时机,因对贿选可能发生的频度和程度估计不足,而错过了借修法完善有关制度的良机。

申言之,筹备组之成立事出无奈、成本过高。按照《选举法》的规定,各级人大的选举分为直接选举和间接选举,全国人大常委会主持全国人大代表的选举;省、自治区、直辖市、设区的市、自治州的人大常委会主持本级人大代表的选举;不设区的市、市辖区、县、自治县、乡、民族乡、镇设立选举委员会,主持本级人大代表的选举。不设区的市、市辖区、县、自治县的选举委员会受本级人大常委会的领导。乡、民族乡、镇的选举委员会受上级人大常委会的领导。依据上述规定,如果辽宁省人大常委会之组成人员牵涉贿选,但不影响常委会自身的正常运转,那么,相关人大代表的重新选举依然可由常委会主持进行。实际情况却是辽宁贿选案造成省人大常委会名成员中的38人辞职或被罢免,从而造成辽宁省人大常委会"瘫痪"而不得不成立筹备组。全国人大常委会临时筹备组系召开临时会议决定组成。按照1987年颁布的《全国人大常委会议事规则》,全国人大常委会一般会期是两个月一次,有特殊需要的,可以临时召集会议。通过检索全国人大常委会的有关会议专题资料,笔者发现,自2004年以来全国人大常委会仅有两次召开临时会议之记录:一次为2004年4月,全国人大常委会一个月召开了两次会议,临时加开的一次,是因为要决定香港特别行政区行政长官和立法会的产生办法;另一次为第十二届全国人大常委会第二十三次会议,是因为要解决辽宁贿选案的后续处理问题。临时会议召开次数稀少固然有多种原因,其中的一个重要原因即是启动临时会议的成本高昂。为了提高人大制度的效率,更好地实现人大的监督职能,1982年《宪法》规定了各级人大常委会委员的有限专职制,即人大常委会委员不得兼任行政机关、审判机关、检察机关的职务。同时,为了体现人大民主的广泛性和组织吸纳能力,现有的175名全国人大常委会委员中有30%左右的委员同时兼任党务部门、民主党派、群众团体、军队、企事业单位、港澳组织的职务,并分散于全国各地;全国人大常委会领导更是要分管党和国家的重要事务。因此,一旦要召开临时会议,全国人大常委会必定面临召集的困难和巨大人力、物力的负担。

三、贿选意涵亟待更明确

社会经济活动的多样性使贿选的手段日益呈现出隐秘、复杂和智能化的特点,而现有的相关法律对于贿选的规定太过粗糙、笼统。关于贿选的法律规定集中体现在《选举法》第58条第1项,即“以金钱或者其他财物贿赂选民或者代表,妨害选民和代表自由行使选举权和被选举权的”。从以往的实践来看,由于我国选举实践并未充分展开,有限的选举纠纷要么通过政治、行政手段予以化解,要么样本数量过少不足以提供法律解释或司法解释的强大诱因,以至于当衡阳市、辽宁省这样大面积、高层次的贿选案骤然降临时,关于贿选处理的制度明显应对不足。

贿选的英文表述为“vote buying”,即中文所说的“买选票”或者“以金钱或物品换取选票的行为”。故有西方学者基于市场交易的视角把贿选描述为一种契约行为或者拍卖行为,选民把他们的选票卖给出价最高的投标人。①

各国或地区有关贿选的立法体例不尽相同,有的在宪法、刑法之中加以规定,有的是选举法、刑法结合起来加以规定,而大多数国家或者地区则集中规定在选举法之中。日本《公职选举法》规定了公职收买罪并将收买罪进一步细分为:(1)事前收买罪;(2)利害诱导罪;(3)事后收买罪;(4)利益收受、要求、承诺罪;(5)交付、受交付罪;(6)周旋劝诱罪。根据我国香港特别行政区选举法律②的规定,任何人提供利益给另外一个人,或者索取或接受利益,作为投票或不投票给某候选人的诱因或报酬,皆属贿选舞弊行为。我国《澳门特别行政区选举法》则具体列举了贿选之行为表现形式:贿选,是指亲自或通过他人,向自然人或法人承诺提供金钱、物品或者职位等利益,使其做出下列行为,包括:(1)组成或不组成提名委员会;(2)递交、不递交或者擅自修改候选名单;(3)指定、不指定或者替换投票人;(4)成为或者不成为投票人;(5)投票或者不投票。

---

① 参见孙莹:《反贿选立法的比较分析》,载《广东行政学院学报》2015年第3期。

② 根据孙莹的研究,我国香港特别行政区选举法包括《选举管理委员会条例》《立法会条例》《区议会条例》《行政长官选举条例》《乡议局条例》《村民代表条例》等,参见孙莹:《反贿选立法的比较分析》,载《广东行政学院学报》2015年第3期。

我国现行法律有关贿选的制度安排亟待改进和完善的方面在于以下几点。

第一,具体指导选举的政策性文件与法律规范相冲突。《选举法》第58条规定了破坏选举的行为,其中“以金钱或者其他财物贿赂选民或者代表,妨害选民或者代表自由行使选举权或被选举权的”行为可视为对贿选的情状描述。该条规定的贿选行为是普通主体,即任何人皆可构成贿选行为的主体。

而2009年发布的中共中央办公厅、国务院办公厅《关于加强和改进村民委员会选举工作的通知》则指明:“在村民委员会选举的过程中,候选人及其亲友直接或指使他人用财物或者其他利益收买本村村民、选举工作人员或者其他候选人,影响或左右选民意愿的,都是贿选。”该通知不仅把贿选的主体限缩为“亲友及其候选人”,而且把《选举法》中关于贿选行为客观表现中的“金钱或者其他财物”扩张解释为“使用财物或者其他利益”,将贿选对象由“选民或者代表”扩张解释为包括“选举工作人员、其他候选人”。尽管该通知或许更接近我国选举的实际,但选举关涉公民的政治权利和自由,对公民选举权的限制属于法律绝对保留的条款,若贿选行为达到犯罪程度,则在追究时更应贯彻罪刑法定原则。因此,及时修法或者通过法律解释的手段解决政策性文件与法律冲突问题是当下需要迫切应对的问题。

第二,既往诸多贿选案主要出现在拉票、投票环节,而在提名候选人、计票等环节的贿选案暂未浮现。从我国现行选举的立法与实践来看,候选人提名基本上是由党的组织、统战部门、人大的代表工作管理机构等主持完成。其过程相对封闭,参与人员有限,因而贿选的成本可能更低。如何未雨绸缪,杜绝防范候选人提名环节的贿选操作问题,也亟须进行前瞻性的制度安排。

第三,社会的变迁、科技的发展、经济活动的丰富多样,客观上造成贿选手段更隐秘、诡异。过去赤裸裸的财物、金钱交易转换为复杂多样的利益输送。2015年3月24日,央视《焦点访谈》曝光了一些地方的村委会、居委会选举中出现了代缴医保、养老保险和期权式、期货式贿选的问题。在实践中,还可能有低价购房、资助子女入学、廉价转让古玩艺术品以及性贿赂等贿选形式,这些都需要在未来的选举法、代表法以及相关刑法条款修订时加以完善。

四、贿选法律问责问题

其他国家和地区对贿选者统一适用的法律惩戒措施是选举权能的终止,其他则依具体情节分处以罚款、拘留、判处剥夺人身自由等。辽宁贿选案沿袭了衡阳贿选案的处理模式,将45名牵涉拉票当选的全国人大代表的当选宣布为无效;对523名牵涉选举受贿的省人大代表,责令辞职或予以罢免。这里亟待厘清的问题有:何为"当选无效"?"当选无效"的法律后果是什么?是否溯及贿选代表履职行为的效力,如提出法律案和建议案、表决决定和决议案,选举政府和法检负责人等?一届省人大的绝大多数代表被责令辞职①或罢免后而需要选举重组时,该届人大的任期如何计算?被终止或被剥夺代表资格的人大代表是否被连带免去其所担任的国家机关、企事业单位、社会团体的职务?等等。

《选举法》第58条第1款规定了导致代表资格归于无效的4种情形:(1)以金钱或者其他财物贿赂选民或者代表,妨害选民和代表自由行使选举权和被选举权的;(2)以暴力、威胁、欺骗或者其他非法手段妨害选民和代表自由行使选举权和被选举权的;(3)伪造选举文件、虚报选举票数或有其他违法行为的;(4)对于控告、检举中违法行为的人,或者要求提出罢免代表的人进行压制、报复的。《全国人民代表大会和地方各级人民代表大会代表法》第49条则规定了代表资格终止的几种情形:(1)地方各级人民代表大会代表迁出或者调离本行政区域的;(2)辞职被接受的;(3)未经批准两次不出席本级人民代表大会会议的;(4)被罢免的;(5)丧失中华人民共和国国籍的;(6)依照法律被剥夺政治权利的;(7)丧失行为能力的。依据上述规定,结合立法原意和基本法律原则,并参考域外有关选举实践,笔者初步形成以下几点认知。

第一,当选无效与代表资格终止均属于丧失选举资格的情形,不过,两者的适用条件、行为性质不同。当选无效适用的前提是行为违法,而代表资格终止的适用条件则既包括行为违法,又包括基于主客观原因造成

① 《选举法》所规定的辞职,仅是指代表基于某种原因自愿申请终止代表资格。在衡阳贿选案发生后,为了解决用罢免形式终止有贿选嫌疑的代表资格可能出现的效率低下、程序烦琐问题,有关部门创制性地使用了"责令辞职"程序。但该程序的适用主体、具体法律依据、相关救济措施以及法理正当性等都需要深入研究。

的履职不能。宣告当选无效的机构既可能是某级人大及其常委会,也可能是司法机构;而宣告代表资格终止的机构只能是人大及其常委会。

第二,当选无效与代表资格终止的法律效力不同。一旦确定当选无效,代表资格自当选之日起即无效。换言之,当选无效向前具有溯及力;而代表资格终止是向后发生效力,即从宣布终止之日起,代表资格丧失。

第三,无论是当选无效还是代表资格终止,都不影响既往代表履职行为,如投票选举,参与监督,参与立法,审议预算、决算案等效力,相关利害关系人不得据此主张撤销人大相关决定或者决议,也不得主张人大选举产生的相关国家机构及其负责人缺失合法性。其理由在于:在人民代表大会制度下,选民或代表对代表之委托并非强制委托,即代表秉持自己的理性判断行使代表职权,并不受选民或代表具体意见或指示的约束;人大及其常委会作为合议制机关在正当程序下所作出的决定或者决议具有公定力,只有上级人大依法才有权改变或者撤销;各级人大具有人事任免权、重大事项决定权、监督权、预算的审议和批准权,设区的市以上的人大还有立法权。如果主张人大及其常委会已经作出的职权行为无效,将严重影响法秩序的安定性,也会影响公民、社会组织、财产法人等相关主体的信赖利益保护。

国外屡有通过选举产生的政府领导人和国会议员因贿选丑闻下台的例子,但罕有因其下台而推翻其先前施政行为法律效力的先例。例如,根据《印度宪法》第 189 条第 2 款的明确规定,邦议会各院,即使议员缺额,仍拥有行动权力。纵然事后发现,参与议事者中有并无出席、表决等项权利的人,议会活动仍照旧有效。上述印度宪法的规定表明,议员履职行为不因其议员资格的瑕疵而导致无效。

此外,议会作为一个合议制机关,很难准确厘清议员个别或者少数履职行为与代议机关整体履职行为之间的关系。绝大多数实行代议民主的国家的相关法律均规定了议员或代表履职的言论免责权,其立法意旨在于假定议员即便不恪尽职守也在制度容忍的空间内。衡阳贿选案和辽宁贿选案超出了立法者的想象,立法者所设计的防止贿选的条款仅针对个别的、偶然的贿选现象,如此大面积、高层次的贿选防范只能依靠在未来选举法、代表法修改时予以补强。

第四,对贿选行为人的选举权能终止直至追究其刑事责任,并不当然导致行为人所担任的其他党务、行政或社会职务之终止。如果贿选人在担任人大代表的同时又兼任执政党组织的领导职务,按照党纪严于国法的原则,可以依照党纪对其予以处分。如果贿选人同时兼任行政机关领导职务,则必须严格依照有关规定对其处以相应的行政处分。如果贿选人还担任民营企业、社会组织的负责人,在其代表资格终止时,其是否继续担任职务的问题应依相关章程处理。总体而言,公民选举权利之终止的效力并不当然及于公民担任其他公职或管理企事业单位的权利,除非依照正当司法程序明确予以禁止。

第五,因辽宁贿选案而新选举产生的人大以及人大代表的任期不能重新计算。从表面上来看,619 名辽宁省第十二届人大代表竟然有 523 名代表需要重新选举产生。然而,新选举产生的辽宁省人大代表依然被称为第十二届人大代表,且我国是一个单一制国家,地方人大的任期按照宪法和组织法必须与全国人大、其他地方国家机关的任期完全保持一致,故其任期只能是剩余任期,而不能重新计算。

五、相关制度的完善

辽宁贿选案的初步处理在法律上应是“余韵未了”。既往对贿选案教训之检视,总是强调政治纪律管控和组织约束,但能否凤凰涅槃,向死而生,使选举朝着更直接、公开、竞争的方向发展,使选举制度之安排更符合选举规律,更多地反映中国转型社会时期多元社会主体的民主参与愿望?制度之变在于细节,可以从以下几点完善。

第一,对于地方不合理限制选举竞争性的做法,应当予以制止。在地方各级领导班子和县、乡人大换届选举时,为了避免贿选等选举事件的发生,一些地方通过各种方式加强对选举的管控,如限制差额选举的适用或者使差额选举变得有名无实,以及不认真对待选民或者代表联名推荐的候选人等。这些方式看似可以解决贿选问题,但其实只会变相地加剧贿选,因为贿赂的对象只不过由选民或者代表,变成了有权推荐候选人的政党组织和人民团体,以及有权确定正式候选人的选举委员会。因此,应当客观地对待贿选事件,而不能将竞争性选举“一棍子打死”。

第二,对既有的应对措施进行经验性总结并加以制度化。尽管有关方面应对贿选事件所采取的处理方式能够较好、暂时性地应对危机,但亦有诸多问题有待应对。鉴于此,可以通过修改相关法律等方式将这些有益经验制度化,继而为今后应对类似的事件提供法律依据。具体来说:

(1)可以在《选举法》中对"筹备组"的产生与职权,以及"当选无效"的法律效果作出规定;(2)完善和统一《全国人民代表大会和地方各级人民代表大会代表法》《选举法》《刑法》等法律关于"贿选"的规定和解释,为贿选行为的责任追究提供法律依据;(3)对于现有法律缺乏规定,但在实践中有不可回避的其他细节性问题,如是否借鉴其他国家的经验在各级人大设立独立的代表违纪惩戒机构,也应当通过修改法律、作出决定或者解释法律、完善议事规则等途径予以解决。

第三,在审慎研究的基础上,逐步扩大直接选举的适用范围。地域辽阔、交通不便、经济落后、人口众多以及选民素质不高等因素,都是我国在县级以上人大实行间接选举的原因。但是,随着经济社会的发展,这些制约性因素在相当程度上已经得到改善。加之,直接选举能够促使我国的选举制度得以完善并能够更彰显社会主义民主的优越性。因此,可以在审慎研究的基础上,逐步扩大直接选举的适用范围,并对法律进行相应的修改。初期可以考虑根据各地经济发展水平、人口状况等因素,在部分设区的市的人大层面进行直接选举的试点工作,并进行经验总结。待经验成熟之后,逐步推广。

第四,逐步优化人大代表的结构,适度降低商人和官员等在人大代表中所占的比例。广泛的代表性是社会主义民主的应有之义,也是选举法的一项基本原则。但是,在当前的人大代表尤其是地方人大代表的构成中,商人和官员的比例仍然较高,人大代表过于偏向某些职业阶层的问题依然突出。因此,可以逐步优化人大代表的结构,适度降低商人和官员等职业阶层在人大代表中的比例。在推荐代表候选人、确定正式代表候选人的过程中,可以适度增加工人、农民、专家学者等人员的比例。此外,对于选民或者代表联名推荐的代表候选人,选举组织机构也应当认真对待并积极回应。同样地,在制度完善之初,可以先在若干基层人大进行试点,待经验成熟之后再予以推广。

论人大选举制度之革新

——从辽宁贿选案切入

王世涛*

[内容摘要] 贿选事件的接连发生且暴露出我国人大选举制度存在的问题,如人大代表兼职的公私身份混同、人大代表选举的预定模式缺乏竞争活力、人大代表选举财政统一支付的经费窘困、人大代表候选人产生机制的民主赤字、人大选举机构监督职能的缺失、人大选举法律责任制度的偏狭。为了从根本上治理贿选,应当对我国人大选举体制和机制上进行完善,包括:建构组织一体、职能分殊的选举机构,形成代表候选人公平竞争的机制,健全秘密投票和公开计票制度,确立在竞选机制上的选举经费规范管理制度,完善人大选举的责任追究制度。

[关键词] 人大代表贿选 选举制度 制度革新

宪法学意义上的选举分为国家机关公职人员的选举及自治团体选举两个方面,相应地,贿选也主要表现为人大代表贿选及村民贿选两种形式。近年来,人大代表的贿选在山西河津和运城、湖南邵阳和衡阳、安徽巢湖、广东清远和韶关、浙江松阳、上虞和乐清等地被陆续披露。2012 年 12 月 28 日至 2013 年 1 月 3 日,湖南省衡阳市召开第十四届人民代表大会第一次会议,在出席人民代表大会的 527 名人大代表中,有 518 名存在受贿行为,受贿率占 98.23%,涉案金额达人民币 1.1 亿余元。湖南衡阳贿选案中人大代表受贿比例之高、涉案金额之大为新中国成立以来前所未有。继湖南衡阳贿选案后,又一起更严重的辽宁贿选事件被追查。在辽宁省第十二届人民代表大会选举全国人大代表的过程中,45 名当选的

* 大连海事大学法学院教授,法学博士。

全国人大代表贿选拉票,总涉案人数高达523人。辽宁省第十二届人大常委会本来有62名常务委员,由于涉及贿选,其中38人代表资格被终止。由于常委会成员已经不足半数,无法正常履职。贿选事件接连发生而且越来越严重,暴露出选举身份及经费的不定、选举程序的瑕疵、选举监督的虚设、选举责任的局限等问题。因此,在我国治理贿选,应当在选举机制上进行完善,而对参与贿选人员实施所谓"三层处理方案"[①]——确认并公告"当选无效"、辞去代表职务、授权筹备组行使相关职权——并非治本之策。

一、贿选的重新厘定

所谓贿选(vote buying),顾名思义,是选举中的贿赂行为,即在选举中,选举参与人通过一定的金钱、财产或者其他方式对参加选举的代表和选民进行贿买。贿选的主体是将要或正在参与选举的人;贿选的对象是享有投票表决权的选举代表或选民;贿选的方式主要是给予选举代表或者选民一定的利益,如金钱、财产、可期待的利益回报或精神、感情上的享受等。[②] 社会经济活动的多样性使贿选的手段日益呈现隐秘、复杂和智能化的特点,而现有的相关法律对于贿选的规定太过粗糙、笼统。[③] 体现为《全国人民代表大会和地方各级人民代表大会选举法》(以下简称《选举法》)第58条第1款第1项,即"以金钱或者其他财物贿赂选民或者代表,妨害选民和代表自由行使选举权和被选举权的"。

贿选是一种破坏选举的违法犯罪行为,应当受到法律的惩处。贿选直接冲击的是国家治理的正当性,[④]导致由贿选产生的民意代表机关的合法性危机以及立法行为法律效力的丧失。贿选行为的本质就是金钱政

---

① 参见郑磊:《危机中的自新契机——从衡阳贿选事件的三层处理方案谈起》,载《法学》2014年第7期。

② 参见王世涛:《贿选的成因与治理》,载《人大研究》2004年第12期。

③ 参见秦前红:《返本开新——辽宁贿选案若干问题评析》,载《法学》2016年第12期。

④ 参见钱锦宇:《选贤举能、良法之治与国家治理的现代化——治理理论视域中的贿选及其规制》,载《东方法学》2017年第1期。

治、权钱交易,是政治腐败的一种形式。①

有选举就可能有贿选。贿选的出现并非偶然,但对贿选应当辩证地分析。

其一,相对于“逼选”,贿选是一种“诱选”。前者是武力威逼,后者是金钱利诱。相对于刺刀下的选举,贿选的选民或代表的人身至少不受威胁,投票时的意志也未受胁迫。

其二,相对于“假选”,贿选是某种程度的“真选”。在不存在竞选机制的选举中,候选人的提名具有决定性意义。如果候选人已经被组织内定,选民的参与或选举的过程便失去了意义。这种选举看似真实,实则虚假。而贿选出现的前提是选举过程中的竞争机制。相对于毫无民意基础的“假选”,尽管受到金元政治的控制,贿选仍具有一定的民主成分,多少还能够体现选举人的选举意志(有时存在不给钱其实也要投你票,给钱不一定投你票)。“假选”的选票是没有什么价值的,选票与选举结果没有什么关系,因此,也不会有人贿买;而贿选过程中,选票有人买,说明选票是有价值的,选票对选举结果有决定性影响。

可以说,在人类历史上,有了民主选举就可能有贿选。贿选的产生是诸多因素综合作用的结果。

贿选是公共代表身份的私人化。选举本为公共事务,是为了实现社会治理的公共利益,但贿选则将这一公益事业浸泡在利己主义的“冰水”中。贿选是公共权力的私人利用,将本为追求民主政治良好秩序的公益兑换成私人利益的满足。

贿选是政治选举行为的经济化。有西方学者基于市场交易的视角把贿选描述为一种契约行为或者拍卖行为,选民把他们的选票卖给出价最高的投标人。② 选举的基本价值追求是实现公共参与和民主政治,选举的公正、公平和公开除了依赖于选举制度本身的程序设计,还在于选举过程不受利益集团的影响甚至少数人的操纵。然而,选举意味着公共资源的重新分配,而公共权力获得者即取得了经济资源的控制权。如果政府的权力受资本的制约,资本必会肆无忌惮地攫取更大的政治利益为资本

① 参见王连花:《从衡阳贿选案看地方人大选举制度的改革与完善》,载《廉政文化研究》2014年第3期。

② 参见孙莹:《反贿选立法的比较分析》,载《广东行政学院学报》2015年第3期。

服务。[①] 因此,人们为了获取一定的经济资源完全可以不择手段地谋求公共权力。特别是在资源稀缺的情况下,这一趋势更明显,经济学家称之为"寻租活动"。[②] 布坎南说:"现代公共选择理论始终强调,作为'统治者'的代理人身份采取行为的个人,与普通公民并无根本不同,方法论上的一致性也提醒我们,个人在公共选择和私人选择中具有相对的动机。"[③]在布坎南看来,每个人都是理性的经济人,都以追求自身利益最大化为行为目的。

二、人大选举在宪法体制与法律制度上待改进方面

(一)人大代表选举身份及经费的不足

1. 人大代表兼职的公私身份混同

在我国,人大代表是兼职的,根据《全国人民代表大会和地方各级人民代表大会代表法》(以下简称《代表法》)的规定,代表不脱离各自的生产和工作。人大代表来自社会的各行各业,形式上具有普遍的代表性,实际上却非常容易造成人大代表的公职身份与职业身份的混淆。而我国的各级人大代表恰恰主要由商界和政界两部分组成。从衡阳市省人大代表的构成来看,企业家比例最大,其次是官员。令人惊异的是,辽宁贿选案涉及的45名人大代表除2名官员外,其他43名皆为企业、公司的董事长、总经理。人大代表中企业家的人数过多,从积极的方面可以理解为,地方政府想以企业发展带动地方经济,因而在推荐人大代表时向企业家倾斜。企业家当选人大代表后,依照宪法、法律之规定,人大代表有言论免责权和特殊的人身保障权。人大代表非经特定程序,不受随意逮捕和拘留,此种法定特权为人大代表的"护身符"。[④] 还能够为企业带来无担保贷款和税收减免优惠。假定企业家成为人大代表已经付出巨额成本,

---

① 参见鲜开林、王焱:《不断完善人大代表选举制度——以辽宁贿选案为例》,载《人大研究》2016年第12期。

② 参见王世涛:《贿选的成因与治理》,载《人大研究》2004年第12期。

③ [澳]杰佛瑞·布伦南、[美]詹姆斯·M.布坎南:《宪政经济学》,冯克利等译,中国社会科学出版社2004年版,第5页。

④ 参见秦前红:《返本开新——辽宁贿选案若干问题评析》,载《法学》2016年第12期。

自然希望寻求政治投资的经济回报。① 此时,企业家人大代表是否还能代表人民令人怀疑,但企业家直接成为企业利益的代言人却是不争的事实。

因此,应当废除人大代表的兼职制,代之以人大代表的专职制,从而可以保证人大代表身份的纯粹性,避免人大代表的本职与公职的身份交叉与利益关联。

2. 人大代表选举财政统一支付的经费窘困

我国的《选举法》规定选举费用由国库开支,并纳入当年的公共预算,通过对人大会议的预算的审议及决算的审计来控制选举的公共开支,但没有通过专门法律对于选举费用进行规范。我国对人大选举的国库开支仅限于选举工作中的选民登记、票箱设置、投票组织等活动的必要经费,但不包括候选人自我介绍宣传的费用。我国针对这部分的法律规定还是空白,而在实践中人大代表贿选恰恰多发生在候选人的自我宣传阶段。

目前,由于我国各地经济发展不平衡而且政府层级越低财政越窘困,特别是当基层的乡镇财政不能保障人大选举的公共财政支出的情况下,私人资本借此介入。研究表明,社会资本水平对其选举投票行为有重要的影响,低社会资本水平的选民的投票行为更容易受到选举环境、选举制度和候选人的选举行为影响。② 这也为贿选埋下了很大的隐患。

(二)人大代表选举程序的不足

在人大代表选举的过程中,确保选举程序有序运行至关重要。当前,存在选举程序缺乏竞争活力、候选人的制度设计不合理、秘密投票与公开计票的程序存在瑕疵等问题。

---

① 一般的政治道德通常会假定,人大代表是人民选举的代表人民的利益而无个人私利的道义君子。权力滥用的铁律同样适用于人大代表,对人大代表在任职期间行使权力的行为,应当进行必要的法律控制。按照布坎南的观点,公共选择理论不必排除作出政府决定的那部分人有其"道德"行为的可能性,但那些认为应当根据仁慈的代理人的假设分析政府的人,否定对政府包括由选举产生政府的任何约束的正当性,果真如此,就不存在宪法的逻辑基础了。参见[澳]杰佛瑞·布伦南、[美]詹姆斯·M. 布坎南:《宪政经济学》,冯克利等译,中国社会科学出版社2004年版,第5~6页。

② 参见裴志军、杨峻:《社会资本、中间投票人和村民选举中的贿选——基于浙西37个行政村的调查》,载《农业经济问题》2011年第11期。

1. 人大代表选举的程序缺乏竞争活力

将竞选机制逐步引入我国的人大选举程序是遏制贿选的必由之路。由于选举是现行体制下较为开放的民意表达机制,所以人大代表有相当的影响力和权威性,掌握了一定的公开话语权,并参与规则的制定。但因其名额是稀缺的,竞争成为必然。[①] 长期以来,有人一直认为,竞选是资本主义国家的选举制度,是有钱人的游戏,社会主义国家真正实现了人民民主,不能搞资本主义国家的竞选,体现在新中国成立初期及改革开放后的《选举法》中始终没有真正确立竞选制度。然而,在市场经济利益多元化的背景下,传统的选举制度越来越不能适应现实的要求,人们参政议政的积极性与主动性不断增强,竞选的诉求日益高涨。我国 1979 年《选举法》曾规定,各党派、团体和选民都可以用各种形式宣传代表候选人,这可能被视为我国选举法初步引入了竞选机制,但后来《选举法》在修改中取消了这一规定。2004 年修改的《选举法》对实践中逐步普及的带有竞选因素的代表候选人与选民见面的制度给予了确认,但候选人和选民直接接触范围还不广泛。[②]

从某种意义上说,竞选可以使选举变得更真实,为民主政治注入活力,使社会的贤达或有识之士通过竞争脱颖而出,人大代表整体的公益心及能力素质会由此得到普遍提升。

2. 人大代表候选人制度设计不合理

我国法律规定,人大代表候选人可以通过各政党和各人民团体提名或者人大代表 10 人以上联名推荐。但实际上,政党、人民团体的提名比例很高而代表推荐的名额却很少。不仅如此,选民自荐成为候选人未获法律承认。[③]

对候选代表进行介绍是一项必要的程序,而我国的候选代表是通过推荐产生,所以只能由推荐者进行介绍。我国法律规定间接选举的人大代表由大会主席团来介绍代表候选人,但是没有具体规定代表候选人的介绍制度。由主席团介绍候选人,造成很多选举者对候选人的情况并不

① 参见束锦:《当代中国选举中的竞争性研究——兼论“贿选”与“竞选”的制度性应对》,载《探索》2007 年第 2 期。

② 参见王亦白:《选举改革迷局中的五条渐进路径》,载《中国改革》2006 年第 12 期。

③ 同上。

了解。对于选举者来说,只有对候选人的情况有全面的了解才能按照自己的意愿来投票。而如果选举者对候选人不了解,就会有“选谁都一样”的心理。在这种情况下,当候选人通过贿选拉票时,选举者很容易受到利益的驱使参与贿选。

3. 秘密投票公开计票的法律程序模糊

在我国选票书写制度上,由于程序规范存在漏洞导致在选票书写过程中出现,如书写选票时交头接耳、互相打探等情况,缺少秘密写票制度,使一些选民无法按照自己的意愿选择候选人。贿选实际就是独立自主的选举秘密行为被金钱利益打开了缺口。

我国公开计票方式值得商榷。如果参选人投完票后,工作人员不进行当场计票却将选票收走后过几天宣布当选代表,则为选举的“暗箱操作”留有余地,为贿选提供了机会。

出现上述问题的主要原因是《选举法》关于秘密投票与公开计票规定的粗疏和模糊。

(三)人大选举机构监督职能的缺失

辽宁省委原书记、人大常委会原主任王珉作为辽宁贿选案当值领导,掌控选举的全过程,使选举游离于法律监督之外,导致出现了严重的贿选事件。我国人大代表贿选屡禁不止、愈演愈烈的重要原因在于对选举违法行为缺乏必要的监督或者监督机制失灵。根据现行立法,我国人大代表选举的法律监督机制主要有两个层次:一是选举主持机构(大会主席团或选举委员会)和代表资格审查委员会负责对绝大多数的、一般性的或常规性的选举事宜进行监督并作出终局裁决;二是司法机关负责(并且只负责)对选民资格案件和选举犯罪案件进行审判监督并作出终局裁决。第一个监督层次的问题是“自我监督”;第二个监督层次的问题是司法监督的范围有限。[①] 从衡阳贿选案到辽宁贿选案,参与贿选的人大代表的人数之多、比例之高就足以说明,我国人大选举的监督防线有待加强。

此外,我国《选举法》还规定了候选人受原单位和选民的监督,但由于在选举时候选人和选民之间缺乏必要的沟通渠道,因此,选民很难监督

---

① 参见王勇:《现行人大选举监督体系的制度缺陷及理论困惑》,载《甘肃社会科学》2003年第4期。

人大代表的选举过程。

在大众传媒的监督机制上，我国的人大选举也进行了公开并对媒体开放，但开放度不足，特别是对代表候选人的曝光度不够，广大选民也很难通过媒体充分了解候选人，①而且没有真正实现选举的全程公开，对媒体进行有选择地开放。这些都为贿选的发生提供了可能。

（四）人大选举法律责任制度的偏狭

我国《选举法》对贿选法律责任的规定为：以金钱或者其他财物贿赂选民或者代表，妨害选民和代表自由行使选举权和被选举权的，违反治安管理规定的，依法给予治安管理处罚；构成犯罪的，依法追究刑事责任。上述有关贿选责任追究制度的规定存在重大瑕疵，表现为责任形式片面，针对贿选的责任追究缺乏针对性。

依据法律规定，贿选的法律责任包括行政责任和刑事责任两方面内容。例如，《刑法》规定妨害选举活动构成破坏选举罪的，按照破坏选举罪来处罚；对于没有达到刑事责任的破坏选举行为负行政责任。但上述责任形式只局限于人身处罚而不包括财产处罚。作为侵犯他人选举权的贿选犯罪，我国《刑法》规定了政治权利但未明确规定对犯罪人相应的选举权的限制性制裁。

另外，我国现行《选举法》《代表法》《刑法》《治安管理处罚法》只规定了行贿人的法律责任，却没有对受贿人的法律责任作出规定，或者法律没有作出规定让贿选中的受贿人承担相应的责任。有的国家对于选举违法行为实行"双罚"，既罚行贿人也罚受贿人。德国《刑法》规定，"意图使他人不选举或者以特定的方式选举而向其提供、承诺或者给予礼物或者其他利益的，处以5年以下自由刑或罚金"，这一条文是对选举中的行贿人的处罚；同时，规定"以不选举或者以特定方式选举为代价，向他人索要、让他人承诺或者接受礼物或其他利益的，处以和以上相同的刑罚"，这一条文是对选举中的受贿人特别是索贿人的处罚。

① 参见李境：《关于人大代表选举监督机制的探讨》，载《湖北省社会主义学院学报》2006年第2期。

三、人大选举机制的革新

(一)建构组织一体职能分殊的选举机构

根据我国《选举法》的规定,在人大代表直接选举的县、乡二级人民代表大会设立选举委员会,选举委员会受同级或上级人大常委会的领导。为避免选举委员会成员与代表候选人的身份混同,《选举法》规定,选举委员会的组成人员为代表候选人的,应当辞去选举委员会的职务。此外,笔者认为,还应当避免选举委员会成员与本级人大常委会成员的身份混同。建议通过立法规定:选举委员会成员不能成为本级人大常委会成员。如果选举委员会成员成为本级人大常委会成员,则需要辞去选举委员会成员的职务或者人大常委会的职务。选举委员会成员的任期要长,而且成员应该相对固定,不能随意更换,不能被无故免职,以提升选举委员会成员的稳定性及业务素质。① 需要注意的是,选举委员会的设立是为了让选举组织机构能够保持相对的独立性,以实现选举的公平、公正,防范不法的选举行为如贿选的发生。

我国选举委员会主要的职责是组织选举,但《选举法》却未专门规定选举的监督机构。有学者建议:由上级人大常委会作为本级人大选举的专门监督机构。② 然而,这一设计在实践中仍然无法保证监督者与主持者的角色分离。域外选举监督机构主要有两种形式:第一种形式是选举主持机构,第二种形式为司法机关。③ 选举主持机构一般被命名为选举管理委员会或者选举委员会。第一种形式实际上赋予了选举组织机构以选举监督权,也就是作为选举组织者同时又是选举的监督者。这虽有利于避免机构的叠床架屋,但没有直接实现异体监督。当然,选举主持机构也需要监督,所以这一对监督者的监督权只要交给终极的监督者司法机关即可。

我国《选举法》规定的选举委员会的职责包括:划分选区,分配代表

---

① 参见朱应平:《论我国人大代表选举委员会民主化和公正化构造》,载《人大研究》2010年第5期。

② 参见王勇:《现行人大选举监督体系的制度缺陷及理论困惑》,载《甘肃社会科学》2003年第4期。

③ 参见孙莹:《反贿选立法的比较分析》,载《广东行政学院学报》2015年第3期。

名额;进行选民登记,审查选民资格,公布选民名单;受理对于选民名单不同意见的申诉,并作出决定;确定选举日期;了解核实并组织介绍代表候选人的情况;根据较多数选民的意见,确定和公布正式代表候选人名单;主持投票选举;确定选举结果是否有效,公布当选代表名单等。从上述规定不难发现,我国选举委员会的法律地位是选举组织者而不是选举监督者。如何建构我国的选举监督体制,目前有两种选择模式:要么直接赋予选举委员会以选举的监督权,要么在选举委员会之外另设一个专门的选举监督委员会。笔者认为,虽然另设选举监督委员会可能会增强选举监督机构的独立性,但选举委员会与选举监督委员会同设在人大内部,受人大常委会的领导,其独立性无法保证,而且可能造成机构臃肿,人浮于事。因此,目前较稳妥和可行的选择是在《选举法》规定的选举委员会的职责中增加规定选举监督职责。然而,根据我国《选举法》的设计,选举委员会是临时机构,只在选举时成立,选举结束即告解散。这不利于其行使选举监督权,应当将选举委员会常设为人大的专门机构。

根据《选举法》的规定,实行人大代表间接选举的全国、省、市不设选举委员会而由本级的人大常委会主持选举。虽然间接选举没有直接选举那么多繁杂的事务,但仍然有重要的选举组织工作,特别是在人大代表换届选举的过程中。人大常委会作为人大的常设机构行使其他重要的法定职责,不设选举委员会,使人大常委会既行使了大会主席团的职权,实际上也行使了选举委员会的职权,但却未明确选举的监督权主体。衡阳与辽宁贿选恰恰发生在人大代表间接选举的省、市两级,值得反思。可见,在间接选举的层级对人大选举的监督更应当加强。在全国、省、市人大代表间接选举的层级设立选举委员会并行使选举监督权非常必要。因此,建议在间接选举的层级全国、省、市三级人大增设选举委员会,并同时强化全国、省、市三级人大选举委员会的监督职责。

司法机关对选举的监督不容忽视,如人民检察院有权对选举行为进行监督,对选举中出现的贿选犯罪进行侦查。但是,按照我国的宪法体制,检察院由人大产生、受人大监督并对人大负责,因此让检察院对贿选的人大代表进行监督需要克服体制上的障碍。有人认为,对于人大选举的监督可以由同级检察院提请上级检察院进行,但这涉及国家权力机关与检察机关之间的关系,检察机关的层级的上调并不能理顺其与权力机关的关系。根据法律,人大代表享有人身豁免权,即在人大会议期间非经大会主席团的许可或者在人大闭会期间非经本级人大常委会的许可不受逮捕。也就是说,涉嫌贿选犯罪的人大代表只有经过人大主席团或人大常委会的许可才可以由刑事侦查机关执行逮捕。值得关注的是监察体制的重大改革。国家监察委员会的设立将实现对公职人员监督的全覆盖,人大代表作为公职人员当然也应当被纳入国家监察委员会的监督范围。检察院的反贪污贿赂及反侵权渎职的刑事侦查权也应被纳入国家监察委员会的职权范围。国家监察委员会与党的纪律检查委员会合署办公,这可能会出现国法与党纪的融合的问题。例如,过去纪检委对违纪者进行的“双规”“双指”,被国家监察法转化为对被监察对象的“留置”,而且不受我国《刑事诉讼法》的约束。这样,涉嫌贿选的人大代表过去的人身豁免权的法律效力如何认定?笔者认为,将人大代表作为国家监察法规制对象进行“留置”就意味着原来人大代表的“护身符”失去了魔力。也就是说,若将人大代表违法贿选纳入国家监察法的调整范围,则无须再经人大主席团或者人大常委会的许可,国家监察委员会就可以直接进行“留置”。这意味着人大代表不再仅象征着一种荣誉、地位和利益,还不得不承受巨大的风险、付出更大的代价。可以相信,在国家《监察法》出台后,企业家对于贿买人大代表的身份会重新进行成本效益的核算,判断为了经济利益是否还有必要冒政治风险。若果真如此,则贿选的空间将受到极大的挤压。

由于选举工作复杂、覆盖面广,因此,应当利用各种监督手段对选举进行监督。在实践中,人大代表的贿选大多是私下交易,国家选举监督机构很难发现,所以发掘大众媒体对人大选举的监督作用非常必要。因此,应当对人大代表的相关情况进行充分公开,包括对人大代表个人全部财产状况进行公开,对其在选举前后以及选举过程中个人财产状况的变化进行监控。如果发现非正常的资金的支出,应当进行调查,在查清事实的情况下进行处置。此外,还应当对选举过程进行全程开放,包括在整个选举过程中,不设限地允许媒体进行报道。对于人大代表选举会前会后的私下交易行为,发动群众进行举报,并设立一定的奖励。

(二)形成代表候选人公平竞争的机制

针对目前我国人大代表候选人的产生、审查以及介绍等方面的问题,应该建立一套规范的代表候选人制度,让代表候选人实现公平竞争。完善的代表候选人制度应该包括对候选人的产生、审查、介绍以及与选民互动和完善竞选机制等方面。

在人大选举过程中,代表候选人的产生尤为关键。因此,应当改变候选人的产生方式,除推荐外,代表候选人可以通过自荐的方式产生,并且自荐人能够与其他候选人进行公平竞争。当然,要对自荐者的资格进行必要的审查,防止盲目任意自荐增加选举的公共成本。这样就可以通过立法打通合法竞争选举的渠道,相应地,贿选这种非法途径便会受阻。

当然,所有代表候选人都应该由选举委员会来进行审查,具体审查内容包括代表候选人的工作经历、政治面貌、思想政治品德和个人素质。另外,针对辽宁贿选案中存在大量的企业家代表等现象,要提高对企业家的审查标准,不能只关心企业家的企业规模和盈利情况,还要审查他们的信用记录、纳税记录以及企业是否有违法经营的问题等,一旦发现企业有违法问题失信记录,应立即取消企业代表候选人资格。选举委员会应当将候选人信息向全体选民公开,并加大对候选人的信息公开程度,确保选民的知情权,通过提高选民的参与程度来提高选举的透明度,避免暗箱操作及选举的幕后交易。

当前,介绍代表候选人主要由选举委员会或人大主席团来进行,但对代表候选人的介绍不够全面细致且流于形式。其实,熟悉代表候选人的莫过于自己,但代表候选人自我介绍的环节往往被忽视。我国《选举法》只规定:接受推荐的代表候选人应当向选举委员会或者大会主席团如实提供个人身份、简历等基本情况。这也导致选民对候选人了解不够,在这种情况下,选民的选举往往不是出于理性,而更容易被其他因素如感情因素和利益因素干扰。为了让选民更了解候选人,候选人可以自己印发简历、发表演讲等,但对占有公共资源进行自我宣传应当有严格的限制性规定。应当完善代表候选人会面制度,候选代表都应该列席人大会议,在人大会上做自我介绍并接受代表的询问。允许代表候选人在公共场合发表演说、公开辩论,但对演讲内容和时间要有相应的限制。竞选的范围要限制在本地区,不能任意扩大,同时要对竞选的组织和不当行为进行监控,以防出现竞选中的违法行为,包括贿选行为。

(三)健全秘密投票和公开计票制度

秘密写票是为了防止投票人受他人的干预以保证选举的公正性,公开计票则是为了保证选民的知情权。我国现行的法律没有完全确立秘密写票与公开计票制度,这也造成了选举中的违法行为和暗箱操作。

法国早在1795年《宪法》第31条即明确规定所有选举应该实行秘密投票;1820年的法律更是详细地规定了投票程序:投票人从主持选举的官员那里拿到空白纸张,在桌子上秘密地写下候选人的名字,折叠后交由选举官员投入选票箱;1830年,法国对选举程序加以修订,以增强其秘密性:在书写选票时,提供给选民单独的桌子,此桌子与选举官员所处位置有一定的距离。书写选票要想保密,就必须有秘密写票的地点。[①] 根据我国《选举法》的规定,全国和地方各级人民代表大会代表的选举,一律采用无记名投票的方法。选举时应当设有秘密写票处。这一规定过于原则和简化,不具有可操作性。鉴于此,对于《选举法》中有关秘密投票的事项应当作出更详细的规定。例如,人大会场要设立秘密写票的地点和设施,选民可以依次进入秘密写票地点书写选票并直接投放到投票箱中;选票的样式要由选举组织机构统一负责,在格式、尺寸和颜色上必须一致,即所谓"澳大利亚式选票";[②]必要时,可以加入防伪标志,避免出现不同类型的选票和假票;投票会场只设置一个投票箱,所有的秘密写票都要投入唯一的票箱之中,这样才能发挥秘密写票制度的作用。

计票要在现场选民的监督下进行,这样不但能保证选民的知情权和参与权,还能在很大程度上避免贿选的发生。在实践中,一些贿选对象就是选举组织的工作人员,他们在后期的选票统计工作中做了手脚。在衡阳贿选案中,竟然有68名工作人员(占工作人员的绝大部分)被收买。[③] 在辽宁贿选案中,也发现了人大代表以金钱或者其他财务贿赂选举工作人员的现象。如果实行公开计票则可以在一定程度上避免此类现象的发生。我国《选举法》对计票和监票只作了原则性的规定:投票结束后,由选民或者代表推选的监票、计票人员和选举委员会或者人民代表大会主席团的人员将投票人数和票数加以核对,作出记录,并由监票人签字。这一规定显然不能对计票的违法行为起到规制的作用。因此,建议修改《选举法》,对计票作出细致的规定,应当在投票结束后在投票现场打开

① 参见李巍:《防范贿选问题的国外经验综览》,载《领导科学》2011年第24期。

② 澳大利亚最早由政府按照统一格式、尺寸、质地、颜色印制并分发给选民的无记名选票。

③ 参见莫纪宏:《直面"三个挑战":衡阳贿选事件的法理透析》,载《法学评论》2014年第2期。

票箱立即进行计票,不能有时间间隔,也不能易地计票。在计票人选上,虽然法律规定代表候选人的近亲属不得担任监票人和计票人,但是代表候选人不能成为计票人和监票人,计票人与监票人也不能交叉重叠。候选代表如果对投票统计结果有异议可以向选举组织机构进行申诉。这样能在很大程度上避免选举过程中舞弊事件的发生。

(四)确立在竞选机制上的选举经费规范管理制度

我国《选举法》禁止私人对选举进行资助,并规定:公民参加各级人民代表大会代表的选举,不得直接或者间接接受境外机构、组织、个人提供的与选举有关的任何形式的资助。这一规定与《选举法》原则上不认可竞选是一脉相承的。因此,在将竞选机制引入我国选举法的基础上,修改我国关于选举经费的立法尤为必要。我国的人大选举仍应以公共财政支付为基础,私人资金只是为了弥补公共财政资金的不足,起到补充的作用。人大代表候选人只是在竞选过程中如自我宣传和介绍时才可以动用个人的资金。当然,为了防止私人资产对政治选举的不当影响,可以通过立法对人大代表候选人的选举经费进行限制,如禁止进行幕后金钱交易,禁止不当地利用资金扩大影响而打压竞争对手,确定选举费用的上限。在禁止人大代表候选人进行幕后金钱交易方面,建议法律规定:对于人大代表候选人的个人账户实时监控;对于代表集团利益的候选人来说,要对企业的账户进行严密监控并要求企业提供财务报表,检查资金往来情况,从而避免候选人的贿选行为。

(五)完善人大选举的责任追究制度

贿选是选举过程中的贿赂行为,带有一定的图利性,因此有必要对贿选行为进行经济性制裁。德国《刑法》规定,对于提供、承诺或者给予礼物或者其他利益的贿选犯罪行为,除给予5年以下自由刑的刑罚,还要处以罚金。美国密西西比州《选举法》规定,任何人出卖选票或试图出卖选票的行为都是违法的,任何人用金钱或其他具有实际价值的物品收购选票的行为同样是违法的。任何人有上述行为违反了本条规定,即犯有轻罪并相应地处以不少于50美元不多于500美元的罚金。[①] 从贿选犯罪的性质及西方国家对贿选的立法例出发,建议我国《刑法》增设对贿选违法犯罪的财产罚,在《治安管理处罚法》中加大罚款的处罚幅度。

---

① 参见孙莹:《反贿选立法的比较分析》,载《广东行政学院学报》2015年第3期。

贿选作为破坏选举的行为,侵犯的是其他公民的选举权和被选举权,而选举权和被选举权是宪法确认的公民的政治权利。作为一种法律责任,贿选的违法行为人在宪法上的政治权利是不是应当受到限制呢?对侵害他人选举权的人进行相应的选举权限制是合乎法理的。约翰·密尔在《论自由》中说,对自由的唯一限制就是不要侵犯别人的同样的自由。这是一种基于权利而产生的义务,当公民行使权利时妨碍了他人权利,其权利就应当受到限制,在法律中这种对权利的限制(义务)便转化为责任,从而实现了权利、义务和责任的统一。在美国的几个州,贿选的法律后果之一是丧失选举资格,对候选人来说是丧失竞选资格或者说被选举权,对选民来说是丧失投票资格或者说选举权。例如,新罕布什尔州选举法规定,任何人被确定了贿选罪名即丧失投票权。亚拉巴马州与阿肯色州的法律规定,对于在任何选举中竞选任何公职的候选人,一经定罪贿选,将被剥夺担任任何公职的资格。[①] 在我国香港特别行政区,贿选行为只要被判有罪,行为人就会被同时判处资格惩罚,即5年内不得被提名为行政长官、立法会、区议会,或村代表选举的候选人。[②] 我国《刑法》第256条规定:"在选举各级人民代表大会代表和国家机关领导人员时,以暴力、威胁、欺骗、贿赂、伪造选举文件、虚报选举票数等手段破坏选举或者妨害选民和代表自由行使选举权和被选举权,情节严重的,处三年以下有期徒刑、拘役或者剥夺政治权利。"该政治权利即包括选举权和被选举权。但由于贿选侵害的是他人的选举权或被选举权,而不是一般的政治权利,而且贿选限制选举权之外的政治权利也不合适,因此,建议我国《刑法》对于侵害他人选举权的破坏选举的违法犯罪行为人,可以根据后果、情节轻重附一定期限的方式限制其选举权或被选举权,而不是笼统的政治权利。

贿选是双方互动型违法犯罪,行贿人和受贿人都应当承担相当的法律责任。我国对行贿人追究的法律责任较为严格,甚至包括刑事责任,但对受贿人却"从轻发落",显然有失法律公平。以辽宁贿选案为例,那些收受了贿赂的选举人员只是被取消了人大代表资格或者"劝退"而已。

① 参见孙莹:《反贿选立法的比较分析》,载《广东行政学院学报》2015年第3期。

② 参见戴激涛、路庆祎:《治理贿选,亟待法律规制——从辽宁拉票贿选案说起》,载《人大研究》2017年第2期。

取消人大代表资格或者“劝退”不算是严格意义的法律责任,受贿人只是失去了人大代表的身份,但实际上已经得到了贿金的弥补。这种做法只会纵容贿选行为,加剧贿选现象的蔓延。因此,相关法律应当进行修改,即对贿选的受贿人规定相应的法律责任,如没收违法所得,并处以违法所得一定倍数的罚金。另外,还可以对受贿人附一定期限的方式限制其选举权与被选举权。

在我国《刑法》中,贿选与其他欺骗、威胁和伪造选票行为一样被视同破坏选举的行为。其实,贿选与其他破坏选举的行为有实质的不同,其独特性就体现在通过一定的利益交换在选举中进行贿赂,这是选举中的利益输送型犯罪。因此,对其进行的刑罚应当区别于其他选举犯罪行为。只有这样,才能有针对性地惩治贿选犯罪行为。目前,域外一些国家如美国、德国和荷兰等都在刑法中单独规定了贿选罪。日本《公职选举法》规定了公职收买罪,并将收买罪进一步细分为:事前收买罪、利害诱导罪、事后收买罪、利益收受、要求、承诺罪以及交付、受交付罪、周旋劝诱罪。① 一些地区如我国香港特别行政区,通过立法区分了贿选与其他违法行为,并对贿选犯罪专门进行刑事处罚。我国香港特别行政区制定了《选举(舞弊及非法行为)条例》,旨在调控选举的舞弊行为与非法行为,其中贿选作为选举的舞弊行为,其法定情形也通过立法被明确列举。② 我国应当在刑法中单独规定贿选罪,并相应地规定贿选的刑事责任:有贿选行为,情节严重的,处以行贿人员 3 年以下有期徒刑、拘役或者剥夺政治权利,并处罚金;对于受贿人员,根据情节轻重处 1 年以下的有期徒刑、拘役、管制或者剥夺政治权利,并处罚金。

---

① 参见秦前红:《返本开新——辽宁贿选案若干问题评析》,载《法学》2016 年第 12 期。

② 参见戴激涛、路庆祎:《治理贿选,亟待法律规制——从辽宁拉票贿选案说起》,载《人大研究》2017 年第 2 期。

人大代表贿选的逻辑

——辽宁贿选案的警示

沈寿文*

[**内容摘要**] 我国现行法律规定将人大代表贿选限定在人大代表“选举”环节,无法揭示人大代表贿选案的发展脉络,应当将贿选内涵拓展至“代表候选人提名”环节。辽宁贿选案与其说是一起破坏民主选举的违法犯罪案件,毋宁说是一起严重损害“民主形象”的腐败案件。

[**关键词**] 贿选 间接选举 民主形象 腐败案件

继2013年轰动一时的衡阳贿选案后,2016年再次爆发了辽宁贿选案,本案因其层级高、规模大、影响恶劣而令世人震惊。辽宁贿选案再次敲响了亟须健全我国现行选举制度的警钟。与衡阳贿选案相同,辽宁贿选案同样是发生在间接选举的领域,为什么间接选举能滋生贿选?人大代表贿选与选举制度的设计有何内在必然关系?辽宁贿选案在法律上应当如何定性,才更符合实际?本文拟尝试澄清上述问题,以期为完善现行选举制度、预防类似贿选案件的发生抛砖引玉。

一、贿选的内涵与候选人提名机制

我国现行法律并没有关于人大代表贿选的定义。根据《选举法》第58条第1款的规定,“为保障选民和代表自由行使选举权和被选举权”,“以金钱或者其他财物贿赂选民或者代表,妨害选民和代表自由行使选举权和被选举权的”,“破坏选举,违反治安管理规定的,依法给予治安管理处罚;构成犯罪的,依法追究刑事责任”。第2款规定:“国家工作人员

---

* 吉林大学法学院教授,法学博士。

有前款所列行为的,还应当依法给予行政处分。"第3款规定:"以本条第一款所列违法行为当选的,其当选无效。"《刑法》(2015年修正)第256条规定了"破坏选举罪",即"在选举各级人民代表大会代表和国家机关领导人员时,以……贿赂……手段破坏选举或者妨害选民和代表自由行使选举权和被选举权,情节严重的,处三年以下有期徒刑、拘役或者剥夺政治权利。"根据《治安管理处罚法》(2006年)第23条第1款规定,"破坏依法进行的选举秩序的","处警告或者二百元以下罚款;情节较重的,处五日以上十日以下拘留,可以并处五百元以下罚款"。第2款规定:"聚众实施前款行为的,对首要分子处十日以上十五日以下拘留,可以并处一千元以下罚款。"显然,按照上述法律的规定和一般的理解,人大代表贿选,指的是有被选举权的中国公民通过行贿的手段(主要是金钱交易)向选民或者其他有选举资格的人换取选票,当选为人大代表的舞弊行为。根据我国现行《选举法》的规定,我国人大代表的选举分为直接选举和间接选举,前者指的是"不设区的市、市辖区、县、自治县、乡、民族乡、镇的人民代表大会的代表,由选民直接选举";后者指的是"全国人民代表大会的代表,省、自治区、直辖市、设区的市、自治州的人民代表大会的代表,由下一级人民代表大会选举"(《选举法》第3条)。因此,在直接选举中,所谓人大代表贿选,是指有被选举权的中国公民以金钱或者其他财物贿赂选民当选为县级人大代表或者乡级人大代表的舞弊行为;在间接选举中,所谓人大代表贿选,是指有被选举权的中国公民以金钱或者其他财物贿赂县级以上人大代表当选为市(设区的市)级、省级或者全国人大代表的舞弊行为。按照这一定义,与国际社会议会议员贿选存在的环节不同,我国人大代表贿选似乎仅存在于"选举"的环节中;①然而,由于不采用人大代表候选人自由竞争机制,能否当选为人大代表的前提在于能否被提名为"有竞争实力"的候选人,因而,探讨人大代表贿选问题,不得不考虑"选举"之前的环节——"候选人提名"环节。

坚持党的领导是中国现行《宪法》的一项基本原则。"选举制度作为

① 张明楷教授、王作富教授等对"以贿赂手段破坏人大代表选举"之"破坏选举罪"的理解,也是限定在人大代表的"选举"环节。参见张明楷:《刑法学》(第5版)(下册),法律出版社2016年版,第926~927页;王作富主编:《刑法分则实务研究》(中册),中国方正出版社2013年版,第980~983页。

我国人民代表大会制度的组织制度基础,是我国社会主义民主法治的重要组成部分。”①因而,人大代表选举活动,包括候选人的提名,自然也应当坚持党的领导。按照现行《宪法》的规定,中国共产党是唯一合法的执政党,国家的事务应当服从中国共产党的领导;人大代表与常委会组成人员的选举自然不例外。对于实行直接选举的县、乡两级人大代表的选举活动,按照有关法律、法规成立选举委员会。② 在实践中,选举委员会一般应由党委、人大、政府的相关部门中有一定选举工作经验的人员组成。“……选举委员会主任应由政治立场坚定、法律意识强、熟悉选举工作且在当地有一定威信的领导同志担任。选举委员会成员党性要强,作风要正,有一定选举工作经验,一般为人大、纪检、组织、宣传、统战、政法、法院、检察院、民政、财政、公安、司法、工会、共青团、妇联等等单位和部门的负责人。”③之所以如此强调选举委员会成员的政治立场、“选举工作经验”和领导职务,是因为该委员会履行的职责十分重要,在很大程度上决定了选举的成败。在该委员会的职责中,“了解核实并组织介绍代表候选人的情况;根据较多数选民的意见,确定和公布正式代表候选人名单”(《选举法》第11条第1款第4项)对于正式候选人的确定有法定效力。按照《选举法》的规定,“全国和地方各级人民代表大会的代表候选人,按选区或者选举单位提名产生”(《选举法》第30条第1款)。实践中的做法是:采取直接选举方式选举产生人大代表的,按照选区提名产生代表候选人,采取间接选举方式产生人大代表的,按照选举单位提名产生代表候选人。对于代表候选人的提名,代表名额分配到各选区或选举单位后,“各政党、各人民团体,可以联合或者单独推荐代表候选人。选民或者代表,十人以上联名,也可以推荐代表候选人……”(《选举法》第30条第2款)代表候选人提名主要根据人大代表结构(党派、性别、职业、民族等),大部分由各政党、各人民团体提名,部分由选民或者代表联名提名;一般经过初步提名、讨论协商、征求意见最后确定正式代表候选人;在直接选

① 本报评论员:《对拉票贿选坚持“零容忍”》,载《人民日报》2016年9月14日,第4版。

② 参见沈寿文:《中国国家权力机关性质新论》,载《云南大学学报(法学版)》2013年第4期。

③ 乔晓阳、张春生主编:《中华人民共和国全国人民代表大会和地方各级人民代表大会选举法释义及问题解答(新编版)》,中国民主法制出版社2011年版,第23~24页。

举中,关于被确定为正式候选人的比例,组织(各政党、各人民团体)提名比选民或代表提名要高。[①] 在实践中,选民和代表联合的提名可以保障选举按照差额选举的法定要求进行,在人大代表选举中,为了既符合上级党组织意图,又符合法律规定,同时节约选举成本(包括人力、物力、财力、时间等的成本),"如果出现政党、人民团体或者选民(代表)10人以上联合提名的代表候选人等于或少于应选代表名额的情况,要及时做选民(代表)的工作,发动选民(代表)再提出代表候选人,保证差额选举";[②]如果选民或代表联合提名的代表超过了最低差额倍数,实践中则会做选民和代表的工作,尽可能减少确定正式候选人的预选程序。代表候选人的产生除了上级党委和本级党委以及各民主党派、人民团体认为因为职务等因素需要被选举为人大代表的人选外,其他代表候选人通常由党委组织部门商请各个选区或者选举单位所在地的有关国家机关、高等院校、研究机构等有关单位推荐符合拟选出代表的结构特征(党派、性别、职业、民族等)的人选。[③]

尽管《选举法》规定,"选民或者代表,十人以上联名,也可以推荐代表候选人",但是能否获得组织上的提名是能否当选为人大代表的关键。而拥有较强经济能力的人,可能担心自己不能成为组织上推荐的代表候选人,也才较为可能采取"以金钱或者其他财物贿赂选民或者代表"。这种情况在衡阳贿选案和辽宁贿选案中得到体现:衡阳贿选案中被认定为通过贿选当选的56名湖南省人大代表中有私人企业主32人、国有企业负责人4人;而辽宁贿选案中被认定为通过贿选当选的45名全国人大代表中私人企业主则高达44人。另外,在"选举"环节,从县乡两级人大代表直接选举看,由于选区内的选民数量相对比较庞大,代表候选人试图"以金钱或者其他财物贿赂选民"以保障自己当选,其成本必定十分高昂;与之相反,从市(设区的市)级、省级,或者全国人大代表的间接选举

① 参见史卫民、郭巍青、刘智:《中国选举进展报告》,中国社会科学出版社2009年版,第165~171页。

② 参见《云南省县、乡两级人大换届选举工作程序和方法》第四章第一节,载云南省人大常委会选举联络工作委员会编:《县乡人大换届选举工作手册》(2007年5月),资料来源:中共云南省昆明市五华区委组织部。

③ 参见沈寿文:《中国国家权力机关性质新论》,载《云南大学学报(法学版)》2013年第4期。

看,由于选举产生上一级人大代表的下一级人大(各代表团)的成员是相对固定而且是高度组织化的,因而,代表候选人"以金钱或者其他财物贿赂代表"(甚至是贿赂各个代表团中的关键人物)以保障自己当选,其成本相对较低。这也就是为什么轰动一时的人大代表舞弊案——衡阳贿选案和辽宁贿选案——均发生在间接选举层面。显然,在直接选举中,选举舞弊主要存在于候选人提名阶段;而在间接选举中,选举舞弊同时存在于候选人提名阶段和投票阶段。因此,如果严格按照现行《选举法》《刑法》《治安管理处罚法》的规定,将人大代表贿选限定在"选举"阶段,则直接选举贿选的可能性很低。但是,考虑我国特殊的代表候选人提名机制,如果将贿选的内涵拓展至"候选人提名"环节,则意味着防止直接选举贿选舞弊的重心恰恰就是"候选人提名"阶段;然而,这种拓展也面临一个机制上的难题:因"候选人提名"阶段属于"选举"阶段之前的环节,故难以定性为贿选——除非"选举"环节暴露出人大代表贿选丑闻或者因为腐败官员在另案中招供,才牵扯出"候选人提名"环节可能存在的舞弊行为。

二、间接选举的管控与贿选的悖论

人大代表贿选案的难题之一在于:如何划清提名组织上认为合适的代表候选人与具体执法官员为了私利假借组织之名推荐自己中意的代表候选人;如何划清合法的组织动员活动,与被选举人为了自己获选而进行的不法交易活动。为了进一步澄清这一难题,有必要审视当前选举制度中对选举的管控(尤其是间接选举管控)模式。

从人员构成角度上看,我国人大是由一群按照严格的法定程序产生的各行各业的社会精英组成的、集意见建议与政策表决于一身的政治咨询与法定表决机构。① 正因如此,强调人大代表应当在性别、年龄、职业分布、党派、民族身份、地域分布等方面具备"结构"性特征,是每一届人大代表选举必须着重予以考虑的核心内容。例如,关于全国人大代表的名额分配、少数民族全国人大代表的地域分布,全国人大常委会每次选举

① 参见沈寿文:《中国国家权力机关性质新论》,载《云南大学学报(法学版)》2013年第4期。

前均要发布“名额分配方案”。[①] 为了保障上述人大代表的“结构”在选举后获得实现、“党和人民的意志”能够得以落实,便需要围绕选举的组织领导、候选人提名、投票选举等环节设计一套党领导人大代表选举的有效机制。其中,间接选举便是重要的制度设计之一。“执政党对于人大代表间接选举的直接影响,是通过党在人大内部设立党组、党支部,并拥有一大批党员代表而占有实实在在的主导地位的。党组是一个具有浓厚行政化色彩的组织体系,它倚靠民主集中制来维系其组织架构,因而在人大机关也创造了一种通畅的组织化关系,可以形成人大与政党之间、人大组织内部的双重‘组织依赖’。一方面,全国人大常委会党组作为党中央的排出机关,负有执行党中央的政治决策并对党中央负责的任务;另一方面,作为全国人大的内部机关,还具体承担着领导全国人大常委会的政治功能,这种功能通过全国人大常委会进一步放大,形成了‘党中央——全国人大常委会党组——全国人大——地方各级人大常委会党组——地方各级人大常委会——地方各级人大’这样一个从执政党到国家权力机关流动的权力链,从而将党对于国家权力机关的领导从制度上予以落实。”[②]从宏观上看,“人民代表大会制度是我国的根本政治制度,是坚持党的领导、人民当家作主、依法治国有机统一的根本制度安排”在逻辑上可以得到证成;[③]但是,从具体个案中人大代表的选举看,党和人民的意志与具体执行的官员的意志可能存在脱节。这是因为,党中央的意志和全国人民的意志需要通过地方党委(党组)和相应的国家机关(如人大常委会)加以落实,而地方党委(党组)和相应的国家机关能否真正落实党中央的意志和全国人民的意志则有赖于地方党委(党组)和相应的国家机关的具体官员的实施。而正是在这个环节上,制度经济学意义上的“委托—代理问题”便可能产生,[④]即由于党组织和国家机关以及社会大

---

① 例如,2012 年 4 月 27 日第十一届全国人民代表大会常务委员会第二十六次会议通过了《第十二届全国人民代表大会代表名额分配方案》《第十二届全国人民代表大会少数民族代表名额分配方案》。

② 邱家军:《代表谁? ——选民与代表》,复旦大学出版社 2010 年版,第 178 页。

③ 参见本报评论员:《对拉票贿选坚持“零容忍”》,载《人民日报》2016 年 9 月 14 日,第 4 版。

④ 参见[德]柯武刚、史漫飞:《制度经济学:社会秩序与公共政策》,韩朝华译,商务印书馆 2000 年版,第 77 ~ 78 页。

众在具体人大代表选举信息上与具体执行的官员掌握的信息不对称,而且在人大代表候选人提名推荐上,执行的官员有自由裁量空间,那么,执行的官员便可能存在寻租空间;不仅如此,个别执行的官员便可以利用信息不对称便利以及其他职务上的便利,为行贿者穿针引线,收取费用和其他不法利益(如人脉关系之类的)。

显而易见,"间接选举均由主席团主持选举活动,采用大会投票的形式。相对来说,间接选举的操作程序比直接选举更简单,把关链条更短,把关效果更好"。[①] 但反过来,也正因间接选举存在于相对密闭的空间之中,代表候选人(被选举人)、选举人(下一层级人大代表)、选举的组织者(具体选举工作的执行官员)之间才能形成一个人员数量规模适中、人脉关系相对稳定的密闭关系网络,这一网络为贿选的低成本(时间、空间、人员、保密度等)提供了一定条件;与之相关,对间接选举的监督也相对容易失灵。一方面,在人大代表层面,县级人大代表选举市(设区的市)级人大代表、市级人大代表选举省级人大代表、省级人大代表选举全国人大代表,后者对前者负责,前者监督后者,这一制度设计在贿选案件中不可避免地遭遇了困境:假设选举人和被选举人(代表候选人)同流合污,那么这一监督制度的设计便宣告失灵。另一方面,购买选票的代表候选人虽然可能是由具体的执行官员操作的,但列为代表候选人本身就意味着他们最终是经过组织同意的,因而同级党委(党组)对间接选举的政治监督同样失灵。此外,在这一密闭空间中,由于信息不对称,自外而内的监督和自上而下的监督同样难以发挥有效作用。当间接选举监督失灵、选举舞弊有其土壤时,贿选便难以根除。

三、人大制度的民主性与贿选的本质

众所周知,人民代表大会制度是我国的根本政治制度,这一制度是建立在"民主"基础上的;正因如此,"党的首要目的是把人大构建成具有协商、咨议或提供合法性功能的机构"。[②] 而人大代表的选举制度是构成人民代表大会制度的重要支柱。正因如此,在第十二届全国人大常委会第

---

① 邱家军:《代表谁?——选民与代表》,复旦大学出版社2010年版,第186页。

② 李月军:《理性选择制度主义视角下的"衡阳贿选省人大代表案"》,载《人大研究》2014年第6期。

二十三次会议审议通过了代表资格审查委员会《关于辽宁省人民代表大会选举产生的部分第十二届全国人大代表当选无效的报告》的第二天（2016年9月14日），《人民日报》便发表评论："人民代表大会制度是我国的根本政治制度，是坚持党的领导、人民当家作主、依法治国有机统一的根本制度安排。搞拉票贿选，是对我国人民代表大会制度和社会主义民主政治的公然挑战。选举制度作为我国人民代表大会制度的组织制度基础，是我国社会主义民主法治的重要组成部分。选举是否公正，直接关系到公民选举权和被选举权能否得到实现，直接关系到各级人大代表能否真正代表人民的利益。"①

事实上，无论是2013年衡阳贿选案，还是2016年辽宁贿选案，均发生在人大代表间接选举领域，而间接选举因其所形成的相对密闭的空间"不利于选民对代表的监督，不利于增进代表对选民的责任感，容易导致少数人的操纵和舞弊"而受到批评；②因而，在建议"完善候选人提名制度""实行人大代表竞选机制"等的同时，提出"进行渐进式扩大直接选举范围"的改革建议也日益引起人们的共鸣。③ 显而易见，如果人大代表选举的民主机制能够得到充分发挥，贿选便可能因成本过于高昂而难以有存在的空间。因此，在"候选人提名"环节被实质控制的条件下，辽宁贿选案的本质是选举活动执行官员和相关人员的腐败窝案，它与领导干部的腐败案件没有本质区别，是"选举领域的违法腐败行为"。④ 它之所以在官方产生如此巨大的负面影响，不仅是因为它"是新中国成立以来查处的第一起发生在省级层面、严重违反党纪国法、严重违反政治纪律和政治规矩、严重违反组织纪律和换届纪律、严重破坏人大选举制度的重大案件，是对我国人民代表大会制度的挑战，是对社会主义民主政治的挑战，

---

① 本报评论员：《对拉票贿选坚持"零容忍"》，载《人民日报》2016年9月14日，第4版。

② 参见张卓明：《民主机制完善之道：湖南衡阳人大贿选案的启示》，载《中国法律评论》2015年第1期。

③ 参见王连花：《从衡阳贿选案看地方人大选举制度的改革与完善》，载《廉政文化研究》2014年第3期；龙志芳、王国宁、刘婷：《地方人大选举制度发展的瓶颈与突破——基于衡阳贿选案的反思》，载《石家庄铁道大学学报（社会科学版）》2015年第1期。

④ 参见本报评论员：《对拉票贿选坚持"零容忍"》，载《人民日报》2016年9月14日，第4版。

是对国家法律和党的纪律的挑战,触碰了中国特色社会主义制度底线和中国共产党执政底线",[①]而且,因为它挑战了"民主"的底线,损害的就不只是"民主"本身,更是"民主的形象"。

① 《张德江主持十二届全国人大常委会第二十三次会议闭幕会并发表讲话》,载新华网,http://news.xinhuanet.com/politics/2016-09/13/c_1119561115.htm。

选贤举能、良法之治与国家治理的现代化

——治理理论视域中的贿选及其规制

钱锦宇*

[**内容摘要**] 国家治理的现代性建构,其核心就是"良法善治"。选举是国家治理现代化和法治化前提中的前提、要件中的要件。然而,辽宁贿选案反映出,贿选不仅冲击了国家治理的正当性、妨碍了国家治理的有效性,而且在客观上损害了国家治理的公信力,最终对全面深化改革和全面依法治国造成了根本性的破坏。为了有效规制贿选,应当推进制度建构,其中包括:选举过程中实现党要管党、全面从严治党,以法家的重刑主义惩治贿选,发展和完善适合中国特色社会主义民主政治的选举制度。

[**关键词**] 法治 贿选 正当性 公信力 治理

21 世纪仍然是一个由主导性大国的利益博弈所支配的"新战国时代"。在这种全球政治和经济秩序不断重构、地缘政治博弈和宗教冲突日趋紧张的"新战国时代"中,[①]通过国家能力的有效提升和强化,实现国家的政治生存和发展,就更显得具有迫切性和重要性。为此,作为执政党的中国共产党在其第十八届三中全会上研究了全面深化改革的若干重大问题,将全面深化改革的总目标定位为完善和发展中国特色社会主义制度,推进国家治理体系和治理能力现代化。在执政党推进国家治理现代化的战略布局中,"推动人民代表大会制度与时俱进。坚持人民主体地位,推进人民代表大会制度理论和实践创新,发挥人民代表大会制度的根

---

* 西北政法大学行政法学院教授,法学博士。

① 参见钱锦宇:《法家思想的批判性继承与中国现代民族精神的塑造》,载《南通大学学报(社会科学版)》2015 年第 4 期。

本政治制度作用”具有举足轻重的地位和意义。[①]

然而,从2016年9月以来中央关于查处辽宁贿选案的通报来看,人大代表选举过程中的拉票贿选现象,在我国的部分地方仍然存在。在第十二届全国人大常委会第二十三次会议上,张德江委员长严肃指出,辽宁贿选案是“新中国成立以来查处的第一起发生在省级层面、严重违反党纪国法、严重违反政治纪律和政治规矩、严重违反组织纪律和换届纪律、严重破坏人大选举制度的重大案件,是对我国人民代表大会制度的挑战,是对社会主义民主政治的挑战,是对国家法律和党的纪律的挑战,触碰了中国特色社会主义制度底线和中国共产党执政底线”。[②] 事实上,在张德江委员长的上述讲话中还隐含着但并未表明的一个关于贿选导致的危害性后果,即对我国社会主义法治建设和国家治理的现代化建设形成根本性的障碍、造成颠覆性的破坏,进而妨碍全面深化改革的总目标的实现。

从治理理论的视角来看,针对辽宁贿选案,值得认真对待的问题是,人大代表的贿选对于国家治理现代化来讲具有何种的危害性后果?如何从国家治理的角度出发来规制贿选、进行相应的制度性安排?为了尝试回答上述问题,本文将首先阐明国家治理现代化与法治的关系,指出良法之治是实现国家治理现代化的必要条件,进而在分析人大代表贿选对于国家治理的现实或潜在危害的基础上,建构相应的贿选规制和预防机制。

一、良法之治:实现国家治理现代化的必要条件

法治是国家治理现代化的必要条件。没有法治化,必然不存在国家治理的现代化。就今天的政治文明国家而言,在一定意义上,国家治理的现代性建构,首先就是法治化的建设。

(一)国家治理现代化依赖于法治

党的十八大以来,党中央旗帜鲜明地提出“国家治理现代化”,并将其作为国家战略予以定位,是继工业、农业、国防和科学技术现代化之后,党中央在新时期提出的又一个“现代化”战略目标。如果说前四个现代化关涉国家硬实力提升,那么治理现代化则关乎国家的软实力建设的问

---

① 参见《中共中央关于全面深化改革若干重大问题的决定》。

② 《张德江委员长在第十二届全国人大常委会第23次会议上的讲话》,载中国新闻网,https://news.china.com/domestic/945/20160913/23545342.html。

题。早在1875年,清帝国驻英公使郭嵩焘就指出:“西洋立国有本有末,其本在朝廷政教,其末在商贾,造船、制器,相辅以益其强,又末中之一节也。”①换言之,在中国早期的部分驻外使节看来,西方强国之所以实现国家强盛,其根本首先在于国家治理这一软实力的建设和保障,其次才是经济、制造等工商业的现代化。而清末维新变法派所主张的君主立宪制变革、孙中山先生在领导辛亥革命后所致力创建的以“五权宪法”为核心的资产阶级分权制衡的治权结构,以及中国共产党人在领导新民主主义革命和社会主义革命胜利后创建的由中国共产党领导的、以人民代表大会制度为根本政治制度的、以中国共产党领导的多党合作和政治协商制度、民族区域自治制度以及基层群众自治制度为重要组成部分的国家治理结构和模式,无不是以政权和治权的制度建设和制度安排为根本要务。

21世纪,处于新形势下的中国共产党人,面对来自世情、国情、党情发生深刻变化而产生的诸多挑战和危险。在中国共产党成立90周年之际,胡锦涛同志高屋建瓴地指出执政党面临着执政考验、改革开放考验、市场经济考验、外部环境考验,以及精神懈怠的危险、能力不足的危险、脱离群众的危险、消极腐败的危险。“四大考验”和“四大危险”的提出,是为了告诫全党要清醒地认识到其始终肩负的历史使命和不断改革发展的紧迫性。为了应对“四大考验”和“四大危险”,党的十八大以来的党中央将国家治理的现代化确定为国家战略。习近平总书记强调,推进国家治理体系和治理能力现代化,就是要主动适应时代变化,既改革不适应实践发展要求的体制机制、法律法规,又不断构建新的体制机制、法律法规,使各方面制度更加科学、更加完善,实现党、国家、社会各项事务治理制度化、规范化、程序化。要更加注重治理能力建设,增强按制度办事、依法办事意识,善于运用制度和法律治理国家,把各方面制度优势转化为管理国家的效能,提高党科学执政、民主执政、依法执政水平。② 习近平总书记的讲话,是对古今中外治国理政正反两方面经验的高度总结,深刻地反映出中国共产党人在新形势下对于国家治理现代化与法治的辩证关系的认识。具言之,国家治理的现代化最终必然表现为法治化,只有以宪法和法

① 郭嵩焘:《郭嵩焘奏稿》,杨坚点校,岳麓书社1983年版,第345页。

② 习近平:《切实把思想统一到党的十八届三中全会精神上来》,载《求是》2014年第1期。

律为根本指导和规则,才能有效提升国家治国理政的能力,有效防止国家权力的滥用,进而实现人权保障的终极价值目标。因此,作为治国理政的基本方略和权力运行的根本规矩,法治化也是衡量国家治理现代化的根本标准。中国国家治理的现代性建构过程本身就是法治化的过程,其实质则是在治国理政过程中,用法律的意志取代领导人的意志,将旧有的运动式治国理政模式、会议式治国理政模式转变为常态化的、理性化的、可预期的治国理政模式。

实现中国国家治理的现代化和法治化,需要建构一种结构性的制度安排和推动机制,大致包括如下几个方面:(1)确立并保障国家宪法和法律的至上性权威,这是社会主义法治体系得以建成的形式要件;(2)必须在坚持党领导法治建设的同时,实现党的依宪执政和依法执政,这是社会主义法制体系的关键所在;(3)依法行政、建设法治政府、实现权力制约和监督的法治化,这是社会主义法治体系的核心内容;(4)深化司法体制改革、将司法打造成守护社会公平正义的最后一道防线,这是社会主义法治体系的基本保障;(5)建设社会主义法治理念和中国特色法治文化、提高国家机关公职人员的法治思维和法律意识,这是社会主义法治体系的重要条件;(6)完善立法机制和程序,提升立法的民主性、科学性和正当性,这一点也是本文要着重强调的一点,这是社会主义法治体系得以建成的逻辑前提。

需要指出的是,法治化与国家治理的现代化也呈现相辅相成的关系。换言之,国家治理的现代化有赖于法治化的推进,而国家治理现代化的实现,又会反过来有力促进法治化的展开,为法治化的推进提供有效的支撑。

(二)法治的根本性质是良法之治

“法律是治国之重器,良法是善治之前提。”①党的十八届四中全会报告精辟地指出了一个事实:法治的根本性质是良法之治。

无论是西方的古希腊思想家亚里士多德的法治论,还是中国先秦法家的法治主义,都认为法律的统治必须包含一个形式要件和一个实质要件。就其形式而言,法治要以法律具有至上性权威、人们普遍遵守法律为要件。在东方世界,对法治作出系统论述的思想家,当首推中国先秦法

① 《中共中央关于全面推进依法治国若干重大问题的决定》。

家。先秦法家认为，在国家治理过程中，法律的重要性要远甚于君主的重要性。在先秦法家看来，即使是资质平庸的君主，只要依靠一套有效的、满足一定条件的法律系统，就能够实现良好的统治，所谓君主无为，“垂法而治”。但是，法治要得以实现，就必须要实现君臣上下一体都服从法律的统治，“不别亲疏、不殊贵贱、一断于法”。[①] 而且，尤其重要的是，君主本身也必须遵守法律，所谓“令尊于君”，“不为君欲变其令”。[②] 而在西方，学界一般认为较系统论述法治的早期思想家当首推古希腊的亚里士多德。在亚里士多德看来，“凡不能维持法律威信的城邦都不能说它已经建立了任何政体。法律应在任何方面受到尊重而保持无上的权威，执政人员和公民团体……都不该侵犯法律”。[③] 他明确强调：“邦国虽有良法，要是人民不能全部遵循，仍然不能实现法治。法治应该包含两重意义：已成立的法律获得普遍的服从，而大家所服从的法律又应该本身是制订得良好的法律。”[④]可见，亚里士多德不仅提出了法治的形式主义要件，也指出了法治的实质主义要件，即实施统治的法律，或者说人们所普遍遵守的法律本身，必须具有良善的性质，体现为一种“中道的权衡”，而正义和理性要在法律中得以体现和反映。正是通过法律统治所体现的正义和理性，才能实现作为最终价值的人的“幸福生活”。[⑤] 而自古罗马时期开始，斯多各学派就将其所倡导的自然法理念作为检验世俗法的道德准则，这种做法经由中世纪的经院神学法学派的加工，后来被洛克、霍布斯等启蒙思想家所继承，并以社会契约论的形式发扬光大。20 世纪以后，自然法学派得以复兴，并与人权至上理论相互吸收融合，成为法律及其统治的道德基础和根本标准。与之相呼应的是，中国先秦法家中的一些思想家（如慎到等）也为作为治国理政根本手段的法律添附了道德要求，即用于法律必须要满足和体现“天道”与“民情”的根本要求，从而为君主通过法律而实施的统治添附了“为民”和“为天下”的价值目标。西汉确立了“罢黜百家，独尊儒术”的国策，董仲舒等儒家将先秦儒学与道家思想和阴阳

① 司马迁：《史记·太史公自序》，中华书局 2005 年版，第 2487 页。
② 《管子·法法》。
③ [古希腊]亚里士多德：《政治学》，吴寿彭译，商务印书馆 1965 年版，第 192 页。
④ 同上书，第 199 页。
⑤ 同上书，第 204 页。

学说等相融合,创造出以儒学为本、以阴阳学为解释的第二代儒学。第二代儒学主张“天人合一”观念,以及法律要符合“天道”和“伦常”的道德要求。这种正统观念一直支配着中国传统社会长达2000年之久,直至清末民初才随着西方政法理念的引入而逐渐式微。

无论如何,法治要获得实现,就必须具有一定的道德要素,这仍然是法治的实质要件。即使是最强烈反对将法律与道德混为一谈的分析实证主义法学家,也并不否认法律必须体现最低限度的道德要求。就社会主义法治体系的建设而言,作为治国理政根本手段的法律,当然更加需要强调其良善的性质。所谓法律的良善性质,必须包括法律所体现的民主性、科学性、正当性。《中共中央关于全面推进依法治国若干重大问题的决定》旗帜鲜明地指出,“良法是善治之前提。建设中国特色社会主义法治体系,必须坚持立法先行,发挥立法的引领和推动作用,抓住提高立法质量这个关键”。要保障“立法质量”的实现,就必须实现立法的科学化、民主化,同时,必须确保立法能够体现“以民为本、立法为民理念,贯彻社会主义核心价值观,使每一项立法都符合宪法精神、反映人民意志、得到人民拥护。要把公正、公平、公开原则贯穿立法全过程”。[①] 由此不难看出,良法之治是实现国家治理现代化的必要条件。而在人民代表大会制度作为我国根本政治制度的背景下,良法主要源自由普遍、真实和有效的选举所产生的立法机关——各级人民代表大会及其常务委员会。从逻辑上看,选举是国家治理现代化和法治化前提中的前提、要件中的要件。只有保证选举的民主性、有效性和合法性,才能够保障立法的民主性、有效性和科学性,也才能够为治国理政的现代化和法治化提供制度性源头。

二、贿选之殇:贿选对于国家治理现代化的结构性危害

为了在保障社会秩序得以有序生成的同时,解决权力生成的正当性和规范性问题,现代执政文明国家大体上都采用了通过选举的代议民主制度,并以之为基础,来实现政府及其权力规则的构建。民主政治的本意在于社会公众通过一定的程序选拔举任贤能的人,以代表其意志和利益,表达其愿望和诉求。换言之,在人民主权这一民主政治的根本原则之下,

---

① 《中共中央关于全面推进依法治国若干重大问题的决定》。

人民通过选举来实现“选贤与能”,[①]委托其进行政治决策并对其进行监督,以保障民意代表忠实履行受托付的政治责任。因此,民主政治的关键有两点:其一在于选举,其二在于监督。而贿选现象的出现,将会对国家的有效治理形成结构性冲击和破坏。

(一)贿选对于国家治理的正当性的冲击

国家治理有效展开的首要条件就是治理必须具备正当性根据。任何政治治理模式的展开,都会面临正当性的追问以及相对应的论证。相对于有效的国家治理,正当性是政治治理模式的权威性得以生成的核心要素,也是衡量某种特定的政治治理模式是否具有权威性的根本标准。无论是古希腊还是先秦,东西方的思想家们都从不同的角度提出政治统治的正当性问题和法律的正当性问题。[②] 如前所述,国家治理的现代性建构,源于治理的法治化。国家治理的正当性能否生成,就在于能否实现真正的法治化。要实现法治化,则良法是其前提。换言之,法律的正当性决定了国家治理的正当性。

就法律本身而言,其正当性包括实质正当性和形式正当性。法律的实质正当性要求法律必须体现一定程度(往往是最低限度)的道德性。这种道德性,大多为法律添附了一些根本价值和要求。如果违背了这些根本的价值和要求,法律的正当性就会受到质疑。第二次世界大战之后,经历了大萧条、经济危机、侵略战争、种族屠杀等20世纪上半叶的苦难,人类将法律所必须要体现的根本价值和要求高度凝结成为“人的权利和尊严”。用综合法学派代表人物博登海默的话说,就是“任何值得被称之为法律制度的制度,必须关注某些超越特定社会结构和经济结构相对性

---

① 《礼记·礼运》记载:“大道之行也,天下为公,选贤与能,讲信修睦。”但是,中国传统社会中的“选贤与能”,并不能等同现代民主政治中的选举。在梁启超先生看来,中国传统的民本主义包含了“民有”和“民享”的要素,但是缺失“民治”的理念和技术,而“民治”的核心要义恰恰就在于被统治者选举代表来实施政治治理。这正是西方现代的民主主义与中国传统的民本主义之间的根本区别。参见梁启超:《先秦政治思想史:饮冰室文萃》,天津古籍出版社2004年版,第6~7页。

② 周永坤教授曾指出:“古往今来,我国从上到下均以刑法甚至刑罚为切入点观察法律,因此均持强制论,忽略了法律的正当性。”参见周永坤:《法理学——全球视野》(第3版),法律出版社2010年版,第274页。但笔者认为,这种看法忽略了儒家的民本主义观、仁义观对于中国传统政治统治和法律的正当性的塑造,也忽略了先秦法家提炼的“天道”观和“人情”观作为法律正当性根源的塑造。

的基本价值。在这些价值中,较为重要的有自由、安全和平……上述结论所依赖的预设是存在着一些需要法律予以承认的人类共性”。[①] 事实上,对于国家权力的规制和约束所作的制度性安排,也是为了切实保障人的权利和尊严。违背甚至是侵害人的权利与尊严的法律,其权威性是值得怀疑的,甚至是被根本否定的。所谓“恶法非法”,如同博登海默所言:“一种完全无视或根本忽视上述基本价值中任何一个价值或多个价值的社会秩序,不能被认为是一种真正的法律秩序。”[②]与此同时,法律的形式正当性则包含多个要求。首先,法律必须具有一般性、确定性、公开性、稳定性、逻辑严密性、不得溯及既往性、法律不得要求不可能实现的事情、官方行为与公布的规则必须一致性等八条准则。美国现代自然法学派理论家富勒将其称为“法的内在道德”和“程序版的自然法”。[③] 其次,立法权的行使要具有正当性。此即立法的程序、立法内容、立法目的被民众接受或默认为正当。最后,也是最重要的,法律的制定权要具有正当性渊源。换言之,一方面,“掌握立法权的人的地位来自民众选择或起码被民众认可。这种正当性以神授、禅位、继承、天赋、民选等观念和实践体现出来”。[④] 在现代民主政治国家中,这种立法权掌控者的正当性就源自民主选举。另一方面,立法机关的组成及其行使要符合宪法的规则、原则和精神。

不难发现,从维护国家治理的正当性来看,贿选现象直接冲击的是现代国家治理的正当性的前提——法律的正当性。国家治理的现代化就是法治化,一旦法律的正当性发生缺失,则良法之治也必然会成为无源之水和无本之木。从辽宁贿选案来看,在2011年辽宁省委常委换届选举、2013年辽宁省“两会”换届全国人大代表选举、第十二届辽宁省人大常委会副主任选举中,都存在大规模的拉票贿选等非组织活动,通过贿选当选的全国人大代表有45人,涉案省部级官员高达两位数,而涉案的厅级官员和省人大代表均超过百人。没有人相信通过直接或间接使用金钱、财

① [美]E.博登海默:《法理学——法律哲学与法律方法》,邓正来译,中国政法大学出版社1999年版,“作者致中文版前言”。

② 同上。

③ 参见[美]富勒:《法律的道德性》,郑戈译,商务印书馆2005年版,第114页。

④ 周永坤:《法理学——全球视野》(第3版),法律出版社2010年版,第274页。

物或其他利益收买选举人、选举工作人员或其他候选人的行为会产生一个具有正当性的立法机关。民主选举的实质是选举人自由意志的独立表达,只有选举人依照《宪法》和《选举法》的规定,在事实上作出真实表达其意志的选举投票行为,才能够使法律制定权的正当性获得证成。与此同时,如果贿选导致立法机关的组成不具有正当性或者正当性存在瑕疵,则对于社会公众来讲,质疑该立法机关行使立法权的正当性,就再自然不过了。在每一个人都是理性的经济人的假定下,被统治者会天然地假定为因贿选而支出非法成本的竞选人在当选后的行动具有营利性,以实现其利益的最大化。事实上,辽宁贿选案也反映出辽宁省的部分企业家通过拉票贿选而获得人大代表的身份,并以人大监督的名义通过"司法建议书"的形式干涉法院和检察院独立行使审判权、检察权,并形成人大代表之间"互帮互助"的非法利益链条,以追逐更大的法外利益。在这种情况下,法律的正当性受到极大的质疑和挑战,最终消解的是现代国家治理的正当性。

(二)贿选对于国家治理的有效性的妨碍

在现代民主政治结构中,国家治理的有效性源自法律和政策的有效性。有效的法律和政策是国家实现有序治理的工具和手段。所谓法律的有效性,包括法律的效力和法律的实效两方面。一方面,法律的效力所关涉的问题是法律是否具有法律的性质和要求人们服从的至上权威。法律要获得效力,首先必须是由民众选举产生的、由宪法所授权的特定国家机关、按照法定程序来制定完成。另一方面,法律的实效所关涉的问题是法律在社会现实生活中能否获得人们的遵守和服从。法律要获得实效,就必须强调法律的最低限度的道德性,必须反映、体现和调和不同社会阶级和阶层的利益主张和要求,这本身也是检验法律在性质上良善与否的一个重要标准。而法律和政策的有效性,在一个利益诉求多元的社会中,必须通过一定的结构性政治机制来表现和塑造。

中国社会不断趋于多元分化,在社会不同阶级和阶层群体之间的利益主张和价值观念都呈现多元化的特征。法治的现代国家治理必须要在正视这种多元化利益结构的基础上实现法律治理的有效性。那么法律如何才能实现社会的有序化调控,进而实现社会多元利益的整合与满足?从世界上的成熟治理经验来看,其有效途径就是建构一个尽可能容纳不同社会阶级、阶层和其他利益群体的意志并反映其多元利益诉求和政治主张的政治平台,以及一套利益博弈制度和意志融合机制,来实现多元利益的整合。这种政治平台、博弈制度和融合机制,就是代议制民主。通过代议制民主(特殊情况下通过全民公投这样的直接民主形式),法律和政策的制定过程也反映了不同阶级和阶层的利益主张。在理想状态下,以选举为前提的代议制民主,不仅体现了人民主权原则,而且解决和实现了民意的有效表达,反映出不同利益群体的利益诉求和主张。尽管熊彼特、莫斯卡、帕累托等精英主义政治理论家否弃了这种关于代议制民主的理想观念,并将其斥之为“虚幻”和“神话”,但是,信仰大众民主的理论家仍然在不断解释并推动此理念的实践。

更重要的是,当政府的行动依据(宪法和法律)能够反映和体现不同利益群体的诉求和这些利益群体之间的力量对比关系,作为一种整合的意志表达和体现,那么政府凭借这种行动依据和国家所保有的强制力,就可以有效地提升国家行动的正当性和实效,同时也会强化国家的强制力和权威。要实现这样的效果,就必须进行真实有效的选举。正是在这个意义上,代议制民主成为强化和维系权力结构稳定性和延续性、实现政治治理有效性的理想方案。

然而,一旦拉票贿选使代议制民主遭受破坏,这种国家治理的有效性就难以生成。因为贿选的本质就是在选举过程中排除有效竞争的,其表面结果是选票不正常地被归入特定候选人手中,而从根本上看,贿选的结果是最终阻碍了多元利益群体意志表达的最重要的路径和通道。当部分利益群体的意志和诉求无法通过代议制来予以表达和主张时,其潜在的危害性,一方面,是单一或少数利益群体主导制定的法律和政策难以获得充分的实效,即该法律或政策未能反映和体现其利益和诉求的部分利益群体会对该法律和政策持有消极不合作态度,甚至可能是一种积极的对抗心理;另一方面,利益和诉求未能在法律和政策中获得体现和表达的利益群体,往往会转而采用其他一些合法或者非法的途径来实现其利益诉求。在这个问题上,北美殖民地反抗英国的斗争就是一个极好的例子。正是英国议会在殖民地强加赋税而拒绝给予殖民地选举议员参加英国议会来表达殖民地利益诉求的做法,引发了美国独立战争。而在国内,近几年因为环保项目而发生的社会群体性事件,也反映出有的地方政府在政策制定过程中因未能有效地吸收和反映不同利益群体的多元主张和诉求而陷入社会治理困境。因此,打击贿选、保证选举尽可能产生能够真正代表不同利益群体的利益诉求和意见的议员或人大代表,使法律和政策的制定能够体现和反映不同利益群体的多元利益诉求,则是法律获得良善性质的一个重要条件,是良法之治得以可能的重要条件,是现代国家治理获得有效性的重要条件。

(三)贿选对于国家治理的公信力的削弱

国家治理的现实效果与公权机关实施治理的公信力强弱成正比。国家治理的公信力源自作为治理参与者的社会公众对于公权机关实施国家治理行为的合法性、正当性、规范性和权威性的认可而获取的信任。国家治理公信力的强弱反映出社会公众对公权机关合法性地位、组织效能、法律和政策实施等的普遍认同感、信任度和满意程度。公权机关的公信力越高,国家治理的现实效果就越好。强公信力能够降低国家治理的实施成本。就国家治理的"公信力"而言,其核心问题是信任或信赖。公权机关作为实施国家治理的重要主体、作为向社会公众提供普遍服务的机关,其治理的公信力程度实际上就是社会公众对其履行职责、实施国家治理情况的全方位评价。

就提升国家治理公信力而言,法治是根本方式和重要途径。究其原因就在于,提升和强化国家治理公信力的方式主要包括以下几种。第一,国家治理必须体现以人为本的公共责任性和服务性。为了实现服务这一公权机关的天然职责,一方面,国家治理的实施必须要有相对的稳定性、可预测性和行为指示性,不能朝令夕改而使社会公众无所适从;另一方面,公权机关的治理目标必须是公共利益而非私人利益的最大化,公权机关必须通过高质量的公务行为,为社会公众提供高质量的公共产品和服务。而对于治理过程中的"瓶颈"问题和公共危机,公权机关应当果断、及时地对社会公众的需求作出正确判断和有效回应。第二,国家治理的实施要具有有效的监督制约机制,防止国家治理过程中因公权力滥用而发生权力异化的可能性。换言之,国家治理需要建构的是依法治理的公权机关。国家治理必须在宪法和法律的框架内进行,严格约束公权力在治理系统中和治理过程中的运行,构造一个以人为本的国家治理模式。第三,国家治理的实施必须具有透明性和道德性。在人民主权的理论视域中,一切权力属于人民,公权机关的权力源自人民的授予,国家治理的职能和目标就在于满足社会公众的正当的利益要求。为了保证公权机关履行和实现其上述职能与目标,公权机关的组织成立、权力运行和利益结构(如公权机关得以成立的法律依据、职责分配、人员构成、工作程序和文件资料)等就必须在社会公众面前展现出高度的透明性。国家治理的透明性也是国家治理自身的正当性与道德性的要求所在。而法治作为现代国家治理的根本模式,能够为社会公众提供一套作为稳定和具有可预测性的根本行为规则体系的宪法和法律,并通过宪法和法律来对公权机关进行权力制约和控制,较有效地防止公权力在国家治理过程中发生异化。保护公众获得政府信息的法律法规,如我国的《政府信息公开条例》,其主旨都在于建构一个透明的国家治理过程和状态。

但是,就国家治理而言,贿选对于公信力的削弱是难以估量的。从上面的分析不难看出,首先,贿选导致的结果就是社会公众对于公权机关以公共利益最大化为治理目标这一预设的普遍质疑。张德江委员长指出,在辽宁贿选案中,“一些代表候选人利用资本操纵选举,明目张胆拉票贿选”。这种部分企业家通过拉票贿选当选人大代表,进而形成人大代表“互帮互助”利益集团的事实,使社会公众难以对其组成的权力机关实施的国家治理行为形成信任心理,而更多的是选择相信其治理行为的目标是谋求私人利益而非公共利益。其次,贿选现象的大规模出现,反映的却是国家治理的实施并没有受到有效的法律监督和制约。在辽宁贿选案中,正是由于法律约束的失效和有效监督的缺失,才会出现张德江委员长所描述的现象,即“一些人大代表目无法纪,把收受代表候选人钱物视为潜规则;一些人大领导干部和工作人员知法犯法,为代表候选人拉票穿针引线”。而这种法律约束的失效和有效监督的缺失,恰恰就是使国家治理公信力被削弱的重要因素。另外,通过贿选得以当选公权机关职务甚至是领导职务,是对人民主权理念的根本违背。与此同时,通过暗箱操作和潜规则的运行而实施的贿选行为,也完全违背了透明政府建设的基本要求。而不透明的国家治理,是难以生成社会公信力的。最后,贿选挑战的不仅是国家法律和党的纪律,同样重要的是,它从根本上违背了中国共产党人的政治伦理,冲击了中国政治文明的核心观念,而对这种政治伦理和核心观念的冲击,会对国家治理的公信力造成巨大的消极影响。

总体而言,从湖南衡阳破坏选举案、四川南充拉票贿选案和辽宁贿选案等近年来发生的一系列贿选案件来看,贿选对中国当下部分地区国家治理的正当性、有效性、公信力等方面都造成了深度的冲击和削弱。可以说,贿选在一定意义上,对中国政治生态造成了结构性的破坏。

三、贿选的规制与制度的建构

贿选现象之所以存在，究其原因，一方面是我国治理或者惩治贿选的法律规则体系不完备；另一方面是我国民主选举体制还不完备，从而为贿选的滋生提供了“温床”。因此，对贿选的有力规制，应该将切实有效的贿选治理措施与选举制度完善的目标结合起来，使两者相互促进、相互完善。

（一）在选举过程中实现党要管党、全面从严治党

党的领导是中国宪法的基本原则，也是我国社会主义民主政治的重要保障。为了实现选举的真实性，提升国家治理的正当性和有效性，在选举过程中，必须在强化党的领导的同时，实现党要管党、全面从严治党，包括：(1)党必须加强对选举筹备工作的统筹与协调，在宪法和选举法的框架内，因地制宜地制定科学的选举方案和应急机制。(2)各级党委应该注重民主选举意识和公民意识的培育。随着我国社会经济高速发展，群众的参政意识越来越强，但是有的群众的参政意识却是偏离民主与法治轨道的参政意识和观念，如违反选举法程序的参选参政，以及超越法律的非法参选等。(3)提升党选举的治理体系和治理能力现代化水平，正视独立候选人现象的出现及其参选，积极进行制度设计，对独立候选人的参选进行指导，监督其在宪法和法律的框架内活动，实现对选民负责、受选民监督。(4)依据党纪国法惩治贿选，净化选举的政治生态。选举的政治生态是在特定条件下，选举过程中的各要素之间以及选举系统与其他政治系统之间相互作用、相互制约所构成的一种生态关联互动。选举的政治生态是民主政治生活现状以及民主政治发展环境的集中体现，是社会价值观和公民个人价值观的综合反映，也是党风、政风、社会风气的综合体现。要实现选举政治生态得以净化的关键，首先就是党要管党、全面从严治党。制度是改善党内政治生态的根本性因素。党和国家应该不断完善对贿选的规制和惩治体系。一方面，党要管党必须从党内政治生活管起，全面从严治党必须从党内政治生活严起。以党内民主为契机，引导有序的党外民主和选举，对选举过程中出现的领导干部违反党纪国法的行为进行惩处，对于违反选举法甚至刑法的行为在给予党纪处分之后，协调国家司法机关对违反者追究法律责任。另一方面，必须加大惩治力度，以“严刑峻法”惩治贿选，从而增加贿选的成本，实现先秦法家所谓的“以刑去刑”。从法律制度、党内纪律、政治规矩 3 个规范性维度共同规制贿

选,建设良性的政治生态和选举环境。

(二)以法家的重刑主义惩治贿选

习近平总书记在十八届中央纪委五次全会上指出:“当前反腐败斗争形势依然严峻复杂,主要是在实现不敢腐、不能腐、不想腐上还没有取得压倒性胜利,腐败活动减少了但并没有绝迹,反腐败体制机制建立了但还不够完善,思想教育加强了但思想防线还没有筑牢,减少腐败存量、遏制腐败增量、重构政治生态的工作艰巨繁重。”要真正贯彻和落实习近平总书记的上述讲话精神,惩治和打击在选举过程中的腐败,实现在选举过程中选举人和被选举人的“不敢腐、不能腐、不想腐”,在全面推进依法治国的战略背景下,就必须通过法律的重刑主义,严厉打击拉票贿选。我国目前对于贿选的惩治,只是在《刑法》的第256条对其作出了规定,即“在选举各级人民代表大会代表和国家机关领导人员时,以暴力、威胁、欺骗、贿赂、伪造选举文件、虚报选举票数等手段破坏选举或者妨害选民和代表自由行使选举权和被选举权,情节严重的,处三年以下有期徒刑、拘役或者剥夺政治权利”。从文本分析来看,即使有“以暴力、威胁、欺骗、贿赂、伪造选举文件、虚报选举票数等手段破坏选举或者妨害选民和代表自由行使选举权和被选举权(的行为)”,也并不必然导致对这些行为的主体实施法律惩治。只有在“情节严重”的情况下,才会“处三年以下有期徒刑、拘役或者剥夺政治权利”。“三年以下”的最低刑期并没有明确规定具体的刑罚措施和期限,因此,也就完全不排除最后只是以管制或者拘役等形式实施象征性处罚的可能性。然而,从上面的分析来看,贿选行为所冲击和瓦解的,是国家长治久安的根基,“是对我国人民代表大会制度的挑战,是对社会主义民主政治的挑战,是对国家法律和党的纪律的挑战,触碰了中国特色社会主义制度底线和中国共产党执政底线”。[①] 其危害性丝毫不亚于间谍罪,但是贿选犯罪成本如此低廉,在客观上是激励而不是抑制在选举过程中的钱权交易,从而使投票商品化、民主选举金钱化,进而腐蚀社会主义民主制度。因此,一方面,应当修改《刑法》,增加贿选者的违法成本,修改《刑法》第256条,加重刑罚的惩治力度。另一方面,对于参与贿选的选民,应该给予惩戒。贿选是个合意的行为,有购票,也有投票。因此,要杜绝贿选,必须同时打击惩治贿选的交易双方。建议在

① 参见张德江同志在主持召开第十二届全国人大常委会第二十三次会议上的讲话。

一定期限内(如2年)剥夺参与贿选的选民的选举权和被选举权,将不合格的选民剔除出选举,保证民主选举的质量和真实性,净化选举的政治生态,最终实现先秦法家的"以刑去刑"的法律宗旨。总而言之,应该正确地认识重刑主义和严刑峻法,只要符合最基本的现代法治文明和程序正义,在反对酷刑的前提下,完全可以大幅度增加贿选的刑罚惩治,通过"明刑弼教"的方式,改进民主选举参与者尊重公民选举和民主投票。

(三)发展和完善适合于中国特色社会主义民主政治的选举制度

党的十八届四中全会已经指出"完善国家机构组织法,完善选举制度和工作机制"。而目前,我国对人大代表选举进行的规范和调整的法律主要是《全国人民代表大会和地方各级人民代表大会选举法》《地方各级人民代表大会和地方各级人民政府组织法》《全国人民代表大会和地方各级人民代表大会代表法》《村民委员会选举法》《城市居委会选举法》《民事诉讼法》《刑法》之中的部分条款对其进行规制。但是,总体而言,选举法体系还不够完善,有待进一步的发展。首先,应当通过立法,有序扩大直接选举的范围,缩小贿选存在的空间,强化选举透明度的提升。其次,应当增加顶层设计,借鉴有序的竞争选举机制和候选人参政议政规划方案的公开机制,使选民在投票前知悉被候选人的参政议政规划和意图,从而实现选举过程中的意思自治,选举能够代表选民表达意愿和诉求的代表。再次,应当完善选举救济制度。目前,对于选举争议如何解决,法律规定较为粗略,司法救济只有两条规定即《民事诉讼法》第188条和第189条,根本无法应对和满足我国选举实践发展的要求。因此,必须加快选举法及其配套法规的制定或完善。最后,强化选民对于选举的监督。贿选之所以不但屡禁不止,而且发生了湖南衡阳贿选案和辽宁贿选案这种塌方式的严重腐败乱象,这一方面固然和法治不完备有关,但另一方面也是因为选民无力对选举进行有效监督。

面对辽宁贿选案和贿选所反映和导致的选举政治生态污染,必须从选举过程中强化党要管党、全面从严治党、贿选惩治的重刑主义和发展完善我国社会主义民主制度的维度,实现对贿选的结构性治理和系统性规制。只有这样,才能捍卫人民代表大会制度作为我国根本政治制度的地位,才能实现党的领导、人民当家作主和依法治国的有机统一,实现强化国家治理的正当性、提升国家治理的有效性、增强国家治理的公信力的目标,最终为全面深化改革和全面依法治国奠定坚实的政治基础。

年度外国宪法判例选释

美　国

卡耶塔诺诉马萨诸塞州案：持枪权争议的最新走向

左　霞*

案件编号：Caetano v. Massachusetts,136 S. Ct. 1027(2016)
判决机关：美国联邦最高法院
判决日期：2016 年 3 月 21 日
关 键 词：持枪权

根据《美国宪法第二修正案》(以下简称第二修正案)的规定，纪律良好的民兵队伍，对于一个自由国家的安全实属必要；故人民持有和携带武器的权利，不得予以侵犯。在解释该条款时，存在两种不同意见。一种意见将第二修正案视为出于民兵组织集体防卫的需求而规定的一种特别性的集体权利；另一种意见则将第二修正案看作对个人的赋权，它为个人确立了"持有和携带武器"的普遍性权利。究竟应当如何解读第二修正案，美国联邦最高法院大法官亦众说纷纭，摇摆不定，甚至长期分裂。1939 年，大法官曾在合众国诉米勒(United States v. Miller)案中首次取得一致意见，认定第二修正案的"明显目的"在于确保受国家训练和受联邦政府监管的"民兵的武力得到延续和仍然有效"。① 也就是说，美国联邦最高法院认为，人民持枪是为了军事上共同的防卫目的，而与个人占有枪支的自主利益无关。但在 2008 年的华盛顿哥伦比亚特区诉赫勒(District of Columbia v. Heller)案中，大法官们以 5∶4 的微弱票决结果逆转了米勒案判决，并采取了一种更具包容性的观点："保障个人出于自卫而拥有或携

* 江苏省淮安市中级人民法院法官助理。

① See United States v. Miller,307 U. S. 174(1939).

带武器的权利,这一含义得到了第二修正案历史背景的强有力确认。”[①] 两年后,大法官们再次在2010年的麦克唐纳诉芝加哥(McDonald v. Chicago)案中重申了上述立场,同时,将第二修正案对联邦立法的约束扩张到各州立法。值得注意的是,这两次判决都是以5∶4的微弱优势达成的。如此微弱的优势是否可能被再次推翻?集体权利说能否又卷土重来?美国联邦最高法院对于持枪权的态度究竟会如何走向?这些问题在2016年的卡耶塔诺诉马萨诸塞州(Caetano v. Massachusetts)案中有了初步答案。

【事实概要】

杰米·卡耶塔诺(Jaime Caetano)生活在马萨诸塞州,她人生的不幸开始于遇到一个对她家暴的男友;在生育了两个孩子后,卡耶塔诺发现自己实在受不了这样被虐待的日子,便下定决心与其男友分手。分手后,卡耶塔诺依然不堪其扰,2011年的一天,他们爆发了一场激烈的争吵,卡耶塔诺被打伤,进了医院。出院后,卡耶塔诺虽无家可归,但也不愿意回到前男友家中。

对于这个分手后还一直不断来骚扰并殴打她的前男友,卡耶塔诺曾申请并获得多项对其家暴行为进行限制的禁令,但实际上毫无作用,前男友依旧不时地威胁并伤害卡耶塔诺。就在卡耶塔诺感到绝望、无路可走时,一个朋友给了她一把电击枪用作防身。一天晚上,她下班后,发现前男友在外面等着她,他朝她咆哮道:“你不应该再在这个地方工作,你应该待在家里和孩子在一起。”她站在原地,拿出了随身携带的电击枪喊道:“我不会再这样任你欺负了,我也不想对你开枪,但如果你还这样逼我伤害我,我将开枪。”前男友害怕电击枪,悻悻地离开了。

2011年9月,马萨诸塞州的一家亚什兰(Ashland)商店报警说有人盗窃,警察很快就到了现场,商店经理指认卡耶塔诺和另一名停车场的人是潜在的同伙。警察拦住了卡耶塔诺,在征得同意后搜查了她的包。尽管警察没有找到她盗窃的证据,但是看到了卡耶塔诺的电击枪。卡耶塔诺向警察解释说,她带着这把枪是为了防范前男友对她施暴。警察相信卡耶塔诺的话,但是仍然以违反马萨诸塞州第140章第131节的法律而

① District of Columbia v. Heller, 128 S. Ct. 2797 (2008).

逮捕了她,该法律全面禁止公民持有任何电子武器。随后,检察官根据该条款向州地方法院提起诉讼。卡耶塔诺认为,第二修正案早已确立了个人为自卫而持有和携带枪支的权利,她持枪正是为了保护自己的人身安全,免于家暴禁令无力阻止的身体威胁,完全符合第二修正案。

2011 年 9 月 30 日,马萨诸塞州地方法院弗莱明翰区分部受理了案件,卡耶塔诺以第二修正案为由要求法院驳回起诉,却遭到该地方法院格列柯(Robert V. Greco)法官的拒绝。随后的庭审由卡罗尔(Martine G. Carroll)法官主持,确认了以下毫无争议的事实:卡耶塔诺拥有电击枪,该武器属于州法禁止之列。控方承认,卡耶塔诺拥有武器是为了防范其前男友的暴力。事实上,检察官也呼吁法庭"相信被告"。尽管如此,审判庭依然认为第二修正案并不保护公民持有电击枪,判决卡耶塔诺有罪。

被州地方法院定罪后,卡耶塔诺不服,向马萨诸塞州最高法院提起上诉。马萨诸塞州最高法院批准了直接上诉的复审申请。2014 年 12 月 2 日,该州最高法院听取了双方的辩论。2015 年 3 月 2 日,马萨诸塞州最高法院裁决维持原判,驳回了卡耶塔诺的权利诉求,同样认为"电击枪不是第二修正案所保护的武器类型",维护了禁止拥有电击枪的州法。马萨诸塞州最高法院之所以认为电击枪不受保护,是因为它们"没有在第二修正案颁布时'普遍使用'",它们属于"传统上禁止携带的危险和不同寻常的武器"。马萨诸塞州最高法院认为,第一,电击枪在"第二修正案制定时并没有被普遍使用";第二,电击枪是自身危险且"不同寻常"的,因为它们"完全是现代的发明",而"不同寻常"是公民持枪权一个"重要限制";第三,没有任何证据证明电击枪可以随时用于军事用途。①

卡耶塔诺不服马萨诸塞州最高法院的复审裁决,向美国联邦最高法院提出调卷令申请并获得批准。她申请要求美国联邦最高法院确认其根据第二修正案所享有的持有电击枪以自卫的权利。参加庭审的 8 位大法官全体意见一致,都认为马萨诸塞州最高法院违反了先例,卡耶塔诺的基本权利未得到应有的保护。在 2016 年 3 月 21 日的判决中,美国联邦最高法院根据遵循先例原则逐条否定了马萨诸塞州最高法院的裁决理由,认定第二修正案保护公民持有和携带建国时并不存在的武器的权利,并

① See Commonwealth v. Caetano, 470 Mass. 774, 2015 Mass. LEXIS 103, 26 N. E. 3d 688(2015).

将案件发回下级法院重审。2016年7月6日,卡耶塔诺与控方达成了控辩协议,马萨诸塞州法官裁定卡耶塔诺无罪。

【判决理由】①

由首席大法官罗伯茨(Roberts)、大法官肯尼迪(Kennedy)、金斯伯格(Ginsburg)、卡根(Kagan)、阿里托(Alito)、托马斯(Thomas)、布莱耶(Breyer)和索托马约尔(Sotomayor)②组成的美国联邦最高法院对本案发表了全体一致的法院意见。阿里托大法官发表了协同意见,托马斯大法官加入。法院的整体意见开篇就引用了华盛顿哥伦比亚特区诉赫勒案和麦克唐纳诉芝加哥案中确立的规则,"表面上,第二修正案保护公民持有的武器包括构成'可以持有的武器'的所有的工具在内,即使是那些建国时尚未存在的武器"。③ 并且,"第二修正案完全适用于州"。针对马萨诸塞州最高法院认为第二修正案不适用于电击枪的3个理由,美国联邦最高法院根据遵循先例原则,进行了逐条批驳:

首先,马萨诸塞州最高法院认为,电击枪不被保护是因为"在第二修正案颁布时电击枪并没有被普遍使用"。但是在赫勒案中,美国联邦最高法院曾明确表示第二修正案保护公民持有的武器包括构成"可以持有的武器"的所有的工具在内,它们在建国之时是否已经存在在所不论,亦即第二修正案保护公民持有在建国之时不存在的武器的权利。

其次,马萨诸塞州最高法院提出要对电击枪是否为"自身危险且不同寻常的"进行审查,试图适用赫勒案中"对持有和携带枪支的权利施加重要的限制"(指"禁止携带'危险和非同寻常'武器")。该法院以这样的推断得出结论称,电击枪是"不同寻常的",因为它们是"一个完全现代的发明"。通过将"不同寻常"和"第二修正案颁布时并没有被普遍使用"相等同,法院推论认为第二修正案不保护电击枪。其实,这个解释和第一个解释在本质上是相同的,同样违反了赫勒案所确立的先例。

最后,马萨诸塞州最高法院认为,只有那些在战争中有用的武器才受到保护,但"没有任何证据证明电击枪可以随时用于军事用途"。美国联

---

① See Caetano v. Massachusetts, 136 S. Ct. 1027 (2016).

② 斯卡利亚(Scalia)大法官已于2016年年初去世,但当时尚未提名任命新的大法官。

③ District of Columbia v. Heller, 128 S. Ct. 2783 (2008).

邦最高法院再次引用赫勒案,提出"只有那些在战争中有用的武器才受到保护"的意见早已经被大法官们否定了。也就是说,第二修正案禁止对持有和携带枪支这一权利的侵犯,该权利并不仅限于军事用途,也适用于个人合法的目的,包括自卫。

【阿里托大法官的协同意见】①

对于法院的整体意见,尽管阿里托大法官同意其判决结果,但是在他看来判决理由太过"勉强",所以他从自卫权的角度出发,认为马萨诸塞州最高法院的裁决实际上构成了对公民自卫权这一基本权利的严重威胁。为此,他撰写了一份条理清晰、感情饱满的协同意见。在这份托马斯大法官加入的协同意见中,他分析了为什么马萨诸塞州最高法院的裁决违反了赫勒案和美国联邦最高法院解释第二修正案的其他相关判例。

阿里托大法官在简单地介绍案情后,表明无论是华盛顿哥伦比亚特区诉赫勒案还是麦克唐纳诉芝加哥案,都明确第二修正案早已确立了保护个人为防卫联邦和州而持有和携带枪支的权利。这个权利证明了"公民个人自卫"是一种"基本权利"。卡耶塔诺与其暴力前男友的遭遇说明公民自卫权和持枪权之间的联系:通过武装自己,卡耶塔诺能够免于家暴禁令无力阻止的身体威胁,而且,电击枪这种武器并不会构成对她自己和她孩子父亲的永久性伤害。

然而,根据马萨诸塞州的法律,卡耶塔诺仅因拥有可能挽救她生命的电击枪即成为犯罪分子。在警察发现她的武器后,她被逮捕、起诉、审判和定罪。马萨诸塞州最高法院也肯定了这一定罪,认为"电击枪不属于第二修正案保护的武器类型",因为它在"第二修正案颁布时并不被普遍使用",它们属于"传统上禁止携带的危险和不同寻常的武器"。这个推论是"轻浮无边"的,我们在赫勒案中早已拒绝接受这样的推理,即"只有18世纪存在的武器才受到第二修正案的保护"。在限制家暴者的禁令没有效果的情况下,这样的决定严重损害了像卡耶塔诺那样需要自卫来保护自己的脆弱人士。

阿里托大法官认为,虽然马萨诸塞州最高法院自称适用了赫勒案的原则,但其分析的每一步都违反了赫勒案的推理。

---

① See Caetano v. Massachusetts, 136 S. Ct. 1027(2016)(Alito, J., Concurring).

首先,第二修正案保护公民为合法目的而持有和携带建国之时并不存在的武器的权利。州法院反复提出摆在它面前的问题,即某一特定武器是否在“第二修正案颁布时‘被普遍使用’”。在赫勒案中,我们早已断然拒绝了这样一个表述。我们认为“只有那些存在于18世纪的武器才受到第二修正案保护”的论点不仅是错误的,而且是“轻浮无边”的。相反,我们认为,“在表面上,第二修正案保护公民持有的武器包括构成‘可以持有的武器’的所有的工具在内,即使是那些在建国时尚未存在的武器”。很难想象能更直接地讲明这一点。然而,马萨诸塞州最高法院甚至都没有提到它。而且,州法院援引了合众国诉米勒案中的语句,“保护的武器种类是那些在当时普遍使用的武器”。这个引语并不意味着只有1789年流行的武器才能被第二修正案所涵盖,它只是反映了由公民组成的现代民兵,“公民们将把他们拥有的合法武器带到民兵的职务上”,可以防止民兵的削减,保有国家的民兵力量。因此,第二修正案相应地保证了守法公民为合法目的而持有和携带武器的权利。虽然18世纪末电击枪并不存在,但对今天来说它确实是为了自卫而常用的武器。左轮手枪和半自动手枪也是如此,左轮手枪那时候几乎是未知的,直到19世纪才为人类所知,半自动手枪也是直到19世纪末才被发明。如果第二修正案不保护电子武器,只因为对于第一届国会来说那是未知的,那么电子通信就也不受第一修正案的保护,电子成像设备也可以免于第四修正案的保护。而事实恰恰相反,没有人会这样理解。

其次,马萨诸塞州最高法院认为,电击枪作为“危险和不同寻常的武器”而被禁止是一个严重错误的决定:

第一,对于“危险”,下级法院认定,如果武器被“设计和制造产生死亡或身体伤害”和“为了身体的殴打或防御的目的”,那么武器本身就是“危险的”。这项标准能将危害性武器的袭击行为认定为犯罪,但不能被用于识别属于“第二修正案”之外的武器。因为当武器属于通常用于合法目的的一类武器时,武器的危险性相对来说就是无关紧要的,赫勒案对比了禁止“危险和不同寻常的武器”和保护“当时常用的武器”。再者,即使在危险性可能相关的情况下,马萨诸塞州最高法院的检测标准也太宽泛了。赫勒案定义了“第二修正案”所涵盖的“武器”,包括“一个人为了防卫或拿在手中的,或用愤怒的方式准备投掷或打击的武器”。然而,在马萨诸塞州最高法院的决定中,几乎每种武器都将被认定为是“危险的”。如果在这一点上还有任何疑问,只需看看该法院认定的属于“危险”武器的第一个例子——枪支。如果说赫勒案要告诉我们什么,那就是枪支不能因自身的危险性而被明确禁止。在这个基础上,由马萨诸塞州地方当局自己的证人描述为“非致命性武器”的电击枪当然也不能被禁止。

第二,对于“不同寻常”,马萨诸塞州最高法院的结论是,这在很大程度上取决于是否为1789年当时普遍使用的武器。正如前文已经讨论的,这是错误的。该法院还认为武器的不同寻常取决于是否“是民兵使用的战争武器”,并声称遵循了米勒案这样的做法,并“批准了它在赫勒案中的使用”。但是,赫勒案实际上表达的是,米勒案中认为的“只有那些在战争中有用的武器才能得到保护”将是一个惊人的判断。恰恰相反,米勒案和赫勒案都让我们认识到,传统上,民兵成员对于携带“他们在家里拥有的各种合法武器”有报告义务,第二修正案因此保护该种类别的武器,只要适用于军事用途,无论是什么特定武器。事实上,军事技术的进步可能使许多普通武器在战争中无效,但这种“现代的发展不能改变我们对权利的解释”。无论如何,马萨诸塞州最高法院关于电击枪不适用于民兵或军事用途的假设是站不住脚的:马萨诸塞州法第131节允许执法和惩教人员携带电击枪和泰瑟枪,①大概是为了非致命性控制人群的目的。此外,美国军队的一些分支机构装备有电击武器,以“使目标丧失能力而不受永久性伤害或已知的副作用”。

最后,电击枪实际上早已在全国各地被广泛拥有并被视为合法的自卫工具。与上文对应,对于与第二修正案相关的电击枪是否被今天的守法公民通常用于合法用途的调查,马萨诸塞州最高法院只提供了一个粗略的讨论,它注意到,“泰瑟枪、电击枪的数量和手枪相比简直是小巫见大巫”。这个观察可能是真的,但它是无关紧要的。否则,一个国家可以自由地禁止手枪以外的所有武器,因为“手枪是美国人在家中自卫最受欢迎的武器选择”。更相关的统计数字是,“数以千计的泰瑟枪和电击枪被卖给私人”,似乎可以在45个国家合法拥有它们。人民诉艳娜(People v. Yanna)案也认为,密歇根电击枪禁令是违宪的;修正后的威斯康星州法律也允许人们拥有电击枪;据报道,截至2009年,大约有20万公民拥

① 泰瑟枪能发射一束带电镖箭,人被击中后暂时无法动弹。

有电击枪。虽然电击枪不比手枪流行,但是电击枪在全国各地被广泛拥有并被视为合法的自卫武器,则马萨诸塞州明确禁止此类武器违反了第二修正案。

在协同意见的最后一部分,阿里托大法官再次重申,下级法院错误地理解赫勒案是不能忍受的,其裁决理由对自卫的基本权利构成严重威胁。马萨诸塞州最高法院认为,卡耶塔诺本可以只是拿起手枪保护自己。对于禁止拥有受保护的武器的禁令来说,拥有其他武器的权利更是不确定的。此外,只有当一个人准备使用它时,武器才是一种自卫的手段,这是冒昧地告诉卡耶塔诺,如果她想保护自己,即应已经准备好射杀两个孩子的父亲。法院不应该要求公民更多地使用自卫力量,而应让其自己掌握灵活运用的程度。无数人都可能对致命武器的使用有所保留,无论是在道义上、宗教上还是情感上,或者是因为害怕误杀。更何况,麦克唐纳案确认了"自卫"是"基本权利"。虽不是说,州可能会强迫一个人在行使这项权利和追随其良知之间作出选择,但是至少已经在全国范围广泛使用的武器可以同时容纳两者。

一个州最基本的责任是保护人民的人身安全。马萨诸塞州地方政府无力或不愿意为保护杰米·卡耶塔诺做必要的事情,所以她只能被迫自己保护自己。更糟糕的是,州政府竟然部署其检控资源,起诉和定罪她保护自己的行为,这个行为不过就是用一种非致命的武器武装自己,而这可能正好拯救了她自己的性命。然后,马萨诸塞州最高法院以最脆弱的理由肯定了对她的指控。美国联邦最高法院现在把这个案子发回同一个法庭,而对卡耶塔诺来说,影响可能更悲惨,因为对她的指控很可能阻止她为自卫而持有武器。

如果自卫的基本权利不能保护卡耶塔诺,那么所有美国人的安全都只能依赖于国家当局的怜悯,政府只可能更关心解除人民的武装,而不是保护他们的人身安全。

【评析】如何看待卡耶塔诺案

卡耶塔诺案的一个核心问题是美国公民个人的持枪权,源于第二修正案"持有和携带武器的权利"的规定。第二修正案在通过后的200年间并没有引发太多争议,直到20世纪下半叶,随着越来越多的地区颁布了管制枪支的法律后,该条修正案的相关争议才正式进入美国社会各个领域。在本案判决不久前,美国联邦最高法院刚刚公布了备受关注且影响深远的赫勒判决(2008 年)和麦克唐纳判决(2010 年)。在这两份判决中,第二修正案首次被美国联邦最高法院肯定为一项公民的基本权利,联邦和州都不得侵犯。但由于两次判决均以 5∶4 的微弱优势达成,所以当美国联邦最高法院因同意审理卡耶塔诺案而再次面临枪支问题时,第二修正案的有关争议再度引发社会各界的广泛关注,其判决意见亦被视为今后持枪权命运的风向标。

一、持枪权作为个人权利的属性得到捍卫

从卡耶塔诺案的争议焦点来看,它已经不再是第二修正案是集权权利还是个人权利的问题,而主要在于受第二修正案保护的武器的范围。这表明,无论是马萨诸塞州最高法院还是美国联邦最高法院,都认可了第二修正案保护公民为合法目的而持有和携带武器的权利。也就是说,持枪权作为一项公民个人权利得到了两套法院体系的认可,至少在司法领域内已经形成共识。不可否认,这种共识的形成与美国联邦最高法院孜孜不倦地阐释持枪权的性质息息相关。

在米勒案中,美国联邦最高法院选择了对第二修正案进行限制解释的态度,将个人从其保护范围中排除出去,认为第二修正案前一句限制了后一句的适用范围,"民兵"与"持有和携带武器的权利"有直接关系,持枪的目的是民兵集体防卫,而并非个人目的,所以持枪权是一项集体权利,只适用于民兵组织和类似的军事组织。但在赫勒案中,"本案的双方当事人提出了对修正案完全不同的解释。(哥伦比亚特区)认为该修正案仅保护因与民兵服役有关的拥有或携带枪支的权利。(赫勒)则主张该修正案保护与民兵服役义务无关的个人拥有武器的权利,以及为传统上合法的目的运用这一武器——如在家自卫——的权利"。[①] 对此,美国联邦最高法院一改之前的"集体权利说"阵营,由现已故的斯卡利亚大法官撰写的多数意见将第二修正案分为"序言条款"和"执行条款"两部分,其中,"前者在语法上并没有限制后者,而只不过是宣布了一个宪法目的而已"。"序言条款"本身并无执行力。"我们完全感受到,第二修正案的序言条款宣布了该权利法典化的目的:可以防止民兵的削减。'序言条

① District of Columbia v. Heller, 128 S. Ct. 2789(2008).

款'并不认为保有民兵是美国人民重视这一古老权利的唯一理由,最毋庸置疑的是,这一权利对自卫和捕猎来说更为重要。"①如此分析,"序言条款"并未限制也未扩大"执行条款"的范围,只是宣示了一个宪法目的——防范国家专制,保卫"自由国家的安全"而保有民兵的数量;而"执行条款"便是承认和保障美国公民为自卫而持有和携带武器的个人权利,确认自卫权是第二修正案的核心权利,所以无论是普通公民还是"民兵",都享有为了自卫等合法目的的持枪权。到了麦克唐纳案,美国联邦最高法院从文本和历史出发,直接将持枪权认定为自由序列体系中不可或缺的一部分并且"深深根植于这个国家的历史和传统",推论认为持枪权是一项公民基本权利,受第十四修正案正当程序条款的保护。

从以上持枪权的解释轨迹来看,"集体权利说"逐渐向"个人权利说"过渡,同样我们也看到,即使以上先例形成了法院多数意见,但无论是赫勒案还是麦克唐纳案,判决都是微弱多数,并没有形成绝对多数,这是否也揭示了大法官们分裂的判决代表着美国社会民众就持枪权的性质无法达成共识?"集体权利说"和"个人权利说"在此时还并不算分出胜负。6年后的卡耶塔诺案试图给出答案:保守派大法官和自由派大法官对于上诉人卡耶塔诺的持枪权并没有形成截然对立、针锋相对的局面,恰恰相反,法院全体一致意见都是在承认公民个人持枪权的前提下展开讨论的。也正如阿里托大法官在协同意见中所述——第二修正案早已确立了保护个人为防卫联邦和州而持有和携带枪支的权利。

当然,美国联邦最高法院的法槌也不是轻易敲下的,肯定"个人权利说"更多是对时代需求的有力回应。历史的车轮行驶至今,"个人权利说"成为主导并将引领未来的争议风向标,其中有必然的因素。于美国公民而言,第二修正案规定的"持有和携带武器的权利"主要就是指持枪权。便于携带和易于使用的枪支作为美国公民最普遍拥有的武器,一直是被用作防身的最佳工具。美国社会已经有2亿多支枪,美国公民公开拥有枪支的数量几乎达到人均一支,作为武器的一种——枪支无疑最具有普遍性。一方面,从宪法修正案的结构来看,"人民的权利"除涉及权力运行和保留时作为集体名词使用外,在第一、第四、第九修正案中指向的都是早已先存的个人权利。正如斯卡利亚大法官在赫勒案中指出:如

---

① District of Columbia v. Heller, 128 S. Ct. 2801 (2008).

同第一、四修正案一样,第二修正案确认了"先前就存在的"权利。正是第二修正案的文本,清楚地承认了这个"先前就存在的"权利并宣布此权"不容侵犯"。[①] 质言之,与上述其他修正案一样,第二修正案所保护的也是一项个人权利。另一方面,从语法的角度来看,"民兵"是"人民"的一部分,如果认为"人民持有和携带武器的权利"中的"人民"只是指向"民兵",那显然是缩小了"人民"的范围。所以,无论是从民众需求还是制宪原意来看,第二修正案所确认的持枪权都由个人行使并属于所有美国人。

再者,个人持枪权成为主流、得到普遍承认并非一朝之事,离不开美国社会早已形成的枪支文化和持枪权的制度意义。回顾美国人民持枪的历史,从原始的与大自然作斗争的需要,到与印第安人作战的需要,到殖民列强之间争夺殖民地的需要,再到后来合众国建立之后的西进运动中,枪支文化一直被强化着。[②] 源远流长的枪支文化使枪支成为美国人民心中"天赋人权"的象征之一,代表美国的自由和民主。可以说,美国历史上的一系列重大事件都和公民持枪权存在紧密联系,枪支所起到的关键作用也一次又一次巩固了其自由象征的地位。从近乎全民皆兵、人人持有武器的殖民地时代,到后来的独立战争、美国内战,民兵所产生的影响至今仍让美国人民觉得民众拥有枪支是一项神圣而光荣的权利,任何时候都不可剥夺。笼罩在枪支上的美丽光环、赋予枪支的神圣含义注定让持枪权成为公民权利的重要组成部分。时至今日,公民持枪的历史原因已经不复存在,只有自己手中持有枪支才能保证自己和公共安全,才能建立一个自由共和的理想社会的思想或许在今天看来也并不是绝对真理,但美国独有的枪支文化依然屹立不倒,持枪权在历史的长河中早已化为防范暴政和保卫自己的最后防线。对于美国的宪法制度来说,持枪权同三权分立、联邦制一样可以防止政府走向邪恶专制,这种观念根深蒂固。也正因如此,美国人民崇尚枪支的热情从未消减。即使在今天这个核武器时代,公民手中的枪支虽无论如何对抗不了国家的坦克、原子弹,但枪支也不可能消失在美国的大地上。持枪人认为,持枪权作为民主法治实现的保证永远值得美国人民捍卫。这也就能理解,为什么枪支泛滥造成

---

① 参见江振春、任东来:《比登天还难的控枪路——持枪权与美国宪法第二修正案研究》,中国政法大学出版社 2013 年版,第 228 ~ 229 页。

② 参见刘卫井:《关于美国枪支问题的历史考察》,载《世界历史》2001 年第 2 期。

了那么严重的社会问题,而美国社会有关枪支的主流讨论永远不是禁止,只是如何管理控制。不得不承认,个人持枪权的象征精神已经流淌在美国人的血液里了,代代相传,生生不息。

长达近一个世纪的"集体权利说"和"个人权利说"的争论在美国最有权威的9个人的起伏态度中终究要画上一个句号。卡耶塔诺案站在该争论的尾巴之上,以一种不可否定的口吻向我们强调:"集体权利说"的时代光芒可以说是一去不复返,"个人权利说"在时代的考验中成功赢得主流青睐,成为一种社会共识。我们甚至可以大胆地预测,美国联邦最高法院再也不会对持枪权相关案件进行集体权利说还是个人权利说的分析讨论,更不会再对持枪权是一项个人权利进行一次又一次的论证强调,就像本案中的全体一致结论所反映的,承认公民个人持枪权是讨论其他问题的前提,这是毋庸置疑的。

二、对"枪支"范围的进一步厘定

在第二修正案所确认的个人持枪权中,是所有的枪支都受保护还是只有符合某些标准的枪支才受保护?如果要符合某些标准,这些标准又是什么呢?这个问题也是卡耶塔诺案中的主要争议,即第二修正案保护哪些武器?电击枪是否受第二修正案的保护?双方当事人各执一词,分别提出了对应受保护的武器范围的不同理解。马萨诸塞州最高法院认为,电击枪在"第二修正案制定时并没有被普遍使用",且属于"自身危险且不同寻常的"武器,再者,电击枪并不能随时用于"军事用途"。根据这三个标准,该州法院认定第二修正案并不保护公民持有电击枪,州法禁止个人使用电击枪并不违宪。而卡耶塔诺从自卫权的角度出发,认为第二修正案允许公民持枪,持枪权维护了公民正当防卫的基本权利,故个人持有和使用电击枪以自卫的行为完全合法。美国联邦最高法院8位大法官毫不留情地否定了马萨诸塞州最高法院提出的3个理由,一致认为电击枪应被纳入第二修正案所保护的枪支范围。

虽然大法官们对卡耶塔诺案中电击枪应受第二修正案的保护形成了统一战线,但个人持枪权中的枪支范围界定标准似乎依然是一个悬而未决的问题。细细研究不难发现,法院的整体意见有意无意地跳过了这个问题,直接引用赫勒案的解释提出:受保护的枪支不局限于立国之时普遍使用、不局限于战争用途,并且,对于"危险和非同寻常的"的判断需要慎之又慎,不能轻易将某种武器认定并排除在第二修正案的保护范围之外。这种"泛泛之谈"或许正是阿里托大法官的反对意见之所在,对此,阿里托大法官围绕枪支使用的"合法目的"①层层深入论述电击枪不应被排除在第二修正案外,同时表达了他对法院整体理由的不满以及对下级法院判断的不屑。在阿里托大法官的协同意见中,"合法目的"标准包含三层含义。第一,公民为合法目的而持有和携带的枪支受第二修正案保护,即使该枪支在立国之时并未普遍存在,米勒案所确立的"普遍使用"②规则实质上是指公民当时为合法目的而普遍持有、携带的武器。第二,对于禁止"危险和不同寻常的武器"的传统,枪支本身就是危险的,但用于合法目的的枪支其危险性是无关紧要的;公民合法拥有的枪支可以带到民兵职务中,也就相当于以合法目的持有的枪支后来适用于军事用途,这样的枪支也就完全算不上非同寻常了。第三,除手枪外,作为合法自卫手段的枪支对其使用数量的要求并不能那么严格,否则,一个国家可以自由地禁止手枪以外的所有武器,因为"手枪是美国人在家中自卫最受欢迎的武器选择"。阿里托大法官根据这不断深入的三层含义,得出电击枪应在第二修正案的保护范围内的结论。那么,该"合法目的"标准是不是可以检验任何一种站在风口浪尖的枪支?

一般来说,现有的枪支可以分为手枪、冲锋枪、步枪、霰弹枪和机枪 5 类。众所周知,手枪的杀伤距离一般在 50 米左右,主要用于自卫,如果以"合法目的"来衡量公民个人持枪的合法性,那几乎所有手枪都可以通过考验,毕竟买手枪以自卫在美国民众看来是再寻常不过的事情了。可另一个事实我们同样不能忽视——由于小巧便利,手枪也是犯罪分子最喜欢的武器,造成的危害也最大,美国历史上多次严重的枪击案就是由手枪造成的。虽说犯罪的是人,并不是枪支,但枪支泛滥的潜在危险的确不容小觑,实行手枪管制是社会公共安全秩序对联邦和地方政府提出的必然要求,而"合法目的"标准无疑会成为任何一种枪支管制的"拦路虎"。再将视角转向冲锋枪、步枪和机枪等进攻性较强的枪支保护问题,对于该类进攻性枪械,赫勒案和麦克唐纳案在确立了保护公民持枪权的规则后,要

① 此处的"合法目的"标准是笔者根据判决原文中的协同意见总结的,并不是阿里托大法官在协同意见中明确提出的。

② 米勒案所确立的"保护的武器种类是那些在当时普遍使用的武器"。

求拥有进攻性枪械的权利诉求也进入各个法院,而法院一般都是以谨慎的态度对相关禁令采取包容性的裁决。如在赫勒案Ⅱ[①]中,联邦地区法院认为,第二修正案所保护的武器仅适用于"用于'一般用途'以及'特别适用于那些遵纪守法的公民为了合法目的而持有武器'……反对持有那些被视为'危险以及非常规'的武器"。[②] 同样,诸如步枪和机枪也面临着相同的命运。2012 年 8 月 9 日,美国联邦第九巡回法院在美国诉亨利(United States v. Henry)案中第一次明确作出判决,支持禁止拥有机枪以及用机枪部件组装机枪的联邦法律。[③] 显而易见,"合法目的"标准没有深入人心,各级法院在卡耶塔诺案之前的实践中从未以该标准反对枪支管制法律。当然,这也在情理中,毕竟对机枪和冲锋枪这些攻击性强、杀伤力大的武器,再有力的"合法目的"也阻挡不了其给社会带来的负面影响,更何况这"合法目的"如何证实本就是见仁见智。实质上,被赋予太多期望的"合法目的"标准和美国联邦最高法院提出的判断理由一样漫无边际,对于应受保护的枪支范围的界定也只是有心无力,而且极易被置若罔闻。因为"合法目的"标准不能拒绝这些五花八门的枪支受到保护,一旦标准确立,那现在的以及未来的枪支管制法律是不是都要面临违宪的危险呢?显然,这样的结果很难让人接受。如此看来,"合法目的"标准并没有优于整体意见的"泛泛之谈",同样不仅不能给枪支保护范围划定楚河汉界,反而可能会引发新一轮的大规模争论。

必须承认,对于受保护的枪支范围,卡耶塔诺案应该是目前为止美国联邦最高法院着重论述的一个案件。即使没有明确列举所应保护的武器种类,但对于个人持枪权中的枪支保护范围,该最高法院的确选择了更宽容的态度,这似乎也在向外界发出信号:不要把新的或不同种类的武器置于公民持有和携带武器的权利之外。不过,美国联邦最高法院看似扩大了第二修正案的保护范围,但扩大的其实并不多。在卡耶塔诺案中,美国联邦最高法院面对的只是一个电击枪,而美国人民面对的多是大量流通

---

① 赫勒案裁决后不久,赫勒又打起了官司,主张第二修正案赋予他拥有半自动进攻性武器的权利,以及载弹量大的弹夹。

② See Heller v. District of Columbia,698 F. Supp. 2d at 184(D. D. C. 2010).

③ 参见江振春、任东来:《比登天还难的控枪路——持枪权与美国宪法第二修正案研究》,中国政法大学出版社 2013 年版,第 303 页。

在平民之中却不为法律所确认保护的枪支,对于这些枪支,很难说美国联邦最高法院给了一个确定的界定标准。退一步来讲,这种不直接给出答案、以模糊的态度就事论事的方式或许正是美国联邦最高法院的智慧之处。对于现实大众争论不休、没有达成共识的政治敏感议题,大法官也是时刻保持对民意的敏感"边走边看",界定清楚带来的更是无休止的政治风波,不如就让美国人民自己去选择,等下一个成熟的时机到来再顺水推舟岂非万全之策。

三、持枪权和自卫权的关系有待澄清

在卡耶塔诺案中,不同于美国联邦最高法院保持一致意见的个人持枪权角度,阿里托大法官的协同意见没有直接立足于持枪权,而是从持枪权背后的自卫权出发,认为上诉人的遭遇很好地说明了持枪权与自卫权之间的联系:自卫权是一项早已确立的美国公民的基本权利,当政府不能保证公民的人身安全时,公民个人拿起手中的枪支以保护自己的生命安全是最正当不过的事情了。虽然在该案中两者殊途同归,无论从持枪权还是其背后的自卫权出发,都可以得出电击枪属于应受保护的枪支范围,但两相对比不禁让人疑惑:时至今日,美国公民不仅在联邦而且在各州都可以依据第二修正案持有和携带枪支,这一行为依据的是自卫权还是持枪权?两者的关系如何?这对枪支保护范围又有什么影响?

要回答这些问题,首先必须明确自卫权和持枪权之间的紧密联系。也正是由于两者相生相伴才导致对枪支范围的界定愈加扑朔迷离。从自卫权的角度来看,持枪权是自卫权的重要表现形式。霍布斯曾说:"自然权利的首要基础就是:每个人都尽可能地保护他的生命。但如果为实现这一目的而采用必要的手段的权利被否定了,那么实现这一目的的权利也就失去了意义。既然人人都有自我保存的权利,那他就有采取足以保存他自己的任何手段和任何行动的权利。"①为了保护自己的人身财产安全,自卫权一直以来都是必不可少的权利。犹如自卫权对人身安全的重要性,持枪权同样如此,若只是强调自卫权如何重要却不确认公民的持枪权,那么不能手握枪支的公民所享有的也不过只是一个自卫权的外壳而已,在面对无论是来自政府还是他人的非法侵害时,手无寸铁的人们除束

① [英]霍布斯:《论公民》,应星、冯克利译,贵州人民出版社2003年版,第7~8页。

手就擒外别无他法,更别说保持美国人的自信和自尊了。因此,要想有效实现自卫权,作为手段的持枪权必须得到相应的保证,这也是阿里托大法官在协同意见中的立论根据。阿里托大法官认为,为了自卫这个合法目的而持枪,只要该枪支不属于被禁止的“危险与非同寻常”的武器之列,就应受第二修正案的保护。如前所述,自卫作为持枪权的合法目的极易扩张,承认持枪权背后的自卫权可能导致全美上下成千上万部枪支管制法律的命运不容乐观。因为从自卫权认定枪支的保护范围看,只要公民持有和携带枪支围绕的是合法自卫这个核心目的,且提供自己需要自卫的理由,那么几乎任何种类的枪支都可以轻易逃过枪支管制法律的约束。不仅如此,法院如果拒绝保护该用以自卫的枪支也会对公民个人的自卫权产生巨大冲击,因为该枪支往往是他们的“最后一根救命稻草”。然而,这也并不意味着持枪权背后的自卫权“神通广大”到涵盖一切枪支。在赫勒案多数意见提出的附加说明中,法院进一步阐明,第二修正案保护的是为个人用途而持有和携带武器的权利,但该权利的范围可受限制,应与传统相一致,根据恰当情形,在占有和使用之争议超出了自卫的核心价值时尤其如此。[①] 进一步来看,自卫的核心价值又该如何判定呢?是否局限于家庭领域呢?在卡耶塔诺案之前,美国联邦最高法院从未确认超过家庭领域的自卫权,不过现在看来似乎已经到达了这样一个领域——持枪的权利不局限于家中,只要是为了自卫这个合法目的。由于阿里托大法官的自卫权根据并没有获得大法官们的多数支持,所以也很难说在接下来的案件中下级法院会援用本案中的结果。质言之,如果要明确说第二修正案所确认的个人持枪权可以超出在家中的自卫,还要等待法院在未来案件中进一步澄清该权利的范围。相应地,对于管制家庭生活领域之外的枪支持有和携带行为的法律是否违宪的问题,也不能单单从自卫权的角度妄下定论。

回到美国联邦最高法院在卡耶塔诺案中持有一致意见的持枪权角度,好像自卫权于持枪权而言又不是那么至关重要,毕竟直接选择持枪权这个分析路径也同样能给予应受保护的枪支范围一个答案。其实,两者有所区别但并不冲突。从持枪权本身来看,公民个人持有和携带枪支的

---

① 参见[美]阿兰·艾德斯、克里斯托弗·N. 梅:《美国宪法个人权利案例与解析》,项焱译,商务印书馆2014年版,第560页。

权利是第二修正案确认的,其早已凝练了美国社会对该权利的历史认同,个人在行使这项宪法权利时根本不需要什么额外的理由。相反,政府如果要对某些枪支进行管理限制,才需要理由。作为不可剥夺的宪法权利,可以说,在美国,持枪权是一项绝对权利,每个美国公民都有权持枪,无论是用于自卫或任何其他合法用途。实际上,从美国社会枪支使用频率和普遍性来看,枪支的三大主要应用是射击运动、狩猎,最后才是自卫。公民个人持枪本身就不一定是为了自卫,持枪权也早已被赋予了更多的象征意义,自卫可以是理由,但不是全部理由。既然如此,持枪以自卫的权利于持枪权而言,只是平添了一个合法目的,持枪权所涵盖的范围远不止于此。据此,美国联邦最高法院的整体意见不涉及持枪权背后的自卫权或许就是想强调:持枪权作为一项公民个人权利受到第二修正案的保护,无论该权利诉求是否基于自卫等合法目的。按照这个逻辑,第二修正案的适用范围也将得到不同的界定。首先,常用枪支一定是不能被立法机关彻底禁止的。在历史的进程中,美国人民选择用枪支强化个人权利,个人持枪成为十分寻常的事情。持枪不仅是为了保卫家园,而且也可以反抗政府,甚至还可以为了持枪而持枪。因此,任何常用枪支都不应被苛求过多的理由以论证其是否属于保护范围。其次,若公民基于合法用途,则自卫持有和携带的枪支当然不能被禁止甚至过度限制。最后,即使法院将某种枪支排除在受保护范围之外,也不会如自卫权那般严重到直接影响公民个人该项权利的享有,因为持枪权的性质既不会完全体现在某种枪支上,也不会由于某种枪支让位于公共利益而影响其权利核心。无疑,不同于承认持枪权背后的自卫权,从持枪权本身出发明显扩大了受保护的枪支范围,也对枪支管制法律提出了更严格的审查标准。卡耶塔诺案中的8位大法官勇敢地迈出了这历史性的一步,对受保护的枪支范围具有重要的指示性意义,然而美中不足的是,判决只字未提相对于持枪权的枪支管制标准。没有一个清晰的审查标准可应对以后类似的法律挑战,枪支保护终究只能停留在现阶段的范围,下级法院也只能静候其变。

德　　国

要求潜在生父检测基因案

查云飞*

案件编号:BVerfG, Urt. v. 19.4.2016 – 1 BvR 3309/13
判决机关:德国联邦宪法法院
判决日期:2016 年 4 月 19 日
关 键 词:一般人格权　基因检测　信息自决权

【事实概要】

本案宪法诉愿人为一名 1950 年出生的非婚生女性,依据其母亲提供的信息,她认定一名 1927 年出生的男子为其生父。该女子出生时,该男子曾在户口登记处帮其登记,却并未承认为其生父。1954 年,该女子以当年法律中规定的"血缘身世认定权"为依据将该男子告上法庭,民事法院参照当时的鉴定意见判决原告败诉。由于 1954 年所采用的鉴定技术较为落后,该女子欲借助后来发展出的基因检测技术再次确认父女关系,遂于 2009 年对男子提出了基因检测的请求,遭其拒绝。

若原告再次提起民事诉讼,则依据《德国民法典》的规定,原告无法将第 1600d 条(法院确认父子关系)作为合适的请求权基础。该条旨在使子女将自己认定的生父转变为法律上的父亲,即该程序最终将产生法律上的父亲—子女关系。[①] 法律将在生母受胎期与之有同居事实的人推定为子女之父,所谓的受胎期为子女出生之日往前回溯第 181 日起至第 300 日。本案中,原告已无法证明该男子与其生母曾在受胎期同居,且不论在此女出生之前该男子是否在备胎期与其生母同居,由于 1954 年的判

* 浙江大学光华法学院讲师,德国明斯特大学法学博士。

① See BVerfG, NZFam 2016, 400 = Jus 2016, 1032 f. = JA 2016, 554.

决生效并存在既判力,该女子在无新事实和证据情况下不得再次以该条为依据提起民事诉讼。相应地,《德国家事事件与非讼事件法》第185条虽然规定了重启程序的可能,法律却要求已经存在一份可单独或者连同其他材料共同认定生父的新鉴定,而本案中该男子拒绝进行基因检测,且正因缺失新鉴定导致无法重启申请程序。此外,原告只想通过鉴定获悉自己生父的身份,并不希望该男子成为其法律意义上的父亲,而《德国民法典》第1600d条的法律后果恰是将其推定为法律上的父亲。

《德国民法典》第1598a条(血缘确认所需基因检测之同意请求权)也无法成为原告的请求权基础。该条为2008年新增订条款,立法起因是2007年德国联邦宪法法院作出的“父子关系秘密检测”判决。在该案中,一名处于未婚同居关系中的男子瞒着伴侣偷偷做了亲子鉴定,发现伴侣所生孩子并非己出,遂诉诸民事法院要求撤销父子关系。由于鉴定为男子偷偷进行,民事法院未采信该证据,原告最终败诉。民事救济途径穷尽之后,该男子以法院判决损害其一般人格权为由提起宪法诉愿。德国联邦宪法法院认为,民事判决在运用和解释当时的《德国民法典》时无可指摘,没有损害诉愿人的一般人格权。但德国联邦宪法法院同时提出,立法中缺少一种通过基因检测确认血缘关系的程序,此种立法不作为可能损害相关权利人的一般人格权。① 按德国联邦宪法法院的要求,立法者于2008年增订了《德国民法典》第1598a条。依据该条规定,父亲、母亲以及子女三方有权互相请求进行基因检测以及容忍检测过程中适当采样,以便确认血缘关系。若被申请人拒绝,家事法院依权利人申请可以下达检测和采样命令。该条虽然赋予了权利人申请基因检测的请求权,但申请对象局限于家庭成员之间,如子女要求父亲这种情形。② 而本案中该女子仅向其家庭范围以外的潜在生父提出鉴定请求,不符合第1598a条的规定。

综上所述,现行《德国民法典》中没有直接的请求权基础,而该女子认为应当对《德国民法典》第1598a条进行合宪性解释,扩大适用于分离

① See BVerfGE 117,202.

② 关于《德国民法典》第1598a条的适用,参见 Wellenhofer, Das neue Gesetz zur Klärung der Vaterschaft unabhängig vom Anfechtungsverfahren, NJW 2008, 1185(1186 ff.); Muscheler, Die Klärung der Vaterschaft, FÜR 2008, 257(258 ff.)。

的、无法律后果的身世澄清程序,民事法院可能适用法律不当,导致诉愿人无法知悉身世从而损害了其一般人格权(《德国基本法》第1条第1款、第2条第1款)。以此为由,该女子直接向德国联邦宪法法院提起了司法侵害型宪法诉愿。

【德国联邦宪法法院裁判】

德国联邦宪法法院对基本权的分析一直沿用三阶层的判断标准,即所涉基本权的保护范围,国家行为对该基本权的限制,以及此种限制在宪法上是否能得以证立。知悉自己身世的权利在《德国基本法》上内含于一般人格权之下,"获悉自己的身世对于人格发展意义重大。作为个体与他人之间的这种关联可能不仅在社会意义上而且在基因意义上,在个人的意识中都占据着关键地位,体现在对其个性和自我定位还包括与他人长期的家庭关系之中。相反,若无法获知自己的身世,对个人而言将产生重大的影响和引发不安"。[①] 在本案中,诉愿人希望适用设置一种分离的、无法律后果的身世澄清程序,目的在于知悉自己的身世,所以属于该项基本权利的保护范围。

由于民事法院没有对现行《德国民法典》第1598a条进行扩大解释,即法院严格适用该条从而否认了分离的、无法律后果的身世澄清程序,作出的判决限制了权利人知悉自己身世的权利。问题在于,此种限制是否在宪法上能够成立,若能够成立,则不构成对诉愿人的权利损害。若立法者在创设《德国民法典》第1598a条时有意排除了分离的、无法律后果的身世澄清程序,则民事法院严格适用该条并无不当,对权利人的限制亦无可指摘。

德国联邦宪法法院强调,知悉自己身世的基本权在防御权的意义上只保护权利人免受国家的侵害,即在国家掌握其身世信息时,有权从国家获知该信息,它并不保障公民从其他私主体处获取身世信息的权利。[②] 虽然经吕特案的发展,德国联邦宪法法院确认基本权除了防御权功能还

① See BVerfG, Urt. v. 19. 4. 2016 – 1 BvR 3309/13, Rn. 35.

② See BVerfG, Jus 2016, 1033.

具备客观价值,对所有国家生活具有辐射效力,①但是,国家只是在公民确实无法在现行法律框架下维护其权利时,才承担辅助性的国家保护义务。② 尤其是关乎私法的立法,立法者更应当谨慎行之。基于此,德国联邦宪法法院虽然一方面肯定知悉自己身世的权利受宪法保护,另一方面强调该种权利并不是绝对的。立法者必须对能够设想到的所有情形下的其他主体的基本权进行充分衡量,在此意义上才享有所谓的立法判断余地。③

那么,请求他人进行基因检测与多少情形相关联,综合各种情形立法者又应当如何衡量?第一种可能是,若被要求检测的对象的确为生父或生母,那么生父母想隐藏该项秘密的利益应当让位于子女要求澄清身世的利益。④ 然而,也存在相反的第二种可能,此时将触及多方主体的基本权。若男子并不是诉愿人的生父,母亲与该男子的关系却被公之于众,两人的私人以及私密领域(Privat-und Intimsphäre)将可能受损,对该领域的保护同样蕴含于一般人格权之下;强迫男子进行鉴定还可能损害他的信息自决权,其很可能并不愿意将自己的基因信息交出;还应当考虑被鉴定男子自己的家庭,若该男子已有家庭,其妻儿都可能因此受到影响,《德国基本法》第6条第1款保障的婚姻生活也可能因此受损。⑤

由于第二种可能涉及的对象较广,各基本权受损后将带来不可修复的后果,德国联邦宪法法院因此认为立法上未规定诉愿人所主张的身世澄清程序是合理的。“未针对推测的生父设置分离的身世澄清程序,而针对法律上的生父进行拟制规定,立法者给出的方案充分考虑了对相关人不利以及因生父情况不明导致消极结果这一不可排除的情形。这样的

① See BVerfGE 7,198;张红:《吕特案》,载张翔主编:《德国宪法案例选释(第1辑)基本权利总论》,法律出版社2012年版,第20~47页。

② See BVerfGE 7,198(205);35,79(114);39,1(41);49,89(140 ff.);53,30(57 ff.);56,54(73 f.);79,174(201 f.);88,203(251);Calliess,in:HGR,Bd. Ⅱ,§ 44 Rn. 964 f.;Schmidt-Aßmann,in:HStR,Bd. Ⅱ,§ 26 Rn. 32;Murswiek,in:Sachs(Hrsg.),GG-Kommentar,Art. 2 Rn. 24;Dreier,in:Dreier(Hrsg.),GG-Kommentar,Vorb. Rn. 101 ff.

③ See BVerfG,Urt. v. 19.4.2016 – 1 BvR 3309/13,Rn. 39 ff. = NZFam 2016,408 m. Anm. Löhnig,Plettenberg und Runge-Rannow.

④ See BVerfG,Urt. v. 19.4.2016 – 1 BvR 3309/13,Rn. 50 f.

⑤ ebd.,Rn. 52 ff.

身世检测一方面并不能给子女带来其所希望的明确结果，另一方面却会给他人的基本权造成不可修复的损害后果。”①所以，德国联邦宪法法院认为，立法者没有规定分离的、无法律后果的身世澄清程序，乃是在其立法判断余地范围内进行了充分的权利衡量，《德国民法典》第1598a条刻意排除了此种程序，民事法院在案件审理过程中严格适用该条并无不妥，对诉愿人一般人格权的限制并未损害其基本权。

【评析】

伴随现代医学、生物学的发展，婚姻家庭法领域出现了大量新型案件，冲击着传统的立法构想。由于这些民事案件牵涉多方主体，且与家庭伦理相关，原有立法并不能应对现实状况，该领域的宪法诉愿并不鲜见。若立法缺失，德国联邦宪法法院很可能超越中立的裁判者转变为立法的推动者，也可能对既有法律规范进行合宪性解释，甚至通过法律续造进行造法。

如前所述，《德国民法典》第1598a条便是由德国联邦宪法法院的“父子关系秘密检测”判决“催促”而生。该案发生在有法律关系的家庭成员——父亲与子女之间，立法者在制定法条时衡量了多方主体之间的权利关系，有意将血缘检测程序申请权限定在家庭范围内，以防止针对任意猜测对象提出检测请求。② 正是基于此，德国联邦宪法法院在本案中再次详细论证了立法者必须进行多方主体权利的衡量义务。本案与2007年父子关系秘密检测案的根本区别在于申请人与被申请人原本并无法律上的父子关系，立法者认为，《德国民法典》第1598a条对家庭外部成员的基本权影响较小，但对家庭之外的潜在生父提出申请将波及较多人的权利。③ 由此可见，德国联邦宪法法院采取了保守立场，但这种立场遭到了学界的批判。

德国法学界曾对2007年的判决欢欣鼓舞，但2008年《德国民法典》第1598a条却并没有给出令其满意的答案，一起一落之后，2016年德国联邦宪法法院作出的本案判决也并无突破。最直接的批评在于，现行法律

---

① ebd. ,Rn. 72.

② See ebd. ,Rn. 15 = JA 2016,554.

③ See BVerfG,Urt. v. 19. 4. 2016 – 1 BvR 3309/13,Rn. 46.

完全没有设置分离的、无法律后果的身世澄清程序,但现实中此种需求大量存在,而且该种程序设置对子女人格发展具有重大意义。德国联邦宪法法院的判决从结果上看,赋予了潜在生父不被确认的权利,[①]子女的一般人格权作出了巨大让步;而且判决论证本身也充满可商榷之处。

德国联邦宪法法院认为,如果仅因为怀疑他人为生父就有权向其提出申请基因检测,这样的立法就罔顾了结果的不确定性,[②]由此造成对他方主体基本权保护的失衡。该观点遭到了多数学者的否定。《德国民法典》第1598a条所允许的家庭成员之间的血缘检测请求权同样面临结果的不确定,也同样可能出现消极的鉴定意见,并限制生母和被申请男子的私人以及私密领域;[③]要求父亲鉴定和采样,也必然限制其信息自决权。[④]与本案相比,因《德国民法典》第1598a条不涉及其他家庭,两者的不同之处仅在于他人的家庭婚姻生活不被影响;然而,也存在被申请人没有组建家庭的可能,若不干涉其他家庭,德国联邦宪法法院的考量就没有立足点。总体而言,德国联邦宪法法院以向非家庭成员之外的他人申请鉴定充满不确定为出发点,进行了不确定的权利衡量,采取了截断式的保守立场。立法者完全可以采取限定式的规定,若存在很大的盖然性或者有足够的理由相信他人为子女的生父时,应当赋予子女提起分离的、无法律后果的血缘检测申请的权利。面对此种折中性的立法呼吁,德国联邦宪法法院有可能在未来作出立场调整,议会也可能直接通过立法解决目前的权利救济困境。

---

① See JA 2016,555.

② See NZFam 2016,408 m. Anm. Löhnig,Plettenberg und Runge-Rannow.

③ 尤其需要考虑1997年的一则判决,德国联邦宪法法院支持孩子有权要求母亲指明生父,孩子的一般人格权较母亲的私人以及私密领域更值得被保护。BVerfGE 96,56.

④ See Heiderhoff, Anspruch des Kindes auf Klärung der genetischen Vaterschaft, NJW 2016,1918(1920);Wellenhofer, Das neue Gesetz zur Klärung der Vaterschaft unabhängig vom Anfechtungsverfahren,NJW 2008,1185(1189).

义务教育在社会融合中的作用：穆斯林少女游泳课案评析

张冬阳*

案件编号：BVerfG, Beschluss der 2. Kammer des Ersten Senats vom 08.11.2016 – 1 BvR 3237/13

判决机关：德国联邦宪法法院

判决日期：2016 年 11 月 8 日

关 键 词：社会融合　义务教育　宗教自由　基本权

【事实概要】

宪法诉愿人是一名女性穆斯林。2011～2012 学年，当时 11 岁的诉愿人于德国黑森州的一个国立文理中学就读五年级。这个中学在第一学期开设了男女混合游泳课。诉愿人以宗教原因为由拒绝参加这门课，由于没有参加游泳课，她的学期期末成绩单“体育”科目只有 6 分（不及格）。在第二学期，诉愿人参加了男女混合体育课，在这门课上她身着长裤长衫且佩戴头巾。该校女学生参加五年级和九年级的男女混合游泳课时普遍穿着一种比基尼的服装，这是一种为了符合穆斯林着装规定而发展出的全身覆盖泳衣。而此名穆斯林少女的父母以全家名义向校长申请免除参加男女混合游泳课的义务，理由是参加男女混合游泳课与穆斯林的着装要求不相符。申请书中还附上了一个穆斯林协会开具的证明文件：作为一名穆斯林信徒，女性有义务将除了脸和手之外的全身（尤其是头部）用衣物覆盖起来。这份证明以《古兰经》、先知和多数信徒的观点为支撑。该中学校长拒绝了这份申请，认为诉愿人完全可以穿着符合穆

* 中国政法大学法学院讲师，德国汉堡大学法学博士。

斯林教义的服装上课。诉愿人提起的行政复议也被地方教育局以缺乏《德国黑森州学校法》第69条第3款第1句所规定的特殊理由而驳回。法兰克福行政法院、黑森州高等行政法院都驳回了诉讼请求。德国联邦行政法院也没有支持其诉讼请求。

诉愿人向德国联邦宪法法院提起宪法诉愿,声称自身依据《德国基本法》所享有的以下基本权利受到侵害:第4条第1款和第2款(宗教自由)和第6条第2款第1句(父母教育权)。诉愿人还认为,《德国黑森州学校法》第69条第4款第1句、第5条第1款第2句第n项、第3条第4款第2句和第3句里所规定的义务教育并不是参加男女混合游泳课义务的充分法律基础。鉴于德国有越来越多的穆斯林信徒以及男女混合游泳课对基本权的侵害强度,参加男女混合游泳课的义务应当由议会立法者来作出决定。德国联邦宪法法院第二庭于2016年11月8日裁定拒绝受理该宪法诉愿。由于缺乏对黑森州高等行政法院和德国联邦行政法院判决理由的充分辩驳,该宪法诉愿是不合法的。

在实践中,父母往往因为自身的宗教原因而请求免除其子女的义务教育课程,特别是穆斯林家庭常以穆斯林教义为由拒绝让少女参加男女混合的游泳课。《德国基本法》第7条第1款要求国家承担教育任务,其中也包含实施义务教育。[①]《德国基本法》第4条第1款和第2款同时又规定了信仰自由、良心自由、世界观自由和宗教活动自由。德国联邦宪法法院在长期司法实践中认为,“《德国基本法》第4条第1款保护的信仰自由包括按照自身信仰进行生活和行为的请求权。与《德国基本法》第6条第2款第1句所赋予的父母教育权相联系可知,《德国基本法》第4条第1款赋予了父母在宗教和世界观上教育孩子的权利。向孩子传递信仰和世界观问题上的信念,同时让其远离并不赞同的观点是父母的职权”。[②] 通过将信仰自由与《德国基本法》第6条第2款的父母教育权相联系,德国联邦宪法法院强化了对信仰自由的保护,这也导致未成年人的宗教自由权、父母教育权与国家实现教育的任务之间产生冲突。基本权利之间的冲突应当借助实践和谐原则来解决,以使每个基本权都能得到最大限度的维护。

---

① 《德国基本法》第7条第1款规定,国家对学校教育体系予以监督。

② BVerfGE 93,1,17.

早在1993年,德国联邦行政法院即允许穆斯林少女不参加男女混合的体育课,并认为学校可以采用男女分开的方式来开展体育课程。[①] 德国联邦行政法院的体育课案造成很多学校的穆斯林少女不再参加体育课,不少穆斯林女性因此遭受运动过少带来的不良影响;开展男女分开的体育课程也给学校师资带来一定的压力。20年之后,德国联邦行政法院改变了这一判例,拒绝豁免穆斯林少女参加男女混合游泳课的义务。[②] 对于德国联邦行政法院来说,除了传授知识,学校还发挥着多元社会的融合功能。如果课程内容按照主张自身宗教信仰的学生来设计,从而排除社会常态,学校的融合功能也会被严重削弱。只有个人宗教信仰在本质上被影响时,才能考虑免除课程。[③] 德国联邦宪法法院的裁定以德国联邦行政法院的判决为基础,对判决理由给予了充分肯定。

【德国联邦宪法法院的裁定】

考虑相似案件在媒体中引发的讨论,德国联邦宪法法院简短地列举了拒绝受理的理由,其主要观点为:首先,父母教育权只能由父母来行使,而不能让孩子通过诉讼担当来主张。其次,宪法诉愿缺乏有说服力的解释,为何穿着比基尼参加男女混合游泳课仍不符合穆斯林的着装要求。最后,宪法诉愿人亦没有充分说明,与男女混合体育课相比,为何游泳课有着特别的基本权关联性。裁定具体内容分述如下。[④]

(一)诉讼资格问题

第一点是诉讼资格问题,提起宪法诉愿的前提是诉愿人能够主张侵害了"自身"的基本权。宪法诉愿人作为一个穆斯林女学生,不可以以自己的名义主张《德国基本法》第6条第2款第1句的父母教育权受损,该基本权在诉讼中只能由父母本人来行使。

(二)权利保护的必要性

德国联邦宪法法院接着论述了本案对宪法诉愿人的权利保护是否仍

---

① See BVerwG, Urt. v. 25.8.1993 – 6 C 8/91, NVwZ 1994, 578.

② See BVerwG, Urt. v. 11.9.2013 – 6 C 25/12, NVwZ 2014, 81.

③ See BVerwG, Urt. v. 11.9.2013 – 6 C 25/12, NVwZ 2014, 81, Rn. 30.

④ See BVerfG, Beschluss der 2. Kammer des Ersten Senats vom 08.11.2016 – 1 BvR 3237/13.

有必要,因为男女混合游泳课事发于2011年,而如今宪法诉愿人已经升入高年级。“当高权行为产生的直接负面影响只限定在某个时段,而在这个时段中按照正常程序无法得到联邦宪法法院决定时,即可认为存在权利保护的必要。因为如果否定这种情形下的权利保护利益,会严重削弱对宪法诉愿人的权利保护。”

具体到本案,宪法诉愿人声称九年级仍开设男女混合游泳体育课,如果她再次因为不参加该门课程而只拿到6学分,会对自己的职业生涯产生不利影响。从五年级到九年级,时间长达4年。在这4年中,宪法诉愿人基于穷尽权利救济的要求①而无法及时获得德国联邦宪法法院的决定。即使争议决定已经终结(Erledigung),宪法诉愿人对于确认其违宪仍然存在利益。因此,德国联邦宪法法院认定本案中宪法诉愿人的权利保护仍然存在必要性。

(三)宪法诉愿理由不充分

然而,德国联邦宪法法院认为,本案中的宪法诉愿申请在理由说明方面不够充分,没有达到《德国联邦宪法法院法》第23条第1款第2句前半句和第92条的要求,因此拒绝受理。② 其论述主要从两方面进行:一方面,宪法诉愿人没有对德国联邦行政法院判决理由作出充分辩驳;另一方面,宪法诉愿人缺乏对相关法律的全面分析。

1. 理由说明的要求

(1)比基尼的穿着

宪法诉愿人在申请中认为,穿着比基尼并不符合穆斯林的着装要求,但宪法诉愿人自己也表示,伊斯兰世界中并没有相应的强制性着装规则,而且黑森州高等行政法院已经查明,比基尼这种泳装的特色就在于其所使用的化纤纺织材料能够有效防止身体在触水后黏附在皮肤上从而露出身体轮廓。对此,宪法诉愿人并没有作出实质性的反驳。另外,令人无法理解的是,为何宪法诉愿人在穿着比基尼时总要担心衣物滑落或者露出身体轮廓。

---

① 《德国联邦宪法法院法》第90条第2款第1句。

② 《德国联邦宪法法院法》第23条第1款第2句规定:“开启诉讼程序的申请必须附具理由;且指明必要的证据。”第92条规定:“宪法诉愿的理由必须说明被侵害了何种基本权,以及诉愿人认为侵害机构或者机关的作为或者不作为。”

（2）看到单薄着装的男性

宪法诉愿人在此前诉讼中主张，根据《古兰经》，11 岁的少女应当避免看到身着单薄泳装的异性。德国联邦行政法院明确指出，“这种信仰要求脱离了社会生活实践，因为即使是在学校之外也会出现穿着裸露的男性。在学校课程参加这个问题上，原告的请求表明其刻意地逃离社会常见现象。这会从根本上否定学校的教育任务。除了传授知识，学校应该在受多元和个人主义影响的社会条件下实现不可或缺的融合功能。在这种情形中，信仰自由必须退居到学校教育任务之后”。[①] 宪法诉愿人在申请中又声称，日常生活中可以避免看到这些穿着单薄的异性，而在男女混合游泳课上几乎不可能。德国联邦宪法法院认为，仅此声称是不够的，宪法诉愿人应当进行更多的说明，特别是对德国联邦行政法院的详细理由进行反驳。

（3）异性的身体接触

宪法诉愿人在此前的诉讼中声称，《古兰经》要求其不得与男性有身体接触，参加男女混合游泳课则会发生与男性学生身体接触的危险。[②] 德国联邦行政法院则认为，“相应的风险可以通过教师审慎的课程开展来预防，而且这名穆斯林少女也可以通过自身的防范来减少此类事件发生的危险，毕竟她在日常生活中也必须面对和处理这种事件”。宪法诉愿人在递交给德国联邦宪法法院的申请书中主张，学校教师有限，不能实现有效预防。德国联邦宪法法院由此认为，宪法诉愿人忽略了德国联邦行政法院的“自身防范”这一论点。

2. 对法律的全面分析

宪法诉愿人还提出，《德国黑森州学校法》第 69 条第 4 款第 1 句、第 5 条第 1 款第 2 句第 n 项、第 3 条第 4 款第 2 句和第 3 句并不能作为必须参加男女混合游泳课的充分法律基础。基于男女混合游泳课对基本权的侵害强度，这一决定应当由议会立法者作出。[③]

---

① BVerwG, Urt. v. 11. 9. 2013 – 6 C 25/12, NVwZ 2014, 81, Rn. 30.

② See VGH Kassel, Urt. v. 28. 9. 2012 – 7 A 1590/12, NVwZ 2013, 159, 161.

③ 《德国黑森州学校法》第 69 条第 4 款第 1 句规定：“学生尤其负有定时参加课程和学校要求的活动、提交必要的文章以及完成家庭作业的义务。”第 5 条第 1 款第 2 句第 n 项规定：“学时安排中，下列课程为必修课程 2. 中学 a. 德语……n. 体育。”第 3 条第 4 款第 2 句和第 3 句规定，学校应当创造条件促进男女平等的实现。原则上女学生和男学生一起上课。

德国联邦宪法法院认为,鉴于该宪法诉愿意欲以法律保留和重要性理论为支撑,但其并未说明下列问题:在现有规定下,为何参加男女混合游泳课义务是一个重要性决定,故应由议会立法者保留。宪法诉愿人也没有充分地说明,与其他的男女混合体育课相比,为何男女混合游泳课具有更加重要的基本权关联性,以至于需要在《德国黑森州学校法》第5条第1款第2句第n项规定的体育课外另设特别规定,因为“体育课穿着服装比日常生活更为单薄,进行体育课团体项目时,男女无意中产生的身体接触会比游泳课高很多”。

最后,德国联邦宪法法院引用《德国联邦宪法法院法》第93d条第1款第3句“宪法诉愿在被拒绝受理时,无须给出理由”的规定,不再对该宪法诉愿存在的论证缺陷进行列举。由于该宪法诉愿在理由说明上存在诸多缺陷,不能满足形式上的受理条件,德国联邦宪法法院遂拒绝受理。

【评析】

本案只是从程序上驳回宪法诉愿,并非终局性的决定(unentschieden)。[①] 它不具有《德国联邦宪法法院法》第31条第1款所规定的实体法律效力和约束力,[②]拒绝受理裁定对原审法院不产生约束力,各专门法院也不受其法律观点的约束。[③] 但是,带有理由的裁定对澄清个别宪法问题能起到帮助作用,实践中也为其他决定所引用。[④] 在本文案例中,德国联邦宪法法院因形式要件不足驳回了宪法诉愿,并没有作出基本权是否受侵害的判断,但本案与宗教自由的实质前提条件紧密相连。为了防止滥用宗教自由权利,德国联邦宪法法院在早前的判例中要求权利主张人必须合理可信地证明自身的宗教信仰。[⑤] 因此,德国联邦宪法法院完全可以从

① See Klaus Schlaich/Stefan Korioth, Das Bundesverfassungsgericht Stellung, Verfahren, EntscheidungenEin Studienbuch, 10. Aufl. 2015, Rn. 268.

② See BVerfGE 23, 191, 207.

③ See Graßhof, in: Maunz/Schmidt-Bleibtreu/Klein/Bethge (Hrsg.), Bundesverfassungs gerichtsgesetz, 49. EL Juli 2016, § 93d Rn. 17.

④ See Klaus Schlaich/Stefan Korioth, Das Bundesverfassungsgericht Stellung, Verfahren, EntscheidungenEin Studienbuch, 10. Aufl. 2015, Rn. 268.

⑤ See BVerfGE 108, 282, 298.

实体上驳回穆斯林少女提起的宪法诉愿。①

从法律技术层面来看,德国联邦宪法法院以联邦行政法院的判决理由为基础,沿袭了联邦宪法法院之前在义务教育豁免上一贯的苛刻态度。② 至于宗教自由权和国家教育权在发生冲突时如何处理这一问题,主要是在德国联邦行政法院判决中得到详细阐释的。德国联邦行政法院认为,信仰自由被国家独立的教育监管权所“稀释”:学校对下一代生活的展开和社会的团结有着重要的意义。鉴于学校教育的重要性,国家为了履行自身职责,应当能够独立于学生和其父母的希望而按照自身构想来决定教育项目,因为如果国家在学校和课程构建上遵从少数人的想法,宪法赋予学校的教育和融合功能就无法得到有效发挥。不同背景的父母所主张的教育权也会形成冲突,直至最终抹杀学校教育。③

虽然国家在开展课程教育上有顾及个别学生行使信仰自由的义务(Pflicht zur Rücksichtnahme),但国家教育任务以及与之关联的公共福祉比起义务教育给父母教育权带来的侵害更值得关注:出于公共利益的要求,必须融合少数群体,防止因宗教或者世界观迥异而产生“平行社会”(Parallelgesellschaft)。融合并不单指多数民众不能隔离持有不同宗教或者世界观的少数群体,而且要求少数群体不能自我隔离,拒绝与异见人士对话。与少数群体的对话对于多元社会来说是一种促进。具体到小学的融合任务上,德国联邦宪法法院认为,小学的一项重要任务就在于练习和实践宽容。一个班集体中存在的多种信仰可以持久地促进学生学会宽容和对话,这也是民主意见形成的基本条件。

具体层面,德国联邦行政法院要求要看是否能从组织或者程序构建上寻求一个双方都能接受的解决方案,以期实现个案的宪法地位衡平且不会造成个别基本权利优先的情况。如果有一方拒绝常见的解决方案而导致冲突无法缓解,那么他就不能再坚持主张自身权利的优先地位,而必须忍受相应的后果。本案中,穆斯林少女穿着比基尼参加男女混合游泳课可以使冲突的宪法地位得到最妥善的衡平,她在拒绝妥协方案时,也就

① See Stefan Muckel, Keine Befreiung muslimischer Schülerinnen vom koedukativen Schwimmunterricht, JA 2017, 236, 238.

② See Friedhelm Hufen, Religionsfreiheit in der Schule, JuS 2013, 666, 667.

③ See BVerwG, Urt. v. 11. 9. 2013 – 6 C 25/12, NVwZ 2014, 81, Rn. 14.

必须承受相应的后果。德国联邦行政法院采用的论证模式虽然存在一定的问题,①但总体上来说是有说服力的。

在一个宗教多元的社会,实施义务教育是极为必要的;否则,国家的教育任务和权限将会被弱化甚至“抽空”。穆斯林少女必须参加游泳课这一结论随后也为欧洲人权法院所肯定。② 虽然强制参加课程干预了宗教自由,但为了促进社会融合、防止发生社会排斥,干预是正当的。

① See Arnd Uhle, Integration durch Schule, NVwZ 2014, 541, 545.

② See EGMR, Urteil vom 10.01.2017 – 29086/12, Rn. 64 ff.

法　　国

《环境法典》立法不作为违反环境公众参与原则

王建学*

案件编号：第 2016 – 595 QPC 号判决①

判决机关：法国宪法法院(Conseil Constitutionnel)②

判决日期：2016 年 11 月 18 日

审查对象：《环境法典》第 L. 541 – 22 条第 1 款(经 2000 年 9 月 18 日第 2000 – 914 号法令编撰)

关 键 词：环境宪章　环境权　公众参与原则　立法不作为

【事实概要】

本案作为宪法案件的基础是法国最高司法法院(刑事庭)于 2016 年 8 月 10 日作出的第 4141 号移送裁定(Décision de renvoi)。巴黎上诉法院第十一庭(管辖轻罪、环境损害、消费者保护等案件)在审理刑事案件的过程中收到当事人所提出的违宪抗辩。违宪抗辩人为阿珀辛(Aprochim)、希密海科(Chimirec)和东希密海科(Chimirec Est)3 家公司,它们主张,《环境法典》第 L. 541 – 7 条、第 L. 541 – 22 条在经 2010 年 12 月 17 日法令编撰以前不符合公众参与原则尤其是《环境宪章》第 1 条、第 2 条和第 7 条的规定,并且立法机关忽视了其立法权限,尤其是违反了法国《宪法》第 34 条和第 37 条的规定。由于受到违宪指摘的这些法律规定适用于本案中的刑事程序,并且在法国宪法法院以往的判决中从

---

* 天津大学法学院教授,法学博士。

① Décision n° 2016 – 595 QPC du 18 novembre 2016 du Conseil Constitutionnel.

② 一般译为"宪法委员会"。——编者注

未受到审查,主审法院认为,当事人提出的合宪性先决问题确实存在,因此,在2016年6月9日裁定暂时中止刑事案件的审理,并将前述合宪性先决问题提交法国最高司法法院,法国最高司法法院认可了对《环境法典》第L.541-22条的抗辩并将其移送至法国宪法法院。法国宪法法院在2016年8月23日收到法国最高司法法院的移送,并于11月18日作出最终裁决。

【系争问题】

本案的系争问题:在《环境法典》第L.541-22条第1款中,立法机关没有规定程序,使公众不能参与确定特定种类废物清除活动实施条件的立法过程,此种规定是否构成立法不作为并损害《环境宪章》第7条所确立的公众参与原则。

【判决概要】

法国宪法法院经审理在2016年11月18日作出裁决,其裁决的主体内容如下:

考虑到宪法;

考虑到经修订的关于《宪法法院组织法》的1958年11月7日第58-1067号法令;

考虑到《环境法典》;

考虑到关于《环境法典》法律部分的2000年9月18日第2000-914号法令;

考虑到授权政府对法律进行简化的2003年7月2日第2003-591号法律;

考虑到关于全国环境承诺的2010年7月12日第2010-788号法律;

考虑到关于自动适用欧盟在废物领域的各种规定的2010年12月17日第2010-1579号法令;

考虑到关于法国宪法法院合宪性先决程序的2010年2月4日条例。

并且考虑到下列各种法律文件:

法国最高行政法院和最高司法法院出庭大律师克莱芒(Clément)和莫诺德(Alain Monod)分别于2016年9月14日和29日为申请人所提交的意见;

巴黎律师公会托尔德兹曼(Emmanuel Tordjman)律师于2016年9月14日和29日为答辩人鲁瓦尔大区所提交的意见;

政府总理于2016年9月14日所提交的意见;

案件档案中的各种文件;

经2016年11月8日公开听取克莱芒和莫诺德作为申请方的陈述、托尔德兹曼作为答辩方的陈述和鲍狄埃(Xavier Pottier)代表总理的陈述;

并听取了报告人的报告。

法国宪法法院认为:

1. 鉴于《环境法典》第L.541－22条经2000年9月18日法令编撰,并经2003年7月2日法律第31条批准后,规定:"对于第L.541－7条所规定并以命令所细化的特定种类的废物,主管机关在全国或部分地方范围内依据第L.541－2条的规定确定清除活动的条件。""此类废物只能在特定设备中进行处理,并且其设备的开发者必须持有主管机关的批准文书。在前述规定的命令所确定的生效日期起没有获得批准文书的既存清除设备,不得用于从事清除处理活动。"

2. 申请人公司认为,立法机关没有规定任何程序,从而使任何人都无法参与确定特定种类废物清除活动的实施条件的制定过程,因此,立法机关已经忽视了其立法资格,违反了《环境宪章》保护的公众参与原则。

3. 因此,对《环境法典》第L.541－22条第1款提出违宪抗辩。

——关于实体内容

4. 根据法国《宪法》第61－1条第1款的规定,"在普通诉讼程序中,若认为法律规定对宪法所保障的权利与自由构成侵害,可经最高行政法院和法国最高司法法院向宪法法院层转违宪审查申请,由宪法法院在确定期限内予以裁决"。立法机关忽视其自身的权限和资格[①]只有获得一个合宪性先决问题的支撑时,才能得到宪法法院的援引,因为此时的立法不作为本身会影响到宪法所保障的权利或自由。

5. 根据《环境宪章》第7条的规定,"在法律规定的条件和限制下,每一个人都有权获得由公权机关掌握的与环境相关的信息,并参加会对环境产生影响的公共决定的制定"。前述规定属于宪法所保障的诸多权利

① 立法不作为。——译者注

和自由之列。《环境宪章》自其生效之后,对立法机关规定了一项立法的义务,也给行政机关规定了在法律框架内作出行政决定的义务,从而使它们尊重宪章所宣告的原则,决定宪章条款获得实施的方式。

6. 首先,根据系争法律的规定,由生产者和存储者对特定种类废物进行清除活动的条件由条例加以确定。根据《环境法典》第 L. 541 – 7 条的规定(经 2000 年 9 月 18 日法令编撰后),此类废物或者在其本身的物化状态中或者在其清除过程中可能导致环境损害。2000 年 9 月 18 日,法令在实施《环境法典》第 L. 541 – 22 条的过程中规定,此类废物的清除活动包括收集、运输、存储、分拣和处理。因此,《环境法典》第 L. 541 – 22 条第 1 款规定的条例通过确定此类活动的条件,构成了《环境宪章》第 7 条意义上的环境相关的公共决定。

7. 其次,一方面,《环境宪章》在 2005 年 3 月 3 日生效前,系争法律规定没有侵害宪法所保障的任何权利或自由。

8. 另一方面,在《环境宪章》生效后和前述 2010 年 7 月 12 日法律生效前,关于《环境法典》第 L. 541 – 22 条第 1 款规定的公共决定之作出,没有任何法律条文规定其实施中的公众参与。因此,立法机关由于没有建立此类机制而在此期间违反了《环境宪章》第 7 条的规定。

9. 最后,2010 年 7 月 12 日的法律在《环境法典》第 L. 120 – 1 条中增加了一个规定,其中界定了,对于国家以及其他公法人制定对环境有直接和间接影响的规则时,《环境宪章》第 7 条规定的公众参与原则得到实施的条件和限制。根据该条规定,基于具体情况的差别,或者通过将决定草案以电子方式公布于网络从而使公众可以提出意见,或者通过将决定草案公布于一个由各种相关者组成的咨询机构从而征询其意见。在 2010 年 7 月 13 日前述法律生效后,前述规定已经终止了之前的违宪状态。自此日期起,系争法律规定并没有侵害宪法所保障的任何权利或自由。

10. 据此应当宣告《环境法典》第 L. 541 – 22 条第 1 款之规定在 2005 年 3 月 3 日以前符合宪法,在此日期之后直至 2010 年 7 月 13 日以前违反宪法,自 2010 年 7 月 14 日起并且直到前述 2010 年 12 月 17 日法令新的编撰起,符合宪法。

——关于违宪宣告的效力

11. 根据法国《宪法》第 62 条第 2 款的规定,“基于第 61 – 1 条宣告为违宪之规定,自法国宪法法院判决作出起废止,或自该判决确定的未来日期起废止。法国宪法法院确定此类规定之效力可受挑战的条件和范围”。原则上,违宪宣告应当有利于合宪性先决问题的提出人,而宣告违宪的法律规定不得适用于法国宪法法院判决作出之日仍在进行中的诉讼案件。然而,法国《宪法》第 62 条的规定对此原则有所保留,法国宪法法院有权确定废止的日期、判决生效的日期及其生效的方式。

12. 在本案中,不必提出系争法律规定的违宪宣告的效力方式,因此本判决自作出之日起开始生效。在此之后,本判决可以在任何案件中得到援引。

法国宪法法院裁决如下:

第 1 条　《环境法典》第 L. 541 – 22 条第 1 款(经 2000 年 9 月 18 日第 2000 – 914 号法令对法律部分的编撰),在 2005 年 3 月 3 日以前符合宪法。

第 2 条　《环境法典》第 L. 541 – 22 条第 1 款(经 2000 年 9 月 18 日第 2000 – 914 号法令对法律部分的编撰),在 2005 年 3 月 3 日起直至 2010 年 7 月 13 日处于违宪状态。

第 3 条　《环境法典》第 L. 541 – 22 条第 1 款(经 2000 年 9 月 18 日第 2000 – 914 号法令对法律部分的编撰),已经不再具有效力,因此,自 2010 年 7 月 14 日起符合宪法。

第 4 条　前述第 2 条的违宪宣告按照本判决第 12 项所规定的方式发生效力。

第 5 条　本裁决应刊登于法兰西共和国官报并按照 1958 年 11 月 7 日法令第 23 – 11 条之规定予以公告。

本判决由法国宪法法院 2016 年 11 月 17 日庭审作出,参加庭审的有:法比尤斯主席(M. Laurent Fabius)、马洛里女士(Mmes Claire Bazy Malaurie)、贝卢贝先生(Nicole Belloubet)、沙拉斯女士(Michel Charasse)、耶斯特先生(Jean-Jacques Hyest)、若斯潘先生(Lionel Jospin)、吕坎斯女士(Mme Corinne Luquiens)和皮诺先生(M. Michel Pinault)。

2016 年 11 月 18 日公布。

【评析】

一、特定种类废物的处置与回收制度

法国关于废物处置与回收的立法开始于 20 世纪 70 年代中期,最早一项是1975年7月15日第75－633号关于废物清除与物质回收的法律。随着法国环境法的法典化,这些相关法律的内容逐渐经编撰收入《环境法典》第L.541－1～L.541－50条。这些内容由前述2000年9月18日的法令予以实施。前述立法的部分内容确保了欧盟相关指令与法国国内法的对接,特别是今天经常提到的2008年11月19日第2008/98/CE号指令。之所以对废物清除和物质回收进行立法规制,是因为垃圾处理具有环境损害的风险,尤其是本案所涉及的特定种类的危险性废弃物,对自然环境和生活环境具有较大威胁,如果不建立完善有效的规制手段,人体健康和生态环境就会成为牺牲品。

因此,特定种类的工业废弃物在法国法上必须采取特殊的处置与回收技术,其处置与回收的整个过程也必须严格遵循特殊的规制要求。本案的三个违宪抗辩人均是从事废物处置与回收的公司,其行为属于受规制的对象。其中,阿珀辛(Aprochim)公司创立于1988年,专门收集和处理含PCB[①]物质的电子变压器,其母公司希密海科(Chimirec)集团创立于1957年,是一个从事废弃物(含危险废弃物和日常废弃物)收集与处理的家族企业。阿珀辛公司位于法国马延(Mayenne)省的格雷兹·恩布埃(Grez-en-Bouère)市,在设立之初,即有环保者对其厂址提出质疑和担忧。2003年,该公司的前合作者曾指责公司在控制方面弄虚作假,2012年巴黎方面启动对该公司的司法调查。

本案所涉及的废物是由命令所详细规定的,其中涵盖了欧盟指令的废物清单,尤其是含有石棉、砷、铜、铅或PCB的物质。对于此类废物,法律设置了两个系列的特殊规则。第一,生产、出口、进口、出售或清除此类物质的企业,必须向主管机关承担信息报告义务(obligation d'information)。

---

① PCB是英文"polychlorinated biphenyl"的简称,中文名称为"多氯联苯",是许多含氯数不同的联苯含氯化合物的统称。其耐热性及电绝缘性能良好,化学性质稳定,常用作加热或冷却时的热载体、电容器及变压器内的绝缘液体,还可作为树脂、橡胶、结合剂、涂料、复写纸、陶釉、防火剂、农药延效剂、染料分散剂等多种工业产品的添加剂,20世纪30年代以来由美国孟山都公司大量生产并广泛应用于工业,但该物质属于致癌物质,容易累积在脂肪组织中,造成脑部、皮肤及内脏的疾病,并影响神经、生殖及免疫系统。法国在1987年禁止生产含有此类物质的设备;同时,根据欧盟1996年9月16日第96/59/CE号指令,法国必须最迟在2010年12月31日以前清除和净化含量超过500ppm多氯联苯的所有设备。原告阿珀辛公司正是在此背景下创立的。

由此保证,主管机关能够监督和控制此类特殊废物被无害清除的条件。《环境法典》第 L. 541 – 7 条在经编撰生效后直至 2010 年,一直规定此类企业“必须向主管机关报告关于此类物质的来源、性质、种类、数量、目的地和清除方式的信息”。如果违反此项报告义务,可能受到《环境法典》第 L. 541 – 46 条规定的刑事处罚。第二,只有取得主管机关同意的设备或装置才能从事此类废物的清除。在本案中,受违宪指摘的《环境法典》第 L. 541 – 22 条即作了如此规定。PCB 被纳入此类物质是政府命令所作的决定。其实在欧盟法中,PCB 物质同样属于危险废物。因此,任何人若持有含 PCB 成分的废物,必须使此类废物由法国主管机关或欧盟成员国主管机关批准的设备或装置进行清除和回收,而违反《环境法典》第 L. 541 – 22 条所规定的条件,也可能招致 75,000 欧元以下的罚金或两年以内的监禁。

2013 年 12 月 18 日,违宪抗辩人阿珀辛、希密海科和东希密海科公司及其若干管理人员和普通雇员在巴黎轻罪法院受到刑事指控,即被指控违反了《环境法典》关于危险废物的规定,主要是在 2000 ~ 2006 年以非法方式清除含有 PCB 成分的油类废物。此类行为违反了前述《环境法典》第 L. 541 – 46 条第 8 项的规定。3 家公司后来将巴黎轻罪法院的有罪判决上诉至巴黎上诉法院,并在上诉审期间提出了《环境法典》第 L. 541 – 7 条、第 L. 541 – 22 条的违宪抗辩。巴黎上诉法院据此在 2016 年 6 月 9 日将违宪抗辩提交法国最高司法法院。法国最高司法法院驳回了违宪抗辩人对《环境法典》第 L. 541 – 7 条的抗辩,但认可了其对第 L. 541 – 22 条的抗辩,因此,《环境法典》第 L. 541 – 22 条的合宪性问题被提交法国宪法法院进行审理。

二、宪法判例中的环境参与原则与环境参与权

《环境宪章》第 7 条规定:“在法律规定的条件和限制下,每个人都有权获得由公权机关掌握的与环境相关的信息,并参加会对环境产生影响的公共决定的制定。”就其基本规定而言,其中的环境权主要包括两类:一是知情权,即获得环境相关信息的权利;二是环境参与权,即参与制定环境公共决定。当然,这两项权利的实现受到法律保留的限制,即“在法律规定的条件和限制下”。对于此种环境公众参与原则和环境参与权,法国宪法法院已经在多项判例中加以阐释和发展。

在2011年10月14日的判决中,法国宪法法院确认了《环境宪章》第7条属于宪法所保障的权利和自由之列,该条要求立法机关和行政机关确定该原则和原则得以实现的方式;同时,法国宪法法院对相关法律和命令的公开范围进行了审查,认为其没有实现环境公众参与原则的要求。[①] 此后,法国宪法法院基于《环境宪章》第7条进行了多次审查,并细化和发展了该条的内涵。在2012年7月27日的判决中,法国宪法法院认为,环境公众参与原则不仅适用于条例性决定,也适用于具体性或个别性决定。[②] 在2012年7月27日的另一项判决中,法国宪法法院认为,《环境宪章》第7条不仅适用于对环境具有消极影响的决定,也适用于对环境具有积极影响的决定。[③] 在2012年11月23日的判决中,法国宪法法院将环境公众参与原则的适用范围扩展至"对环境具有直接(directe)和重要(significative)影响的非条例性决定"。[④] 此判决导致《环境法典》第L.120－1条被2012年12月27日第2012－460号法律所修正,以便符合宪法判例的要求。在2012年11月23日的一项判决中,法国宪法法院提出《环境宪章》第7条的规定适用于其生效(2015年3月3日)前已经存在的法律。[⑤] 在2014年5月23日的判决中,法国宪法法院审查了旨在禁止或限制水电设施而对水流进行分类的法律规定,认为系争法律自2006年12月30日第2006－1772号法律施行以来即构成违宪,但自2013年1月1日开始不再违宪,因为自2013年1月1日起《环境法典》第L.120－1条经重新编撰后终止了违宪状态。[⑥]

从总体上来看,《环境宪章》第7条是宪章所有条文中适用频率最高的。据笔者统计,截至2017年6月1日,法国宪法法院援引《环境宪章》的判决共32项,其中有29项适用宪法审查程序。在这29项宪法审查案件中,《环境宪章》第7条的适用达到17次之多。

---

① See Décision n° 2011－183/184 QPC du 14 octobre 2011.

② Décision n°2012－269 QPC du 27 juillet 2012.

③ Décision n°2012－270 QPC du 27 juillet 2012.

④ Décision n°2012－282 QPC du 23 novembre 2012.

⑤ Décision n°2012－283 QPC du 23 novembre 2012.

⑥ Décision n°2014－396 QPC du 23 mai 2014.

三、本案中的问题

(一)《环境宪章》第 7 条在本案中的适用空间

根据法国宪法法院的以往判例,在决定审查《环境法典》第 L. 541 - 22 条的合宪性之前,必须先判断该条的特定种类废物的清除活动的条件之确定,是否对环境构成"直接和重要的影响"。从本案的情形来看,对该问题的答案是肯定无疑的。一方面,按照《环境法典》第 L. 541 - 7 条的规定,相关废物"就其本身的属性或者其清除活动会造成环境损害";另一方面,按照《环境法典》第 L. 541 - 2 条的规定,清除义务对产生或保存废物的任何人构成影响,"其本身的属性会对土壤、植物和动物产生有害效果,损害特定地点或景观,污染空气或水,产生声音或气味,并以一般方式对人体健康和环境带来损害"。

本案答辩人鲁瓦尔大区强调,《环境法典》第 L. 541 - 22 条规定的公共决定将会对环境产生保护性效果,因为其旨在避免对环境产生前述损害,但《环境宪章》第 7 条只是一般性地表述为"会对环境产生影响的公共决定",而没有指明其影响为积极抑或消极,而且如法国宪法法院既有判例所确定的那样,即使是对环境具有保护性影响的公共决定,其作出也必须适用公众参与原则。因此,本案当然属于《环境宪章》第 7 条的审查范围。

(二)违宪与否的实体认定

法国宪法法院强调,《环境宪章》第 7 条所保障的环境权属于宪法所保障的权利与自由的范围,且自《环境宪章》于 2005 年 3 月 3 日生效时开始适用。据此,立法机关在《环境宪章》生效后有义务确定此类权利得到适用的"条件和限制"。由此,可以得到两个判断,即《环境宪章》生效前的合宪状态以及《环境宪章》生效后的违宪状态。根据前述第 2012 - 283 QPC 号判决,系争法律存在于《环境宪章》生效以前并不构成一个有效的答辩理由,因此系争法律没有设置环境参与的条件肯定会在《环境宪章》生效后构成违宪状态。而在 2010 年 7 月 12 日的法律通过以后,由于在《环境法典》中加入了公众参与原则得到实现的条件和限制,之前的违宪状态也就得到了纠正。这种分时段来进行违宪与否认定的方法,法国宪法法院在前述的第 2014 - 396 QPC 号判决中也已经使用过。

因此,法国宪法法院最终将违宪与否的判断区分为 3 个时间段。从某种程度上讲,本案并没有提出新的宪法原则或开创新的判断方法,只是对以往判决方法的一种综合运用。

(三)违宪认定的效力

法国宪法法院在前述第11个和第12个鉴于中确定了违宪认定的生效方式。尤其是在第12个鉴于中提出,“在本案中,不必提出系争法律规定的违宪宣告的效力方式,因此本判决自作出之日起开始生效。在此之后,本判决可以在任何案件中得到援引”。事实上,这是法国宪法法院首次就《环境宪章》第7条的立法不作为认定适用此种生效方式,在此前以QPC程序依据《环境宪章》进行审查时从未如此运用。

反恐与通信自由保障*

王　蔚**

案件编号:2016－611 号 QPC 号判决

判决机关:法国宪法委员会(Conseil Constitutionnel)

判决日期:2017 年 2 月 10 日

审查对象:《刑法典》第 L. 421－2－5－2 条(2016 年 6 月 3 日第 2016－731 号法律编撰)

关 键 词:反恐　通信自由权　宪法审查

【事实概要】

近年来,恐怖袭击在法国频频发生:从 2015 年 1 月“查理周刊恐怖袭击”到“巴黎恐怖袭击”和“尼斯恐怖袭击”,时任总统奥朗德被迫多次延长全国紧急状态,但依然无法有效遏制这种以无辜民众为攻击目标且带有“内生”性质的恐怖活动。查理周刊恐怖袭击案后,法国政府及议员便推动了若干重要反恐议案出台,意在构建综合、立体的反恐法律体系,2016 年 6 月 3 日,第 2016－731 号《关于加强打击有组织犯罪及其资助、优化刑事诉讼效率及保障的法律》(以下简称《反恐法》)便是最重要的立法成果。此次宪法审查的对象是《反恐法》新设的一项罪名——“经常浏览恐怖主义网站罪”。

---

* 本文系国家社科基金青年项目“法国宪法监督的实效化路径研究”(项目编号:14CFX060)阶段性成果,受“中国政法大学第五批青年教师学术创新团队资助”(项目编号:18CXTD10),受“中央高校基本科研业务费专项资金”资助。本文主体部分基于法国宪法委员会官网刊登的官方判决和学理评析编译而成,载 www. conseil-constitutionnel. fr/decision/2017/2016611qpc. htm,最后访问日期:2022 年 1 月 5 日。

** 中国政法大学法学院教授,法国埃克斯 · 马赛大学公法学博士。

《反恐法》在法国《刑法典》中增设了第 L. 421 - 2 - 5 - 2 条,规定:"经常在公共在线平台进行浏览,如果该公共在线平台发布直接煽动实施恐怖活动的信息、图像或表演,或者以宣扬恐怖活动为目的、发布实施故意伤害他人生命行为的信息、图像或表演,则将对浏览者处 2 年监禁刑及 30,000 欧元罚金。但因通知公众的正常履职需要,或者科学研究,或者作为司法证据而善意实施的浏览行为则不在处罚之列。"(第 L. 421 - 2 - 5 - 2 条)

2016 年 11 月 26 日,达维先生(David P.)就该条规定是否符合宪法所保障的权利及自由提起合宪性问题优先审查之诉(QPC),法国最高司法法院于 2016 年 11 月 29 日作出判决(第 5797 号判决),判定于 2016 年 12 月 7 日将本案移送宪法委员会进行宪法审查。

【系争问题】

本案的系争问题:根据《反恐法》的规定,经常在公共在线平台进行浏览,如果该公共在线平台发布直接煽动实施恐怖活动的信息、图像或表演,或者以宣扬恐怖活动为目的,发布实施故意伤害他人生命行为的信息、图像或表演,则将对浏览者科处 2 年监禁刑及 30,000 欧元罚金。这个条款是否违反法国宪法对思想和意见自由的保障?

【判决概要】①

法国宪法委员会经审理在 2017 年 2 月 10 日作出裁决,其裁决的主要内容如下:

1. 法国《刑法典》第 421 - 2 - 5 - 2 条(源于 2016 年 6 月 3 日法律的修改)规定:"经常在公共在线平台进行浏览,如果该公共在线平台发布直接煽动实施恐怖活动的信息、图像或表演,或者以宣扬恐怖活动为目的、发布实施故意伤害他人生命行为的信息、图像或表演,则将对浏览者处 2 年监禁刑及 30,000 欧元罚金。但因通知公众的正常履职需要,或者科学研究,或者作为司法证据而善意实施的浏览行为不在处罚之列。"

2. 申请人认为,系争条款否认了通信和意见自由,因为本条规定仅禁

① 载法国宪法委员会官网,www. conseil-constitutionnel. fr/decision/2017/2016611qpc. htm。

止在公共在线平台进行日常浏览，而未同时规定要有证据证明该行为人具有违法的意图。系争条款同样违反了罪刑法定原则，且因使用的措辞模糊而违反了法律可接受、可理解的宪法价值目标。此外，平等原则亦在两个层面受到了侵害：一方面，法律仅允许某些人因其职业而有权获得有关内容；另一方面，法律仅惩治通过上网查阅煽动实施恐怖活动相关内容的行为，而未能惩治通过其他媒介实施的类似行为。最后，系争条款还违反了无罪推定原则，因为被指控查阅相关内容的行为人被推定将实施恐怖主义的行为。

3. 参与诉讼的当事人基于相同理由认为系争条款侵害了通信和意见自由，违反了罪刑法定原则。

4. 根据1789年《人权宣言》第11条的规定，思想和意见的自由交流是人类最宝贵的权利之一：任何公民都有言论、著述以及出版的自由，但在法律规定的情况下，需对滥用此自由的行为负责。鉴于通信方式的现实状况，考虑公共在线咨询服务的广泛发展，以及这些服务对民主生活参与以及思想意见表达的重要作用，该权利包含了获取这些服务的自由。

5. 根据法国《宪法》第34条的规定，“法律规定有关下列事项的法则……公民权利和公民行使公共自由的基本保障”。根据该条款，立法者可以颁布在本质上能够协调以下目的的法律：宪法价值中以追求保障公共秩序及预防犯罪为目的而打击通过线上服务教唆和煽动恐怖主义的行为，保障通信自由权、言论、写作及出版的自由。但表达和通信自由更重要，因为这是民主的条件，也是保护其他权利和自由的一项保障。损及表达与通信自由的，应对实现所追求的目标确有必要、适当且合乎比例原则。

6. 系争条款：经常在公共在线平台进行浏览，如果该公共在线平台发布直接煽动实施恐怖活动的信息、图像或表演，或者以宣扬恐怖活动为目的，发布实施故意伤害他人生命行为的信息、图像或表演，则将对浏览者科处2年监禁刑及30,000欧元罚金。该条款的目的是防止个人被灌输实施前述行为的思想。

7. 除法国《刑法典》第421-2-5-2条以及法国《刑事诉讼法典》专门为预防恐怖活动行为而设置的特别规定外，立法涵盖了所有的刑事犯罪。

8. 因此，法国《刑法典》第421-2-1条禁止参与为准备实施恐怖行为而成立的组织或同谋。法国《刑法典》第421－2－4条禁止通过邀约、允诺、捐赠、威胁、施压等方式使人参加法国《刑法典》第421－2－1条所规定的恐怖主义组织或同谋,或者实施恐怖行为。法国《刑法典》第421－2－5条禁止直接煽动实施恐怖行为或者公开宣扬此种行为。最后,法国《刑法典》第421－2－6条禁止为实施恐怖活动而进行准备的行为,如果该准备活动与采取恐吓或恐怖手段意图严重扰乱公共秩序的个人行为存在有意的联系,如持有、寻找、获得或者制造能够对他人造成危险的物品或者物质,或者经常浏览直接煽动或者宣扬实施恐怖活动的一个或多个公共在线交流服务平台。

9.在这些犯罪的调查程序中,司法官和调查人员均拥有广泛的权力,包括可以通过电信进行通话截取、收集链接的技术数据、录音、拍照或截取信息数据等方式进行调查。此外,除法国《刑法典》第421－2－5条所惩治的行为外,拘留及搜查的特殊程序条款亦可适用。

10.另外,立法者同样授予行政机关诸多权力以预防恐怖主义行为。

11.因此,根据法国《国内安全法典》第L.811－3条第4款的规定,专门的情报机构可以采用法国《国内安全法典》第Ⅴ编至第Ⅷ编所规定的技术手段收集预防恐怖主义的信息。这些专门的情报机构还可以获取链接数据,进行安全窃听,对建筑物及车辆进行录音,进行拍照和信息数据截取。

12.根据前述2004年6月21日法律第6－1条的规定,如果为打击法国《刑法典》第421－2－5条所规定的煽动或公开宣扬恐怖主义行为的必要,行政机关有权要求任何公共在线通信平台的编辑或主管删除违反此条规定的内容。根据法国《刑事诉讼法典》第706－23条的规定,如果法国《刑法典》第421－2－5条所规定的行为将造成明显违法的混乱,则"紧急审"法官也可判定终止公共在线通信平台的运营。法国《刑法典》第425－2－5－1条同样禁止在知晓案由的情况下,故意摘录、复制和传播公开宣扬恐怖主义或者直接煽动实施恐怖活动数据的行为,以阻扰前述程序的实施效率。

13.因此,考虑损及通信自由的必要性要求,除系争条款外,行政机关和司法机关还享有诸多权力。这些权力不仅是为了监管煽动或宣扬恐怖主义的公共在线通信平台及惩罚始作俑者,也是为了监管使用这些服务的个人。如果这一浏览行为伴有恐怖主义动机,则在计划付诸实施前将对行为人予以逮捕并科以刑罚。

14. 关于侵害通信自由所需的必要且合乎比例的要求,系争条款并不要求经常查询相关公共在线服务的个人有实施恐怖活动的故意,也未要求证明查询之余查询者认同这些服务平台的意识形态。因此,无论查询者出于何种动机,只要查询行为不属于因通知公众的正常履职需要,或者科学研究,或者作为司法证据,则根据前述条款均应对查询者科处 2 年的监禁刑。

15. 如果立法者对“善意”的查询行为作去刑罚化处理,但议会的立法文件等资料并不能确定立法者拟进行这一豁免的范围,而正如此前所重申的,议会的立法文件也并不要求犯罪行为的实施者具有实施恐怖主义活动的意图。因此,对于在某些公共在线平台查询行为的合法性问题,系争条款具有不确定性,为收集信息而进行的互联网操作亦具有不确定性。

16. 据此可以认为,系争条款对通信自由的侵害不符合必要、恰当及合乎比例的要求。因此,法国《刑法典》第 421 – 2 – 5 – 2 条违宪,而无须论及其他申请事由。

17. 根据法国《宪法》第 62 条第 2 款的规定,“依本法第 61 – 1 条被宣布违宪的条款,自宪法委员会裁决公布之日或者自宪法委员会裁决确定的其他日期起废止。宪法委员会确定对该条款所产生效力进行重新起诉的条件和界限”。原则上,对提出合宪性先决问题之诉的申请人有利的违宪裁决以及被宣告违宪的条款自宪法委员会裁决公布之日起不得适用于正在进行中的诉讼。但是法国《宪法》第 62 条给宪法委员会保留了一项权力,即允许宪法委员会确定法律废止的日期,以使裁决延迟生效,并在裁决生效前确定对该条款所产生效力进行重新起诉的条件与界限。

18. 在本案中,无正当理由让违宪裁决延迟生效。因此,本裁决自公布之日起生效。

宪法委员会判定:

第 1 条:法国《刑法典》第 421 – 2 – 5 – 2 条(源于 2016 年 6 月 3 日《反恐法》的修改)违宪。

第 2 条:第 1 条的违宪宣告依本判决第 18 段所列的条件生效。

【评析】[1]

一、争议条款的立法进程

在《反恐法》生效前,法国高层决策者曾多次希望在预防恐怖主义活动上设定更具强制力及前瞻性的法律机制,经常浏览恐怖主义网站的罪名在多个法律草案及建议案中亦均有提及,仅因法律外的原因而未获通过。

(一)《关于强化预防和打击恐怖主义的法律草案》(le projet de loi renforçant la prévention et la répression du terrorisme)

2012年4月11日,法国国民议会在《关于强化预防和打击恐怖主义的法律草案》中首次提出设立“经常浏览恐怖主义网站罪”。具体而言,草案建议在法国《刑法典》中加入第421-2-6条,规定如下:

“经常浏览公共在线通信平台,如果该通信平台发布直接煽动恐怖主义行为或者宣扬这些行为的信息,且基于该目的的信息包含有故意伤害他人生命的恐怖主义行为,则将科处2年监禁刑及30,000欧元罚金。但因通知公众的正常履职需要,或者科学研究,或者作为司法证据而实施的浏览行为不在处罚之列。”

该草案的理由书指出,该条款旨在弥补现有法国《刑法典》的空白,强化打击潜在的极端主义者。“(依法国现行法)无正当理由,经常浏览煽动恐怖主义或者宣扬恐怖主义信息的网站并不构成任何犯罪,但事实上,该行为表明浏览者有转变为积极恐怖主义者的风险。”[2]

最高行政法院咨询庭(formation consultative)对该法律草案提出了反对的咨询意见,主要的反对论据如下。

首先,“这些条款在我们的立法中没有真正的先例,在欧盟其他成员国也未有类似立法,仅因浏览煽动恐怖主义的信息便处以剥夺人身自由的刑事处罚,而所涉当事人并未实施或者企图实施任何可以推定他已经

---

① 评析部分的材料整理自宪法委员会官方网站刊登的评述(Commentaire),载http://www.conseil-constitutionnel.fr/conseil-constitutionnel/root/bank/download/2016611QPC2016 611qpc_ccc.pdf。

② Projet de loi renforçant la prévention et la répression du terrorisme, Étude d'impact, p.19.

或者即将被煽动实施恐怖主义行为”。因此,最高行政法院认为,该条款侵害了通信自由。这也是法国宪法委员会以及欧洲人权法院一直特别关注及保障的自由,故该条款即便通过也会马上面临合宪性审查以及合公约性的审查。

其次,最高行政法院认为,创设这一新的罪名并无必要,也不符合比例原则的要求。“创设这一新的罪名并不会给司法官及司法警察新的手段(……以预防)因‘自发极端主义(auto-radicalisation)’而导致的严重损及人身及财产的行为。事实上,只要存在一定的嫌疑表明某人正在准备实施恐怖行为,如电子通信的内容或者对象,则(司法官和司法警察)便可在预先调查、现行犯侦查或者预审程序中采用一些举措,如拦截或截取信息内容,或者恢复其历史内容。”此外,行政警察对可疑的恐怖主义者也拥有多样的监控措施。

再次,最高行政法院还认为,法国《刑法典》已设有多个类似罪名,尤其是法国《刑法典》第 421 -2 -1 条所规定的恐怖分子结社罪,允许提前逮捕准备实施恐怖活动的个人,而无须等到行动方案付诸实施。

最后,最高行政法院指出,禁止访问恐怖主义网站,事实上并不能完全阻止公民通过其他渠道了解相关信息。除互联网外,传播恐怖主义信息还有许多其他途径,不少途径甚至更为直接和敏感。

综上所述,最高行政法院认为,“无论如何,新设的罪名在本质上无法达致政府所追求的目的,即阻止可能因收到恐怖主义信息而诱发的极端行为”。① 但政府并未接受最高行政法院的咨询意见,而坚持将这一条款列入法律草案,并移送议会审查,但因草案提交后议会任期届满,故本草案并未提交议会审读和讨论。

(二)《关于强化反恐效率的法律建议案》(la proposition de loi tendant à renforcer l’efficacité de la lutte antiterroriste)

2015 年 12 月 17 日,《关于强化反恐效率的法律建议案》再次将经常浏览恐怖主义网站的罪名纳入其中,并提交参议院审查。与 2012 年的法律草案类似,该法律建议案尝试在法国《刑法典》中加入 1 条,规定如下:

“经常在公共在线平台进行浏览,如果该公共在线平台发布直接煽动实施恐怖活动的信息、图像或表演,或者以宣扬恐怖活动为目的、发布

① Rapport d’activité du Conseil d’État 2013, *La documentation française*, p. 202 -203.

涉及实施故意伤害他人生命行为的图像或表演,则对浏览网站者科处2年监禁刑及30,000欧元罚金。但因通知公众的正常履职需要,或者科学研究,或者作为司法证据而实施的浏览行为不在处罚之列。"

在参议院一读时,该法律建议案的报告者指出,"经常浏览发布直接煽动实施恐怖活动信息、图像或表演的公共在线平台的,即构成犯罪。但如果仅是浏览宣扬恐怖主义行为的网站,则还必须是相关的图像或表演涉及实施故意伤害他人生命行为,方可构成该罪名。之所以作出这一界定,主要是考虑罪名适用范围的明确性问题,因为带有宣扬恐怖主义特征的信息或文本往往有待讨论,而展现掠夺或者谋杀的视频或者图像则易于界定"。①

2016年2月2日,参议院通过了这一条款,但该法律建议案最终并未被列入国民议会的议事日程。

(三)2016年6月3日的《反恐法》

《反恐法》是法国近10年来所通过的最为严厉的反恐法案。该法引入了多种反恐侦查及预防手段,强化了反恐的刑法及刑事诉讼应对,并尝试建立包括财政手段在内的综合反恐体系。经常浏览恐怖主义网站罪便是在《反恐法》中得以通过,并引发了本次宪法审查。

但一开始,国民议会在对反恐法草案进行一读时并未涉及该罪名。直至参议院一读,修正案才建议将该罪名重新纳入,并作了一处修改,即在原先的法律草案文本第2款中加入"善意"(bonne foi)的表述,即"因通知公众的正常履职需要,或者科学研究,或者作为司法证据而善意实施的浏览行为不在处罚之列"。这一措辞也引发了理论界及实务界的广泛争议。在讨论过程中,政府也提出了反对意见,认为"浏览恐怖主义网站已经是构成恐怖主义犯罪的一项标准。因此,现行法所设定的罪名足以达到法律草案所拟希望达到的目的"。②

但在恐怖主义弥漫整个法国的语境下,诸多反对意见均未得到采纳。

---

① Rapport n° 335(2015 – 2016) de M. Mercier fait au nom de la commission des lois constitutionnelles, de législation, du suffrage universel, du Règlement et d'administration générale sur la proposition de loi de M. Philippe Bas et plusieurs de ses collègues tendant à renforcer l'efficacité de la lutte antiterroriste, déposé le 27 janvier 2016, p. 42.

② Intervention de M. J-J. Urvoas, garde des sceaux., JO Sénat, séance du 30 mars 2016, p. 4955.

此后，该法律文本未作任何修改，顺利通过议会两院的审查。国会的报告者敏锐地指出，我们认同创设两个新的罪名：一个是阻挠封锁宣扬恐怖主义网站罪，另一个是经常浏览恐怖主义网站罪；但我们对后一罪名的宪法保留持有看法。宪法委员会的审查很快论及此点。[①] 国会的报告者一语成谶。2016 年 11 月 26 日，犯罪嫌疑人达维先生便对此条款提起了宪法审查之诉。

二、经常浏览恐怖主义网站罪的合宪性审查

（一）合宪性问题的提起

犯罪嫌疑人达维先生在轻罪法院被起诉，原因是他违反了指定居所（assignation à résidence）的义务，并实施了法国《刑法典》第 421－2－5－2 条所规定的经常浏览恐怖主义网站罪。达维先生因此在轻罪法院提起合宪性问题优先审查请求，认为所适用的罪名条款违反了 1789 年《人权宣言》第 1 条、第 5 条、第 6 条、第 8 条、第 9 条、第 10 条及第 11 条，《法兰西第五共和国宪法》第 34 条、罪刑法定原则、立法的明确及精确原则、法的可预测性以及司法安全原则、信息获取权、通信自由以及意见自由权、刑罚的必要原则、法律面前人人平等原则以及无罪推定原则。请求理由如下。

1. 系争条款指控并惩罚经常浏览恐怖主义网站的行为，但未确立可界定“经常访问”的标准；系争条款规定了“善意”的例外，却未界定“善意”的范围，也未对“恐怖主义”的概念作出界定。

2. 系争条款侵害了公民的通信及意见自由：公民仅因系争条款浏览煽动恐怖主义的信息便被科以剥夺自由刑，而所涉当事人并未实施或者试图实施任何行为即可以推定他已经或者即将受到这一煽动的影响。

3. 系争条款违反了法律面前人人平等的原则：通过在线通信平台浏览此类信息、图像或表演的人群即构成犯罪，但通过其他方式或载体浏览相同信息的人群则不构成犯罪。

4. 系争条款违反了法律面前人人平等的原则：浏览此类信息、图像或表演的人群构成犯罪，但“善意”或者法律明确授权的人群不构成犯罪。

5. 系争条款违反了罪刑法定及罪刑相适应原则：仅因浏览（即便是

---

① Intervention de Pascal Popelin, JOAN, séance du 19 mai 2016, p. 3492.

经常浏览)在线通信服务信息便被科以2年的监禁刑以及30,000欧元的罚金。

6. 系争条款违反了无罪推定原则:仅因浏览在线通信平台的行为便进行了主观的恶意推定。

2016年9月14日,轻罪法院判决将宪法审查请求移送最高法院。2016年9月29日,最高法院判决将宪法审查请求移送至宪法委员会,并严谨地列明理由:

"事实上,一方面,系争条款处罚经常浏览载有直接煽动实施恐怖活动的信息、图像或表演,或者以宣扬恐怖活动为目的、发布实施故意伤害他人生命行为的信息、图像或表演的行为,宪法委员会有必要对该损及通信自由原则的行为进行必要性以及比例性的审查;另一方面,法律明确规定了3种豁免的情况,即因通知公众的正常履职需要,或者科学研究,或者作为司法证据而善意实施的浏览行为,但却未规定善意的经常浏览行为作为一种例外。"

(二)宪法委员会的立场

1. 何为表达与通信自由

法国宪法学上的通说认为,表达与通信自由均源于广义的思想自由(意识自由与意见自由),是思想自由的延伸及外化形式,也是最具基础性的基本权利和自由。[①] 表达自由与通信自由是基本权利的一体两面,如赫伯特·马歇尔·麦克卢汉(Herbert Marshall McLuhan)所论,"信息"(内容)与"媒介"(载体)相互依赖、不可分割。因此,表达自由也意味着通信自由,因为表达可以通过各种载体,如传统的言语、书籍、媒体、收音机、CD等,也包括新兴的载体,如网络。

表达与通信自由最早确立于1789年《人权宣言》。《人权宣言》第11条规定,"思想和意见的自由交流是人类最宝贵的权利之一:任何公民都有言论、著述以及出版的自由,但在法律规定的情况下,需对滥用此自由的行为负责"。但该权利转化为实定法则足足经历了一个世纪之久,即1881年7月29日的法国《新闻自由法》。法国《新闻自由法》第1条规定,"印刷和出版是自由的"。而对于视听通信自由的法律保障,又再经历了一个世纪,直至1982年7月29日的法律出台,法律方明确承认,"视

① See Louis Favoreu et autres. ,*Droit constitutionnel*,Dalloz,11e edition,2008,p.905.

听通信是自由的”。当然此前,1981 年 9 月 9 日的法律首次打破了电台的国家垄断,允许私人设立地方电台。宪法委员会在接下来的一系列判决中明确宣称,表达与通信自由具有宪法价值。①

在宪法委员会看来,表达与通信自由是“最弥足珍贵的基本自由,该自由的实施是其他权利及国家主权得以尊重的一项基本保障”。因此,立法者在出台相关立法时,应受到此一自由的约束。侵害表达与通信自由的,所达致的目的应“必要、恰当且合乎比例”。宪法委员会在这一领域的判例非常多,不少涉及行政强制手段与刑事罪名。例如,在 2009 年 6 月 10 日的一起判决中,宪法委员会明确指出,“依通信手段的现状以及在线公共通信平台的普及,网络已成为公民参与民主生活以及表达意见和自由的重要方式,故表达与通信自由应包括在公共在线网络平台进行表达的自由”。② 因此,宪法委员会撤销了一项限制上网的立法机制,禁止职权机关以行政手段对不尊重知识产权的上网者予以断网,③认为这违反了“必要、恰当且合乎比例”的要求。但是,在 2011 年 3 月 10 日对《国土安全计划与规划法》(LOPPSI:Loi d'orientation et de programmation pour la sécurité intérieure)的宪法审查中,宪法委员会则认为,禁止网民浏览儿童色情图片网站的立法并不违宪,侵害表达与通信自由的立法目的合乎“必要、恰当且合乎比例”的要求。在 2016 年第 745 号判决中,宪法委员会撤销了“否认、贬低或淡化反人类罪、奴役罪或奴役他人罪”的罪名,原因有三个:一是否认、贬低或淡化的行为原则上并不会煽动具有种族主义或者宗教主义色彩的仇恨或暴力;二是现有的刑法罪名已足以应对煽动仇恨或暴力的行为;三是所涉及的罪名往往是历史争议问题,并未有国际法庭或者法国法庭的认定,故具有不确定性。综上,设立新罪名不符合“必要、恰当且合乎比例”的要求。相反,宪法委员会认为,1981 年 7 月 29 日的法国《新闻自由法》第 24 条所规定的否认主义罪(是指否认纳粹分子对犹太人施行种族灭绝)合乎宪法的规定。宪法委员会指出,所指控的言论本身“构成煽动种族主义和排犹主义”。该刑事罪名旨在打击“某些特别严重的排犹主义及种族仇恨的行为”,“仅仅否认,无论是隐

---

① 84 - 181 DC des 10 - 11 octobre 1984.

② Décision n° 2009 - 580 DC du 10 juin 2009.

③ Décision n° 2009 - 580 DC du 10 juin 2009, cons. 16.

含还是明示,或者是极端的淡化均为法律所禁止,系争条款目的或效果均不在历史争论之列,而是法国法院或者法国所承认的国际法庭已认定的反人类罪”。因此,宪法委员会认为,此一侵害表达自由的行为合乎“必要、恰当且合乎比例”的要求。

可以看到,宪法委员会在对涉及“表达与通信自由”的宪法进行审查时遵循了如下推理方式:其一,立法者所追求的目的是否可通过该新设机制实现,或者目前的既有机制已可以实现立法者的目的;其二,立法者所追求的目的是否侵害了表达与通信自由,程度如何;其三,立法目的与侵害基本权利的程度是否符合狭义比例原则。简言之,比例原则适用中“必要、恰当且合乎比例”的要求是法国宪法委员会宪法审查的基准。

2. 本案的分析

如前所述,本案的系争条款涉及诸多基本权利,但宪法委员会基于经济原则考虑,仅论及表达自由与通信自由,且可具体为两个方面:一方面,一般意义上的侵害行为,即作为普通公民浏览相关信息的基本权利;另一方面,特定意义的侵害行为,即公民浏览法定“恐怖主义”网站的基本权利。因此,宪法委员会的核心任务便是判定这两种侵害行为是否“必要、恰当且合乎比例”。

首先,在必要性问题上,宪法委员会分析了系争条款的立法目的,即打击极端主义或者实施恐怖主义行为意图的潜在行为。但针对通过系争条款设立这一新罪名是否有必要的问题,宪法委员会则持否定性看法。一是依法国现有的反恐机制,司法官及司法警察已有足够充分的反恐手段。例如,技术侦查的广泛应用、允许对涉恐犯罪分子的住所地进行夜间搜查、增设扣押电子信息的特殊方式、加强对受威胁证人的保护、扩大车牌自动辨识系统的应用等。此外,对涉嫌实施恐怖主义活动的犯罪嫌疑人也适用特殊的拘留及羁押条款,限制了辩护律师的权利。二是法国《刑法典》已设定了足够充分的罪名。例如,法国《刑法典》第421-2-1条禁止参与为准备实施恐怖行为而成立的组织或同谋;第421-2-4条禁止通过邀约、允诺、捐赠、威胁、施压等方式使人参加第421-2-1条所规定的恐怖主义组织或同谋,或者实施恐怖行为;第421-2-5条禁止直接煽动实施恐怖行为或者公开宣扬此种行为。另外,法国《刑法典》第421-2-6条禁止为实施恐怖活动做准备的行为,如果该准备活动与采取恐吓或恐怖手段意图严重扰乱公共秩序的个人行为存在有意的联系。

例如，持有、寻找、获得或者制造能够对他人造成危险的物品或者物质，或者经常浏览直接煽动或者宣扬实施恐怖活动的一个或多个公共在线交流服务平台（判决理由第 8 项）。经常浏览恐怖主义网站的行为完全可被纳入法国《刑法典》第 421－2－6 条所规定的罪名，成为犯罪构成的一大要件。这一观点也得到了学术界的普遍认同。例如，学者塞德里克·里贝尔（Cédric Ribeyre）便认为，“（《反恐法》）模仿法国《刑法典》第 227－23 条所设立的经常浏览儿童色情网站罪（而设立经常恐怖主义网站罪）完全没有必要，浏览恐怖主义网站本身便是个人实施恐怖主义犯罪的一个构成要件。这种对任何极端主义前兆的‘零容忍’逻辑而导致的刑罚扩展，其有效性受质疑”。① 三是行政机关尤其是情报部门在涉及恐怖主义犯罪领域也享有极为广泛的监视权和调查权。根据法国《国内安全法典》第 L.811－3 条第 4 款的规定，专门的情报机构可以采用法国《国内安全法典》第 V 编至第Ⅷ编所规定的技术手段收集预防恐怖主义的信息。这些专门的情报机构还可以获取链接数据，进行安全窃听，对建筑物及车辆进行录音，以及进行拍照和信息数据截取（判决理由第 11 段）。四是立法者也早已规定了禁止访问煽动恐怖主义的特别条款。“依前述 2004 年 6 月 21 日法律第 6－1 条的规定，如果为打击法国《刑法典》第 421－2－5 条所规定的煽动或公开宣扬恐怖主义行为的必要，行政机关有权要求任何公共在线通信平台的编辑或主管删除违反此条规定的内容。依法国《刑事诉讼法典》第 706－23 条的规定，如果法国《刑法典》第 421－2－5 条所规定的行为将造成明显违法的混乱，则紧急审法官也可判定终止公共在线通信平台的运营。法国《刑法典》第 425－2－5－1 条同样禁止在知晓案由的情况下，故意摘录、复制和传播公开宣扬恐怖主义或者直接煽动实施恐怖活动之数据的行为，以阻挠前述程序的实施效率。”因此，宪法委员会认为系争条款设立新的罪名必要性不足。

其次，宪法委员会审查了系争条款对通信自由侵害的严重程度。宪法委员会认为，“关于侵害通信自由所需的必要且合乎比例的要求，系争条款并不要求经常查询相关公共在线服务的个人具有实施恐怖活动的故

① Cédric Ribeyre, Loi n° 2016－731 du 3 juin 2016 renforçant la lutte contre le crime organisé, le terrorisme et leur financement, et améliorant l’efficacité et les garanties de la procédure pénale-Et maintenant?, Droit pénal, sept. 2016.

意,也未要求证明查询之余查询者还认同这些服务平台的意识形态。因此,无论查询者出于何种动机,只要查询行为不属于因通知公众的正常履职需要,或者科学研究,或者作为司法证据,则前述条款均对查询者科处2年的监禁刑"。可见,经常浏览恐怖主义网站罪具有极端的"预防性"(préventif)以及"入侵性"(intrusif)。如奥里维尔·德西玛(Olivier Décima)所言,"所涉罪名侵害了思想自由本身,并不需要任何公共表达(所涉行为人未出版任何文字)或者任何实质行为。罪名的危险性标准也相当模糊(所涉行为人并未准备其他任何犯罪)。因此指控是极端预防性的,达致恐怖主义后果是不确定的"。因此,"这一立法政策及刑事政策的有效性令人生疑。煽动行为通常会出现在社交网络或者视听资料传播平台,而法律对这样的浏览行为却忽略不计"。①

最后,系争条款增加了"善意"的豁免条款,这可能造成司法实践执法者对此理解不一。政府在此前的反对意见中也提及,究竟什么是善意?"教师查阅恐怖主义网站以了解对其工作场所的威胁程度,父母核实其孩子是否正在有极端化的倾向,作家希望围绕这一主题进行创作,专家了解极端化威胁的危险及程度……"因此,宪法委员会认为,"如果立法者将'善意'的查询行为作去刑罚化处理,则议会的立法文件并能确定立法者拟进行这一豁免的范围,正如此前所述,议会的立法文件也并不要求犯罪行为实施者具有实施恐怖主义活动的意图。因此,对于在某些公共在线平台查询行为的合法性问题,争议条款具有不确定性,因此对于为收集信息而进行的互联网操作亦具有不确定性"。

综上所述,宪法委员会认为,争议条款对通信自由的侵害不符合"必要、恰当及合乎比例"的要求。因此,法国《刑法典》第421-2-5-2条违宪,即日撤销,且适用于公布之日起未最终生效的所有刑事案件。

三、结语:违宪判决对法国反恐的后续影响

法国正陷入尴尬的反恐窘境:一方面,紧急状态不断延长,反恐举措日渐繁杂,综合的反恐体系貌似已建成;另一方面,恐怖主义袭击此起彼伏,激化社会各界的担忧。法国的一些政治人物却简单地将其归咎为刑

① Olivier Décima, Terreur et métamorphose, À propos de la loi n° 2016-731 du 3 juin 2016 sur la lutte contre le terrorisme, D. 2016.

罚体系不够健全,希望通过精准预防与严厉打击以遏制日趋猖獗的恐怖主义活动。

在这一问题上,宪法委员会未受政治意图的影响,其认为增设罪名并不能有效打击反恐,反而严重损及公民个人的基本自由。遗憾的是,宪法委员会的判决并不会获得媒体及公众的支持;不少民众甚至认为,恐怖主义之所以盛行,是因为恐怖分子一手拿着《古兰经》,一手拿着《法兰西宪法》,既而发出宪法是否过分仁慈的诘问。由此可见,恐怖主义所带来的真正危害,并非简单地造成人员的伤亡,更是造成法兰西共和国价值和社会共识的割裂。

当然,恐怖主义是人类文明之大敌,反恐则是全人类社会所共同面临的棘手难题。但解决这一难题的钥匙,远远不是一部法律或一个新设罪名。立法者通过将问题简单化以获得民众的支持,喧嚣的民意越汹涌,国家公权力展现“利维坦”的危险面孔就可能越迫切。这大概也是宪法委员会守护个人自由精神的意义所在。

日　　本

《关于京都府风俗导引所规制条例》的合宪性

王 涛*

案件编号:平成27年(行政诉讼ッ)第211号 风俗案内所营业权确认等请求案件

判决机关:日本最高裁判所第一小法庭判决

判决日期:2016年12月15日(平成28年12月15日)

关 键 词:风俗营业 营业自由 营利性表现自由 LRA基准

【事实概要】

根据《关于风俗营业等规制及其业务合理化法律》(以下简称《风营法》)的规定,以及《关于京都府风俗导引所规制条例》(2010京都府条例22号,以下简称《本案条例》)第3条第1项规定,将学校及儿童福祉设施、医院等作为保护对象,在这些保护对象用地的200米内全面禁止风俗问询所营业;同时,该条例在第16条第1项1号中规定了对违反者的刑罚。

此外,京都府颁布的风营法施行条例(《京都府关于风俗营业等规制及其业务合理化法律施行条例》,以下简称《施行条例》)第3条第1项2号中将风俗营业所的营业禁止区域,设置为除了无床诊疗所之外的保护对象设施用地70米内(本案即属于规定的第3种区域)。

原告是在《施行条例》附表中规定的营业禁止区域的第3种地域内经营风俗问询所;根据《本案条例》,原告不能经营风俗导引所。原告主张《本案条例》第3条第1项、第16条第1项1号分别抵触《风营法》,违反《日本国宪法》第94条;有违明确性原则,违反《日本国宪法》第31条;

* 上海大学法学院讲师,法学博士。

对营业自由进行了不当限制,违反《日本国宪法》第22条第1项;对营利性表现自由进行了不当限制,违反《日本国宪法》第21条第1项、第22条第1项;原告提出的主要性请求,是请求确认原告在第3种区域内,对应利用者要求提供接待饮食等营业信息的方式,享有经营风俗导引所的法律地位;原告提出的预备性请求,则是确认第3种区域内不包含在保护对象设施70米范围内的场所,原告享有经营风俗导引所的法律地位。

在一审中,京都地方法院针对主要性请求部分驳回起诉、部分驳回请求,但是部分认可了其预备性请求(京都地判2014·2·25判时2275号27页)。主要性请求与预备性请求是大陆法系诉讼法的特色。具体而言,当事人可以提起主要性请求与预备性请求合并之诉,如果法院认可当事人的主要性请求,则无须审查当事人的预备性请求;如果法院没有认可当事人的主要性请求,则需审查当事人的预备性请求。京都地方法院指出,《本案条例》系基于第1条所揭示的"青少年健康育成以及府民的安全安心生活环境"目的,符合公共福祉,对其必要性应予认可。但是,作为目的达成手段,在超出保护对象设施70米之外的区域全面禁止经营提供接待饮食等营业信息的风俗导引所,并以刑罚作为担保,不能认为其目的与手段之间具有合理的关联性,超出了立法的合理裁量范围,对府民的营业自由构成限制,违反了《日本国宪法》第22条第1项。

对此,原告与被告均提起上诉。大阪高等法院撤销了一审中被告败诉部分(大阪高判)。大阪高等法院指出,《风营法》对地方公共团体肯认其有根据地域实情而制定条例的广泛裁量,考虑风俗导引所对外部造成的影响与弊害之大,在将学校等作为保护对象设施的基础之上,更设定将其一定距离内的用地作为风俗导引所的禁止影响区域,并以刑罚作为担保,此种手段系合理规制。并且,风俗导引所相较风俗营业所而言,对外部环境产生了特别大的影响,加之易与违法性风俗营业店相关,因此,针对风俗导引所课以比风俗营业所更严格的限制,属于合理范围内,应予许可。

【判决要旨】

2016年12月15日,日本最高法院第1小法庭作出判决,驳回上诉。

理由如下:

"有鉴于起因自风俗导引所之特质与营业实态对青少年育成及周边

生活环境造成影响之程度，本案条例，对青少年多予利用之设施以及周边环境予以特殊考虑，势有必要在设施用地一定范围内，禁止风俗导引所之营业，并予刑罚为之担保。上述目的符合公共福祉，为达成此之手段，可谓具有必要性与合理性，即便基于(《风营法》)对风俗营业所作规制之内容与程度，京都府议会在上述营业禁止区域内设定禁止风俗导引所营业的规制，也不能视为超出合理裁量范围，《本案条例》第 3 条第 1 项及第 16 条第 1 项 1 号之各规定，并不违反《日本国宪法》第 22 条第 1 项，则属合适。

并且，有鉴于风俗导引所对青少年育成与周边生活环境所造成影响之程度，关于风俗导引所表示物之上述规制，亦属符合公共福祉之目的，为达成该目的之手段，亦可谓具有必要性与合理性，京都府议会该规制不能视为超出合理裁量范围，《本案条例》第 7 条第 2 项，并不违反《日本国宪法》第 21 条第 1 项，则属合适。

以上，本法院大法庭判决[最高裁昭和 29 年(あ)第 2861 号同昭和 36 年 2 月 15 日大法庭判决・刑集 15 卷 2 号 347 页、最高裁昭和 45 年(あ)第 23 号同昭和 47 年 11 月 22 日大法庭判决・刑集 26 卷 9 号 586 页]之旨趣可征以明。”

【评析】

本案中的《风营法》制定于 1948 年，始名为《风俗营业等取缔法》，后因风俗问题日增，经多次修改，于 1984 年改为现名。风俗营业，即对供人吃喝玩乐的服务行业的总称。风俗店一般指的是风月场所。早在日本明治时期，因“公娼”制度存在，风俗关系营业就曾遭到取缔。其取缔行为，一般是通过警察厅令或是府县令。风俗营业在第二次世界大战前受到规制，其目的多出于公安、卫生等。但第二次世界大战后，1948 年《风营法》在制定之际却并未明示其立法目的。在 1984 年修法时，规制目的被写入第 1 条，即“保持善良风俗和清净的风俗环境，防止产生有害少年健康育成的行为”。

关于规制对象与规制形态。根据《风营法》第 2 条第 1 项、第 4 项、第 5 项的规定，《风营法》的规制对象是，“接待饮食等营业”，麻将屋、扒金库屋等“风俗营业”，以及“店铺型性风俗特殊营业”“无店铺型性风俗特殊营业”等“性风俗关联特殊营业”。根据《风营法》第 3 条第 1 项的规定,风俗营业要获得都道府县公安委员会的许可,性风俗特殊营业必须向都道府县公安委员会申请。根据《风营法》第4条的规定,许可风俗营业的基准由营业者、地域、构造设备等确定。其中,如果营业所设在"遵从政令规定有基准的都道府县条例所定的地域内",则公安委员会不得许可地域基准,即地域规制由条例规定。而关于店铺型性风俗关联特殊营业的营业禁止区域,根据《风营法》第28条第1项的规定,"住宅区的官公厅设施""学校""图书馆""儿童福祉设施""其他为防止有害于善良风俗或清净风俗环境或少年健康育成的行为,有必要由都道府县条例所规定的设施",周围200米的区域内,禁止营业。这意味着,都道府县可以通过条例进行地域规制。

京都府的《施行条例》将要规制的地域分为3类:住居专用地域、商业地域,以及诸如京都市内木屋町、祇园地域的传统欢乐街。在第3种地域里,学校、儿童福祉设置、医院、诊疗所、图书馆用地70米内,是《风营法》第4条第2项1号规定的地域。因此,在第3类地域中,即在《施行条例》所规定的学校等保护对象70米内不得经营风俗。店铺型性风俗关联营业,对《风营法》第28条第1项的地域限制,《施行条例》列举了诊疗所、保健所、博物馆、都市公园等。因此,在店铺型性风俗关联特殊营业的场合下,《风营法》设置了保护对象设施200米距离的限制;根据《施行条例》,京都府在第3种地域中对风俗营业设置了保护对象70米的距离限制。

对风俗营业等的广告、宣传规制。对于风俗营业者,《风营法》第16条规定营业时不得使用有害于周边清净风俗环境的方法进行广告或宣传;第23条规定禁止诸如拉客、纠缠客人、阻挡客人等行为,并且在第52条规定了对实施禁止行为的刑罚。《风营法》对风俗营业所,特别是性风俗营业的广告宣传规定有较大力度的规制。2005年,《风营法》进行了修改,针对性风俗关联特殊营业违法无证经营者进行的广告宣传滥发行为,禁止未申请者以从事店铺型性风俗关联特殊营业为目的进行广告宣传。另外,针对被称为"撒播店"(以散发小广告传单为业者)到居民住户乱发(风俗店)传单的行为,《风营法》也禁止了这种散发行为,并规定了刑罚。可见,《风营法》对风俗营业特别是性风俗关联特殊营业的广告宣传实行了严格的限制。

日本各地近年来出现了不少所谓的风俗导引所。风俗导引所是类似于啤酒屋的单间型店铺，尽可能地向来客介绍风俗营业以及性风俗营业，并提供两种店铺的传单以及打折券等信息。

因此，有关营业禁止地区非法营业的店铺型性风俗特殊营业以及无许可接待风俗营业的风俗导引，若频繁进行不仅会助长违法营业，且风俗导引所自身的存在也会对地域的风俗环境造成恶劣影响。但是，风俗导引所并不属于《风营法》的规制对象。为了解决前述问题，各地纷纷通过条例来对风俗导引所进行规制。京都府也在 2010 年制定了《本案条例》。

就宪法视角而言，本案涉及《日本国宪法》第 22 条中的职业选择自由(或称为营业自由)，以及《日本国宪法》第 21 条中的表现自由。以下分别论之，并在必要时比较一审法院、二审法院与最高法院的不同态度。

关于第 22 条第 1 项合宪性认定的问题上，最高法院考虑到风俗导引所的特质与影响，认为青少年育成与府民安全安心生活环境属于符合公共福祉的目的，为达成此目的之手段具有必要性与合理性，京都府议会并未超出合理的裁量范围。

就此判断而言，法院在一审阶段即指出，关键在于风俗导引所产生的实质恶害的有无与程度，以及对此规制必要性的证明。对风俗导引所的规定要比风俗营业所更严格，且势必需要追问《本案条例》的正当性基础。

关于风俗导引所是否会造成实质恶害，二审法院认为，基于风俗导引所的业务性质，其导引对象包括性风俗营业所在内的风俗店铺，收集了风俗店铺的信息，加之为了在导引业务中获取更大收益，必然要积极广告宣传风俗营业所。因此，可以推定，风俗导引所实施的广告宣传对外部环境造成的影响与揽客力，要比单个的风俗营业所更大。况且，风俗导引所与风俗营业所不同，并不受构造设备要件的限制，对外部环境造成的影响与揽客力要比风俗营业所更大，若是与违法的性风俗店关联而进行广告宣传，其弊害将明显增大。因此，二审法院驳回了一审原告方的补充主张，即风俗导引所以风俗营业所为前提，居于从属性立场，其害恶不可能比风俗营业所更高。

可见，二审法院在比较风俗导引所与风俗营业所的弊害时，认定前者胜于后者，与一审法院的判定有明显差异，进而将《本案条例》第 3 条第 1 项与第 16 条第 1 项 1 号判断为“难谓不合理，毋宁属于合理的规制”。在行政方的裁量权上,一审法院与二审法院的观点也不同。二审法院认为,在《风营法》下按照地域实情制定条例的广泛裁量权,本案并非裁量之过度或滥用。

在二审法院对立法事实进行认定后,终审并未改变二审判决的结论,但最高法院也与二审法院的判断存在差别,特别是在手段审查的方式上。在一审阶段,法院比较了《本案条例》与《风营法》及其《施行条例》,对《本案条例》属于过度广泛进行了论证,但是并未直接追问《本案条例》中的规制手段与目的达成之间是否适当。换言之,一审法院仅仅是在《风营法》与《施行条例》之间进行判断。一审法院审查认为,《本案条例》对风俗导引所的营业规制是在保护对象设施200米以内,相对于《施行条例》所规定的70米内,属于其他更少限制的手段(LRA基准)。在二审阶段,法院在判断《本案条例》规定的200米规制是否属于合理范围时,也对《风营法》与京都府青少年健全育成条例等进行了比较。可见,在《本案条例》与《风营法》的抵触问题上,一审法院和二审法院都是通过比较《本案条例》与《风营法》以及《风营法》之外的关系条例,进而审查《本案条例》的手段是否适当。最高法院则在判断《本案条例》的规制手段是否超越合理裁量时,认为"即便基于(《风营法》)对风俗营业所作规制之内容与程度"也属适当。可见,从一审法院到最高法院,都是采取了追问规制手段的方式。

最高法院也曾在先例中使用过手段审查,一审法院在提出类似LRA基准时,有意识地考虑了药事法距离限制违宪判决,并且确实也引用了该项判决。二审法院则对一审法院引用药事法判决的部分加以引用,审查的手法也与一审法院差别不大;但是最高法院并未引用药事法判决,而是引用了小卖市场案件;且在引用该案时,最高法院也不是在论及《日本国宪法》第22条第1项的部分,而是在最后的总结部分加以引用,其含义仍具有一定的模糊性。

关于《日本国宪法》第21条第1项的阐释,则是本案最高法院判决在非常简单的判决中有意为之。在一审阶段,原告也主张其在经营风俗导引所时行使营利性表现自由的权利,要求允许从事接待饮食营业者的表现,确认其法律地位。一审法院与二审法院都追问了本案各规定是否构成对营利性表现自由的不当限制。一审法院表示,即使营利性表现自由权为宪法所保障,且原告经营风俗导引所的行为属于营利性表现自由,仍可基于公共福祉予以限制。二审法院的思路与一审基本一致。最高法院则提到《本案条例》第7条第2项,即禁止在风俗导引所外部或是在从外部可以看到的内部悬挂张贴表示从事接待风俗营业者的图画。最高法院指出,鉴于风俗导引所对青少年育成及周边生活环境的影响对风俗导引所的表示物进行规制的上述目的符合公共福祉;作为实现该目的的手段也具有必要性与合理性,并未超出合理裁量范围,不违反《日本国宪法》第21条第1项。

最高法院在随后提到的判例(最大判昭和36・2・15刑集2号347页)则是关于按摩师法律的判例。从中可以看出,虽然最高法院没有明确使用营利性表现自由的字词,但也可以窥见其意识。正是沿着其所引用的这一判例,且考虑到风俗导引所对周边环境的影响,最高法院认可基于公共福祉作出的限制。

俄　罗　斯

俄罗斯不履行欧洲人权法院判决案

尤晓红*

案件编号:№12 - П

判决机关:俄罗斯宪法法院

判决日期:2016 年 4 月 19 日

关 键 词:欧洲人权公约　俄罗斯　欧洲人权法院判决　国家主权　俄罗斯宪法

【事实概要】

阿尼秋果夫出生于 1971 年,住在俄罗斯车里雅宾斯克。1995 年 1 月 10 日,其因涉嫌犯罪被逮捕;1998 年 6 月 23 日,阿尼秋果夫因犯杀人罪、盗窃罪、诈骗罪被判处死刑;阿尼秋果夫提出上诉,1999 年 12 月 20 日,法院将死刑改判为有期徒刑 15 年。戈兰德果夫出生于 1966 年,住在莫斯科。1995 年 1 月 20 日,其因涉嫌犯罪被逮捕;1995 年 11 月 27 日,戈兰德果夫被判处有期徒刑 5 年;1998 年 11 月,在另一起刑事案件中,戈兰德果夫因犯杀人罪、抢劫罪、参加有组织犯罪集团罪被判处死刑;戈兰德果夫提出上诉后,2000 年 2 月 15 日,法院将死刑改判为有期徒刑 15 年。

阿尼秋果夫在 1995 年 1 月 10 日至 1999 年 12 月 20 日、戈兰德果夫在 1995 年 1 月 20 日至 2000 年 3 月 22 日都被关押在拘留所。在这段时间里,阿尼秋果夫参加了两次议会选举,戈兰德果夫参加了几次议会选举以及总统选举。

根据《俄罗斯宪法》第 32 条第 3 款的规定,法院认定为无行为能力的公民以及法院判处失去自由刑被监禁的公民,应当剥夺其选举权和被选

* 黑龙江大学法学院副教授,法学博士。

举权。因此,阿尼秋果夫、戈兰德果夫自判决生效后服刑之日起就不能再行使选举权,他们未能参加2003年、2007年的国家杜马选举以及2000年、2004年、2008年的总统选举。阿尼秋果夫、戈兰德果夫分别将《俄罗斯宪法》第32条第3款诉至宪法法院,宪法法院以不属于宪法法院管辖为由不予受理。

根据《欧洲人权公约(第一议定书)》第3条的规定,缔约国应在保证人民言论自由的条件下,以无记名投票的方式举行有合理时间间隔的自由选举。阿尼秋果夫和戈兰德果夫以此为据向欧洲人权法院起诉俄罗斯,理由是他们参与选举的权利受到了损害,同时,分别提出了向俄罗斯索赔3万欧元及2万欧元的要求。欧洲人权法院在2013年7月4日作出判决,“判定俄罗斯违反了《欧洲人权公约(第一议定书)》第3条”,但对当事人提出的赔偿请求未予支持。

俄罗斯司法部向宪法法院提出审查申请,请求其认定不能履行欧洲人权法院就阿尼秋果夫和戈兰德果夫诉俄罗斯案作出的判决。

【俄罗斯宪法法院判决节选】

1.1　欧洲人权法院认同这一点,即限制选举权这一举措的目的是巩固公民责任、尊重法的至上性、构建法律秩序以及维护公民社会和民主制度,不能认定对这些目的的追求与《欧洲人权公约(第一议定书)》第3条不相容,欧洲人权法院不认可俄罗斯提交的证明限制选举权具有合理性的证据,认为俄罗斯对选举权的限制太过普遍。俄罗斯提出的理由是,被判处有罪的公民不享有选举权,其实施的是很严重的犯罪,能够证实其已经实际失去了自由。欧洲人权法院否决了俄罗斯的理由,认为俄罗斯没有为自己的主张提供任何统计数据予以支持。欧洲人权法院认为,需要留意的是,大量被逮捕的公民在刑事诉讼程序中享有选举权,整体来看失去选举权的范围涵盖广泛的刑罚和违法,不仅包括实施了最危险犯罪的公民,而且也包括实施非严重犯罪的公民;此外,俄罗斯没有提供证据证明,俄罗斯法官在作出失去自由的惩罚决定时考虑到了这样一个事实,即这个裁决将意味着被惩罚人失去选举权。俄罗斯提出的理由是,阿尼秋果夫和戈兰德果夫诉俄罗斯案和其他类似案件存在本质的区别,被法院判处失去自由刑的公民不得参与选举,这种禁止是规定在全民公决通过的《俄罗斯宪法》中,而不是规定在议会制定的法律之中,欧洲人权法院否决了俄罗斯提出的这一理由。

欧洲人权法院谈及判决履行问题时特别指出，鉴于修改宪法的复杂程序，俄罗斯可以自己决定采取具有可能性的方式使限制选举权的规定和《欧洲人权公约(第一议定书)》第3条相符合，包括解释《俄罗斯宪法》第32条，以避免它与《欧洲人权公约(第一议定书)》第3条出现冲突，或者借助政治手段解决。

1.2 《欧洲人权公约》作为俄罗斯签署的国际条约，是俄罗斯法律体系的组成部分，国家有义务履行欧洲人权法院作出的判决；同时，履行欧洲人权法院判决规定的个别性措施、普遍性措施都应该符合《俄罗斯宪法》第15条第4款的规定。

与此同时，欧洲公约秩序和俄罗斯宪法秩序之间不可能是附属关系，因为不同法律系统之间的对话是它们平等的基础，欧洲人权法院尊重一国宪法的身份，这种尊重在很大程度上决定了《欧洲人权公约》条文在俄罗斯法律秩序中的有效性。欧洲人权法院的判决是欧洲人权保障体系的组成部分，在承认欧洲人权保障体系具有基础意义的同时，俄罗斯宪法法院也准备探寻合理的妥协以支持这一体系，而这种妥协的边界正是由《俄罗斯宪法》划定的。

根据俄罗斯宪法法院在2015年7月14日判决中所阐述的法律立场，俄罗斯宪法法院作为最后审级，在解决履行欧洲人权法院判决的可能性问题上，应当在行使自己权限的时候依据俄罗斯国际义务而站在平衡的立场上，一方面，要回应欧洲人权法院的判决；另一方面，不能与俄罗斯宪法制度基础及俄罗斯有关人权和公民权利的宪法规范发生冲突。

2.(略)

3.(略)

4.解决是否有可能履行欧洲人权法院在阿尼秋果夫和戈兰德果夫诉俄罗斯案中作出判决的问题，需要清楚阐释《俄罗斯宪法》第32条第3款的含义，也就是不仅要从文字含义角度，还要从它与其他宪法规范关系的角度以及它与具体立法之间关系的角度去分析这一宪法规范。

4.1 俄罗斯法律直接将《俄罗斯宪法》第32条第3款引入法律体系。限制公民行使选举权的期限就是依据法院判决实际失去自由的期限，而无限期拒绝公民行使选举权只是在公民被法院判处终身监禁的情形下才出现。

“法院判处失去自由刑的公民没有选举权和被选举权。”可以确定的是,这一表述从字面意义来看就是强势的禁止,即所有被判处失去自由刑的公民都没有选举权。尝试在解读《俄罗斯宪法》第32条第3款时,让立法者限制选举权的对象不是指向所有被判处失去自由刑的公民,而仅仅是指向因实施了严重犯罪被判处失去自由刑的公民,或者考虑到选举权的普遍性原则完全拒绝这种禁止,都是不赞同上述的宪法禁止……

《俄罗斯宪法》第32条位于第二章“人与公民的权利和自由”,它对选举权的限制构成了俄罗斯个人法律地位的基础,除非是通过《俄罗斯宪法》规定的特殊程序即召开制宪会议或举行全民公决,否则《俄罗斯宪法》第32条不能被废除也不能被改变。

此外,根据《俄罗斯宪法》第16条第2款的规定,《俄罗斯宪法》的任何其他规范均不得违背俄罗斯宪法制度的基础。根据《俄罗斯宪法》第16条第2款的含义,《俄罗斯宪法》的所有规范是一个没有冲突的统一体。这样,在任何情形下都不能将《俄罗斯宪法》第32条第3款解读为破坏了宪法规定的自由选举原则和普遍选举原则(《俄罗斯宪法》第3条第3款、第32条第1款、第81条第1款),甚至也不能将其解读为不符合宪法权利限制标准(《俄罗斯宪法》第55条第3款)。正是由于这一点,将任何宪法规范作为审查对象去审查其是否符合其他宪法规范是不被允许的(俄罗斯宪法法院不享有这样的职权),俄罗斯宪法法院在2004年5月27日作出的裁定拒绝受理戈兰德果夫提出的宪法诉愿,因为他诉愿的内容是《俄罗斯宪法》第32条第3款侵害了他的宪法权利。

另外,还应考虑在制宪过程中讨论过的对法院判处失去自由刑公民选举权进行限制的不同方案。宪法委员会1993年的立宪资料显示,在讨论《俄罗斯宪法草案》时有人建议,法院判处与限制自由相关的任何刑罚的公民都没有选举权和被选举权,或者禁止其参加相应的选举,或者保留其积极的选举权仅使其失去被选举权。毫无疑问,这意味着在制定《俄罗斯宪法》的过程中,对因被法院判处自由刑而被监禁的公民,绝对限制其参与选举的议题是有可能被否决的。但是,《俄罗斯宪法》第32条的规定表明,制宪时讨论的选择方案没有被采纳。必须承认,在这种情形下,制宪者的意志已非常明确地表达出来了。

4.2　在俄罗斯的法律体系中,《欧洲人权公约》是国际条约,在审视和解决因解读、履行《欧洲人权公约》条款产生的宪法—法律冲突时,必须要关注到俄罗斯签署和批准《欧洲人权公约》时的情况和条件。

《俄罗斯宪法》第4条、第15条、第79条和第125条分别规定了下列内容:俄罗斯拥有国家主权;宪法在法律体系(国际条约是俄罗斯法律体系的组成部分)中具有最高地位和最高法律效力;俄罗斯签署和批准国际条约的条件;通过宪法监督保障遵守国际条约。这样,只有在《欧洲人权公约》的条款没有违背《俄罗斯宪法》第一章确立的宪法制度基础,没有对《俄罗斯宪法》第二章调整的人与公民权利和自由造成限制的条件下,俄罗斯才有权签署和批准《欧洲人权公约》。

相应地,欧洲人权法院的判决以对《欧洲人权公约》进行解释为基础,提出必须对俄罗斯法律体系进行修改,对俄罗斯法律体系而言,欧洲人权法院的判决不能废除俄罗斯宪法的权威。因为从前后条款的关系来看,《俄罗斯宪法》第15条实施的基础就是,《俄罗斯宪法》在法律体系中具有最高地位,具有最高的法律效力,而国际—法律文件也是俄罗斯法律体系的组成部分。《欧洲人权公约》就属于国际—法律文件,它作为俄罗斯签署的国际条约,在法律适用过程中的法律效力高于联邦法律,但是,《欧洲人权公约》的法律效力并不高于《俄罗斯宪法》,也不具有与《俄罗斯宪法》相等的法律效力。

依据上文列举的俄罗斯宪法规范,俄罗斯没有权力签署不符合《俄罗斯宪法》的国际条约;反过来说,不符合《俄罗斯宪法》的国际条约不应生效也不应在俄罗斯适用,这样的国际条约也不能被批准。俄罗斯1996年签署、1998年批准《欧洲人权公约》。从这个角度看,《俄罗斯宪法》第32条第(3)款与《欧洲人权公约(第一议定书)》第3条一致,因此不需要对它进行修改。此外,不会出现《俄罗斯宪法》第32条与《欧洲人权公约(第一议定书)》第3条相冲突的问题。换言之,俄罗斯、欧洲委员会都认为,自俄罗斯批准《欧洲人权公约》的那个时刻起,《俄罗斯宪法》第32条与《欧洲人权公约(第一议定书)》第3条之间是完全相互符合的。

欧洲人权法院在阿尼秋果夫、戈兰德果夫诉俄罗斯案中作出的判决含蓄地建议修改《俄罗斯宪法》第32条。在已经批准《欧洲人权公约》的条件下,俄罗斯不会同意这样做,因为俄罗斯认为《俄罗斯宪法》第32条与《欧洲人权公约(第一议定书)》第3条之间是没有冲突的。

4.3　俄罗斯宪法法院甚至注意到,欧洲人权法院在国家限制被判刑公民选举权问题上的法律立场经过了“进化式”的改变,欧洲人权法院的法律立场因此未必是成熟的。例如,在2000年4月6日判决的拉比塔诉意大利案中,欧洲人权法院认为,剥夺申请人的投票权违反了《欧洲人权公约》(第一议定书)第3条,这是因为他参与刑事犯罪团体没有得到证实,但是如果被告的罪行得到适当确认,就不能怀疑临时从选民名单中将其排除这一行为是符合《欧洲人权公约》的。在2003年1月28日作出判决的M. D. U诉意大利案中,欧洲人权法院作出这样的结论,因税收犯罪剥夺其两年的选举权,这符合民主制度的运行与维护,过了2年后,剥夺选举权只能是因实施了严重犯罪,同时要在判决书中直接指明这一点。

可见,经过对《欧洲人权公约》(第一议定书)第3条"进化式"的解释,欧洲人权法院法律立场中适当性和区分对待性标准的具体内容在10年间已经出现了"非自动"式的改变。与此同时,欧洲人权法院不止一次强调,其法律立场总是反映了欧洲委员会成员国的共识。

欧洲人权法院在阿尼秋果夫、戈兰德果夫诉俄罗斯案判决中,对欧洲委员会43个成员国就选举进行法律调整的比较分析表明,在限制被判刑(监禁)公民选举权问题上,43个成员国并没有达成共识:其中,19个国家没有规定对选举权进行限制;7个国家只要被判处失去自由刑就自动失去选举权;17个国家采取了混合立场,有的国家规定被判刑(监禁)公民是否失去选举权取决于犯罪种类或者刑期,而另一些国家规定法官依裁量决定其是否失去选举权。

4.4　俄罗斯宪法法院没有理由解释《俄罗斯宪法》第32条第3款中规定的"禁止",因为它允许这样一种可能——根据联邦法律的直接效力或法院判决中的特别指明——仅仅是特定的一部分被判处失去自由刑的公民失去了选举权,如这些公民实施了中等严重程度的犯罪、严重犯罪或特别严重的犯罪。没有理由把这种"禁止"解释成立法者的自由裁量权——从选举的自由性和普遍性原则出发——取消对所有被判刑公民选举权的相应限制。考虑制宪史上宪法委员会在制定宪法草案过程中经过讨论形成了这一宪法规范,所以无论从文字含义角度还是从《俄罗斯宪法》第32条第3款在宪法规范体系中的含义角度来看,其他做法都会导致漠视制宪者经过全民公决表达出来的意志。

如果符合《俄罗斯宪法》有关宪法制度基础及公民法律地位的规定,那么在俄罗斯法律体系中履行欧洲人权法院在阿尼秋果夫、戈兰德果夫诉俄罗斯案中作出的判决也是可以接受的。因为履行这一判决的参数是由俄罗斯宪法设定的，故以欧洲人权法院对《欧洲人权公约》（第一议定书）第3条的解读为精神解释《俄罗斯宪法》第32条第3款，不能超出法律解释逻辑所划定的界限。

依据《俄罗斯宪法》的相关规定，俄罗斯宪法法院有义务在已经确立的伙伴关系基础上向欧洲人权法院通报没有这种可能性，即依据俄罗斯宪法制度的基础（考虑到法律解释逻辑），不可能依据欧洲人权法院在阿尼秋果夫、戈兰德果夫诉俄罗斯案中对《欧洲人权公约》（第一议定书）第3条的解释去解读《俄罗斯宪法》第32条第3款，因为并不是所有被判处失去自由刑的公民都被限制了选举权。

与此同时，考虑欧洲人权保障体系的意义，欧洲人权法院的判决也是这一体系的组成部分，为了支持欧洲人权保障体系富有成效地运行，俄罗斯宪法法院打算探寻合理的妥协，而妥协的界限由《俄罗斯宪法》划定。俄罗斯宪法法院在俄罗斯法律体系内履行《欧洲人权公约》和欧洲人权法院判决的活动（俄罗斯宪法法院十几个判决可以证实这一点）可以保证俄罗斯宪法法院会秉持负责任的、谦抑的态度来解决本案问题。

5. 在俄罗斯法律体系中清楚地阐释《俄罗斯宪法》第32条第3款的含义，还需要分析联邦法律的具体规定以及限制选举权的现状。

根据《俄罗斯刑法典》第56条的规定，“法院判处失去自由的公民”意味着“被判刑的公民离开社会去了教化院、感化院、治疗惩教院、惩教院或者是监狱”，也就是应当将《俄罗斯宪法》第32条第3款中的“失去自由”与广义上的限制自由区分开来，将其理解为一种专门的刑事处罚。

根据《俄罗斯刑法典》第15条“犯罪类别”的规定，按照社会危险性的不同可将犯罪划分为轻度犯罪、中等严重程度的犯罪、严重犯罪、特别严重的犯罪。根据故意还是过失来认定轻罪，轻罪的最高刑罚是不超过3年的失去自由刑。中等严重程度的犯罪，如果是故意犯罪，最高刑罚是不超过5年的失去自由刑；如果是过失犯罪，最高刑罚是3年以上的失去自由刑。严重犯罪，如果是故意犯罪，最高刑罚是不超过10年失去自由刑。特别严重的犯罪，如果是故意犯罪，最高刑罚是10年以上失去自由刑或者是更严厉惩罚。

根据《俄罗斯刑法典》第56条第1款的规定，对于首次实施了轻度犯罪行为的罪犯，法官仅在具有《俄罗斯刑法典》第63条规定的加重情形，及在排除与非法贩运麻醉药品、精神药物等3种犯罪有关的情形下，才能判处失去自由刑。

根据《俄罗斯刑法典》第60条的规定,对犯罪行为人判处刑罚时要在刑法典分则规定的刑罚界限内公正定刑;判处更严厉刑罚仅在严厉程度稍弱的刑罚不能保证惩罚目的实现的情形下方能采用(第1款);判处刑罚时要考虑到犯罪行为的性质、社会危害程度、个人过错程度,包括减轻刑罚和加重刑罚的情形,甚至要考虑刑罚对于罪犯矫正以及对罪犯家庭生活条件带来的影响(第3款)。

在首次实施轻度犯罪同时不具有法定加重情节的情形下,对于这样的犯罪行为人,俄罗斯刑法实际上完全排除了对其判处失去自由刑的可能,这意味着,他们的选举权也就没有被限制。

这样,《俄罗斯宪法》第32条第3款在刑事立法和司法实践领域的效力不仅仅是形式依据,同时还是公民作为犯罪行为人这种特殊法律地位的直接来源。对于公民而言,宪法的效力导致了其选举权被限制,从实质上看,宪法的生效方式不是自动的而是有区分的。公民选举权被限制是刑罚的后果,而刑罚是根据案件的具体情况,考虑犯罪的性质、严重程度与罪犯的行为,以及减轻刑罚或加重刑罚等因素作出的。

俄罗斯进行了官方统计。2015年,俄罗斯在刑事案件中被定罪的公民共有733,607人,其中342,267人实施了轻罪,而实际失去自由的公民只有36,218人,这意味着,其余的306,049人没有失去自由,自然也就没有失去选举权。

法官在判处刑罚时有义务关注到这一点,即罪犯若失去自由,其选举权也会受到限制,俄罗斯官方统计驳斥了这样的一个结论,即俄罗斯司法体系在解决被法院判处失去自由刑的公民没有选举权的这个问题上缺少有效区分、合理性和"非自动性"。

俄罗斯立法者不排除继续在刑法领域推行人道主义原则,优化刑罚体系的可能。

6. 根据《欧洲人权公约》第34条的规定,任何公民、非政府组织或私人团体如果认为其所在的国家侵犯了《欧洲人权公约》或议定书保护的权利,都可以向欧洲人权法院提起个人诉愿。

欧洲人权法院确立的因严重犯罪失去选举权的标准是失去自由刑期3年以上,在这种情形下不能认定违背合理性原则。阿尼秋果夫、戈兰德果夫因实施特别严重的犯罪被判处失去自由的刑期是15年,因此,不能认定他们受到《欧洲人权公约》(第一议定书)第3条保护的选举权被侵害了。因此,阿尼秋果夫和戈兰德果夫诉俄罗斯案的判决,从实质上看是来自欧洲人权法院的抽象规范性监督。

宪法法院判定:

依据《俄罗斯宪法》第3条(第1款至第3款)、第15条(第1款、第4款)、第32条(第1款、第2款)、第46条(第3款)及第79条的规定,履行欧洲人权法院在阿尼秋果夫和戈兰德果夫诉俄罗斯案中作出的判决,特别是采取具有普遍性措施,即修改俄罗斯立法、使限制选举权的对象不是指向所有被法院判处失去自由刑的公民,这是不可能的。因为《俄罗斯宪法》具有最高的法律地位和最高的法律效力,这一确定性意味着《俄罗斯宪法》第32条第3款中的"禁止"是势在必行的。

依据《俄罗斯宪法》第3条(第1款至第3款)、第15条(第1款、第4款)、第32条(第1款、第2款)、第46条(第3款)及第79条的规定,履行欧洲人权法院在阿尼秋果夫和戈兰德果夫诉俄罗斯案中作出的判决,特别是采取普遍性的措施旨在保证公正、合理及区分对待,这是有可能的且已经在俄罗斯立法及司法实践中实现了。因为依据《俄罗斯宪法》第32条第3款以及对宪法规范予以具体化的《俄罗斯刑法典》的规定,在一般情形下已经排除对首次实施轻度犯罪的人判处失去自由刑,这自然也就排除了对其选举权的剥夺,但俄罗斯立法者有权继续在刑法领域推行人道主义原则,优化刑罚体系。

依据《俄罗斯宪法》第3条(第1~3款)、第15条(第1款、第4款)、第32条(第1款、第2款)、第46条(第3款)及第79条的规定,履行欧洲人权法院在阿尼秋果夫和戈兰德果夫诉俄罗斯案中作出的判决,特别是对阿尼秋果夫和戈兰德果夫采取具有个别性的措施是不可能的。因为根据欧洲人权法院的标准,阿尼秋果夫和戈兰德果夫实施了特别严重的犯罪,被判处失去自由的刑期很长,不能允许其享有选举权。

4. 本判决为终审判决,公布后即时生效。

【评析】

欧洲人权法院在阿尼秋果夫和戈兰德果夫诉俄罗斯案中作出的判决,不似以往针对的是部门法,此次剑锋指向的是《俄罗斯宪法》。正是由于事关俄罗斯的国家主权,所以不仅俄罗斯人关心,本案同时也引起了国际社会的广泛关注。

在俄罗斯宪法法院举行的庭审会议上,俄罗斯司法部副部长马特尤什科认为,不能履行欧洲人权法院的判决,因为它直接限制了俄罗斯的国家主权。国家机构的代表们支持司法部的意见,纷纷表示不能履行欧洲人权法院的判决。隶属于总统的俄罗斯人权理事会主席团成员沙布林斯基则表示,不支持改变宪法,但是俄罗斯宪法法院可以通过解释以及揭示这一宪法条文含义来解决这个问题。

俄罗斯宪法法院在最终裁决部分的表述富有技巧。一方面,俄罗斯宪法法院断然否定履行欧洲人权法院判决的可能性,并拒绝修改现行法律;另一方面,其又指出,俄罗斯立法者本着人道主义精神可以优化刑罚体系。对于俄罗斯宪法法院作出的判决,有的宪法法院法官持有不同意见。宪法法院法官卡扎尼采夫认为,"依据俄罗斯宪法履行欧洲人权法院判决是可能的也是必要的,因为《俄罗斯宪法》第32条并不排除这样一种可能,即联邦立法者可以修改现行立法,以杜绝对法院判处失去自由刑的公民的选举权和被选举权进行绝对、机械的限制"。

欧洲人权法院在阿尼秋果夫和戈兰德果夫诉俄罗斯案的判决中提出的履行措施是"考虑到修改宪法的复杂程序,建议俄罗斯解释宪法或采取其他政治手段"。尽管欧洲人权法院没有谈到"宪法修改",但是俄罗斯宪法法院认为,"欧洲人权法院是含蓄地提出了进行宪法修改的建议"。应该说,这种涉及宪法的"指手画脚"是让俄罗斯以及俄罗斯宪法法院最反感的地方,因为它会使人联想到,甚至使人感觉到俄罗斯的国家主权被践踏了。

欧洲人权法院认为,其在阿尼秋果夫和戈兰德果夫诉俄罗斯案中进行的审查属于对公民提起个人诉愿的具体性审查,但是俄罗斯宪法法院认为欧洲人权法院进行的其实是抽象性审查。换言之,俄罗斯宪法法院认为,欧洲人权法院进行抽象性审查的对象就是《俄罗斯宪法》第32条第3款,而这是俄罗斯宪法法院不能容忍的。正是基于这样的判断,俄罗斯宪法法院在判决中用了很多笔墨重点阐释《欧洲人权公约》和《俄罗斯宪法》的关系。俄罗斯宪法法院的基本逻辑是,国际条约被俄罗斯批准的前提是符合《俄罗斯宪法》,一旦俄罗斯批准了国际条约,二者之间就不可能发生冲突;被批准的国际条约是俄罗斯法律体系的组成部分,在俄罗斯的法律体系中,《俄罗斯宪法》具有最高法律效力,即《俄罗斯宪法》

效力高于被俄罗斯批准的国际条约的效力。

俄罗斯宪法法院在判决中表明,以《欧洲人权公约》为基础构建的法律系统与俄罗斯宪法系统是两个平等的法律系统。这一立场在俄罗斯宪法法院 2015 年的第 21 号判决中被阐释得更清晰:"欧洲人权法院判定俄罗斯适用法律或适用法律的个别条款损害了人权,普通法院、仲裁法院因此启动案件重审程序,当普通法院、仲裁法院重审案件时认为,能否适用相应法律只有在确定该法是否符合俄联邦宪法之后才能决定,这时普通法院、仲裁法院要向宪法法院提出审查该法是否合宪的申请;当欧洲人权法院判决裁定在某个案件中适用的俄罗斯法律规范违反了《欧洲人权公约》,在当事人向普通法院、仲裁法院申请重审且已经启动案件重审程序的情形下,普通法院、仲裁法院必须中止再审程序,同时向宪法法院提出审查法律规范是否合宪的申请。"

2015 年 12 月 4 日,俄罗斯修改了《俄罗斯宪法法院法》。新增的内容为,"在国际人权机构审理以俄罗斯为被告的诉愿的情形下,为捍卫俄罗斯的国家利益,有权限的联邦执行权力机构针对国际人权机构判决履行可能性问题,向宪法法院提出审查申请"。本案是继《俄罗斯宪法法院法》修改后,宪法法院依据这一新增条款作出不履行欧洲人权法院判决的第一个案件。

1998 ~ 2016 年,在欧洲人权法院登记的以俄罗斯为被告的案件有 140, 731 件,排在第一位;第二位是乌克兰,共有 85, 228 件;第三位是土耳其,共有 70, 439 件(统计数据源于俄罗斯塔斯社 2017 年 4 月 13 日的新闻报道)。面对这些数据,或许可以明白,俄罗斯为什么会对欧洲人权法院的判决作出各种应对。归根结底,这大概都是源于"人权"与"主权"的相遇,乃至相撞。

韩　国

原总统朴槿惠弹劾案评析

孙汉基*

案件编号:韩国宪法法院　2016.3.11.2,宪NA(弹劾审判)1
判决机关:韩国宪法法院
判决日期:2017年3月10日
关 键 词:总统弹劾　总统制　私人干政

【事实概要】

2016年10月24日,韩国媒体报道称,韩国原总统朴槿惠的"密友"崔顺实使用的平板电脑内有朴槿惠发表的演讲稿和各种秘密文件。据报道,并无任何官职的朴槿惠亲信崔顺实曾收到过包括44份总统演讲稿在内的200多份文件,其中,部分演讲稿的打开时间在总统演讲前,而且崔顺实在总统演讲前曾修改过演讲稿。据媒体曝光的资料显示,除朴槿惠的演讲稿,崔顺实还接触过一些机密文件,其中包括与日本和朝鲜有关的文件。此外,崔顺实还被指涉嫌利用与朴槿惠的关系促使韩国大企业为两家非营利性质的基金会MIR财团和K体育财团出资,并通过空壳公司拿到了其中的部分资金。10月25日,朴槿惠就"亲信门"丑闻向民众道歉,并承认就任总统后也曾就部分资料征求过密友崔顺实的意见。11月4日,朴槿惠发表电视直播讲话,就好友崔顺实"幕后干政"事件再次表示,如果国民要求,为查明真相,将诚实配合检方调查。12月9日,韩国国会以234票赞成、56票反对通过原总统朴槿惠弹劾案,赞成票数大大超出通过弹劾决议所需法定票数200票,朴槿惠接到国会的弹劾决议,即刻停止行使总统权限。韩国国务总理黄教安随即代行总统职务。2017

---

* 南京航空航天大学人文与社会科学学院法律系副教授,法学博士。

年3月10日,韩国宪法法院宣布总统弹劾案最终判决结果,8名裁判官一致决定:“罢免被请求人朴槿惠总统。”总统弹劾案获得通过,朴槿惠立即被免去总统职务,恢复普通国民的身份。

【评析】

一、韩国的弹劾审判制度概述

弹劾审判是“高层公职人员滥用权限,违反宪法或法律时,剥夺其权限,维护宪法秩序的宪法裁判”。①

韩国的弹劾制度自1948年制宪以来一直存在,随着政治形势的变化,迄今为止进行过9次宪法修订,弹劾对象、追诉机关和审判机关几经调整,但弹劾事由即“在履行职务中违反宪法或法律”的要件至今仍未改变。依照《韩国宪法》,总统既是国家元首,又是行政首脑。迄今为止,韩国宪法法院先后两次审理总统弹劾案。第一次是2004年卢武铉前总统弹劾案,②第二次是2017年3月11日朴槿惠前总统弹劾案。在卢武铉前总统弹劾审判中,宪法法院作出驳回决定,卢武铉立即恢复总统职务;在原总统朴槿惠弹劾审判中,全体裁判官一致作出引用决定,朴槿惠立即被罢免。

韩国的总统弹劾程序由弹劾追诉和弹劾审判两个程序组成。国会负责弹劾追诉,宪法法院负责弹劾审判,其结构与刑事诉讼非常相似——国会的作用相当于检察官在刑事诉讼中的作用,被追诉人总统等弹劾对象相当于被告,宪法法院作为独立的审判机关,其作用相当于法院在刑事诉讼中的作用。因此,弹劾制度是由中立的司法机关对弹劾追诉机关(国会)和弹劾追诉对象(行政部)间的对立作出判断。虽然在弹劾审判中类推适用刑事诉讼法的有关规定,③但它与刑事诉讼的最大区别在于,弹劾审判是追诉人(国会)和被追诉人(总统,即国家机关)间的对立,因此如

① 韩国宪法法院 2004.5.14.2004弹劾1。

② 同上。

③ 《韩国宪法法院法》第40条(准用规定)规定,在不违背宪法裁判性质的限度内,宪法法院审判程序准用关于民事诉讼的法律,但是,本法另有规定的除外。弹劾审判准用关于刑事诉讼的法令,权限争议审判和宪法诉愿审判准用行政诉讼法。

宪法法院判决所示,不能直接适用正当程序原则。①

与弹劾制度有关的主要内容零散地分布在《韩国宪法》《韩国宪法法院法》《韩国国会法》等法律之中。② 下面以有关法律规定为中心,介绍一下弹劾制度的主要内容。

《韩国宪法》第 65 条规定:“总统、国务总理、国务委员、行政各部首长、宪法法院裁判官、法官、中央选举管理委员会委员、监察院长、监察委员及其他法律规定的公务员在履行职务中违反宪法或法律时,国会可对弹劾的追诉进行决议。”这个条款明确了弹劾对象、弹劾事由和弹劾追诉机关。弹劾追诉要有国会在籍议员 1/3 以上的提议,但对总统的弹劾追诉要有国会在籍议员过半数的提议。③ 弹劾追诉议决要有国会在籍议员过半数赞成,但对总统的弹劾追诉议决要有国会在籍议员 2/3 以上的赞成。④ 通过弹劾追诉议决后,国会议长应立即把议决书正本送达给追诉委员即国会法制司法委员长,追诉委员向宪法法院提交追诉议决书正本,提起审判请求。受到弹劾追诉议决者行使其职权直至进行弹劾审判为止。⑤

弹劾审判由宪法法院负责。在弹劾审判中,最重要的是判断由国会提起弹劾追诉的被追诉人的执行职务行为是否“违反宪法和法律”。总统与其他弹劾对象不同,弹劾总统必须非常慎重。如宪法法院决定文所示,“弹劾审判程序是最终有利于维护宪法的程序,基于这个观点,只有从维护宪法角度来看,总统的违法行为具有重要意义,以至于需要通过罢免决定对受损的宪法秩序进行恢复时,罢免决定才能正当化。而且,总统

---

① “弹劾追诉程序是国会和总统两个宪法机构之间的问题,依照国会的弹劾追诉议决,停止总统作为国家机关行使权限,而不是侵害总统作为私人的个人基本权利。正当程序原则是国家机关对国民行使公权力时应遵守的法原则,而弹劾追诉程序旨在维护宪法免受国家机关的侵犯,因此,正当程序原则不得直接适用于弹劾追诉程序。”宪法裁判所 2004.5.14.2004 弹劾审判 1。

② 当前,关于弹劾制度只有《韩国宪法》[第 65 条(国会的弹劾追诉权和其决定的效力)、第 111 条第 1 项和第 3 项(宪法法院的弹劾审判权)]、《韩国宪法法院法》[第 48 ~ 54 条(弹劾审判程序)]、《韩国国会法》[第 130 ~ 134 条(弹劾追诉程序)]等规定,并没有独立的弹劾相关法。

③ 参见《韩国宪法》第 65 条第 2 款。

④ 参见《韩国宪法》第 65 条第 2 款。

⑤ 参见《韩国宪法》第 65 条第 3 款。

是直接被国民赋予民主正当性的代议机构,基于这个观点,只有在总统通过违法行为辜负国民信任,以至于需要在总统任期中剥夺国民对总统赋予的信任,才存在总统弹劾事由"。① 因此,弹劾(罢免)的目的是维护宪法秩序,弹劾事由是否成立,由违法行为是否辜负国民信任所决定,并且以违法行为的严重性作为判断标准。

宪法法院可以在弹劾审判中作出3种不同的裁定。(1)不予受理裁定:裁定弹劾审判请求本身不具备法律规定的形式要件,因此拒绝审判;9名裁判官中有5名以上即可作出却下裁定;却下裁定作出后,停职总统立即恢复职务;因弹劾要件不适法,裁判官不必对追诉议案的内容逐个进行审理,就可以结束裁判。(2)引用裁定:裁定总统有重大违法行为,参与审理的裁判官中有6名以上接受国会的弹劾审判请求,可作出弹劾引用决定,总统立即被罢免。(3)驳回裁定:裁定总统违法情节轻微或不违法,9名裁判官中有3名以上即可作出除引用之外的其他裁定,如作出驳回裁定,停职总统立即恢复职务。上述3种裁定的区别在于,引用和驳回裁定是对国会追诉议案的内容进行判断后作出的裁定,而却下裁定只是对形式(要件)进行判断后作出的裁定。

《韩国宪法法院法》第53条(决定的内容)第1款规定:"弹劾审判请求理由成立时,宪法法院宣告罢免被请求人相关公职的决定。"该法就宪法法院通过弹劾审判对公职人员作出罢免决定时的决定生效时间未另作规定。《宪法法院法》第47条第2款涉及宪法法院的违宪法律审判权限,该款规定:"被裁定违宪的法律或法律条款自裁定之日起失去效力。"据此,宪法法院的官方立场是,弹劾审判决定也是在宣告后立即生效。② 在弹劾审判中被罢免的朴总统将失去总统依据宪法享有的"不追诉特权",③恢复自然人身份,接受检察官的搜查。《韩国宪法法院法》第54条(决定的效力)第1款规定:"弹劾决定不免除被请求人的民事或刑事责任。"依照第54条第2款的规定,朴总统在今后5年的公职担任权受到限制。

---

① 韩国宪法法院 2016.3.11.弹劾1。

② 参见韩国宪法法院:《宪法裁判实务提要》(第二修订版),第455页。

③ 《韩国宪法》第84条有"总统除犯有内乱或外患之罪外,在职中免受刑事追究"的规定。

《公职选举法》规定了总统缺位时的补选日期。按照《韩国公职选举法》第35条第1款的规定,“自选举实施事由确定之日起60天内”举行总统补选。在此之前,由国务总理代为履行总统权限。①

二、韩国宪法法院决定文的主要内容

(一)争议焦点的归纳

2016年12月9日,韩国国会以234票赞成通过朴槿惠前总统弹劾追诉议案,赞成票数远超通过弹劾案所需的法定票数200票。在国会提交的共13个弹劾追诉事由中,宪法法院概括出5个弹劾追诉争议焦点:(1)秘线组织干涉国政,违反国民主权主义;(2)总统滥用权限;(3)侵犯言论自由;(4)是否违反对生命权的保护义务;(5)收受贿赂。

(二)决定文的主要内容分析

1. 是否具备形式要件

(1)是否有特定的追诉事由

《韩国宪法》第65条第1款规定的弹劾追诉事由是“公职人员在履行职务中违反宪法或法律”,这里所说的法律并不局限于刑事法。但在很多情况下,非刑事法律的规定不像刑事法那样具体和明确,因此,不能像刑事诉讼法中的公诉事实那样,要求特定的弹劾追诉事由。只需在追诉议决书上具体记载可以让被请求人行使防御权,由宪法法院确定审判对象的事实关系即可。

(2)国会议决程序是否违法

第一,除非国会的议事程序有明显违反宪法或法律的缺陷,否则应本着分权原则尊重国会议事程序的自律权。根据《韩国国会法》第130条第1款的规定,国会提交弹劾追诉议案时,国会自行裁量是否对其事由等进行调查。因此,国会未对弹劾追诉事由进行单独调查,或者在国政调查或特别检察官的搜查尚无结果的情况下对弹劾追诉议案进行议决,不能视为该议决违反宪法或法律。

第二,《韩国国会法》没有明文规定对弹劾追诉议案进行表决之前必

---

① 《韩国宪法》第71条规定:“总统缺位或因事故而不能履行职务时,依照国务总理、法律规定的国务委员的顺序代理其权限。”因此,当总统为被追诉人时,由国务总理代理行使权限。

须经过讨论。

第三,是按不同追诉事由分别提起弹劾追诉议案,还是将多个追诉事由放在一起,提起一个弹劾追诉议案,这由提起追诉议案的议员们的自由意思所决定。

(3)8 名裁判官能否作出弹劾审判决定

根据《韩国宪法》第 111 条第 2 款和第 3 款的规定,宪法法院由 9 名裁判官组成,其中 3 名由总统任命,3 名由国会选出,3 名由大法院院长提名。从立法、司法、行政三大部门同等参与宪法法院组成方式来看,原则上,应由 9 名裁判官组成的裁判部作出宪法裁判,这一点毋庸置疑。

但是在实践中,由于裁判官因公出差、患病、裁判官退职后任命后任裁判官之前出现空缺等各种事由,发生一些裁判官不能参与裁判的情况不可避免。如果此时都不能进行宪法裁判,宪法法院维护宪法的功能将会受到严重制约。因此,《韩国宪法》和《韩国宪法法院法》明确规定,为了在裁判官缺员的情况下宪法法院维护宪法的功能不被中断,7 名以上裁判官出席就能审理案件并作出决定。根据《韩国宪法》第 113 条第 1 款的规定,宪法法院作出法律违宪决定、弹劾决定、政党解散决定或关于宪法诉愿的引用决定时,须经 6 名以上裁判官赞成。根据《韩国宪法法院法》第 23 条第 1 款的规定,须 7 名以上宪法裁判官出席对案件进行审理;根据第 36 条第 2 款的规定,撰写决定书时,须经“参与审判的”全体裁判官签名盖章。

2. 弹劾要件

(1)在履行职务中违反宪法或法律

《韩国宪法》明确规定,弹劾追诉事由是“违反宪法或法律”,宪法法院负责弹劾审判,弹劾程序是规范性审判程序而非政治性审判程序。弹劾制度是体现任何人不得凌驾于法律之上的法治原理,是维护宪法的制度。总统由选民直接选举产生,罢免总统可能会造成严重的政治混乱,但这是国家共同体为了维护自由民主的基本秩序而必须付出的民主主义的成本。

根据《韩国宪法》第 65 条的规定,总统在“在履行职务中违反宪法或法律”是弹劾事由,其中,“职务”是指在法制上属于所管职务的固有业务和社会通念上与之相关的业务。这个概念不仅包括依照法令作出的行为,还包括在总统的位置上为履行国政而作出的所有行为。而且宪法不仅包括明文的宪法规定,还包括依照宪法法院的决定形成并确立的不成文宪法;法律包括形式性意义的法律和具有同等效力的国际条约和普遍承认的国际法规等。

(2)违反宪法或法律的严重性

根据《韩国宪法法院法》第 53 条第 1 款的规定,“弹劾审判请求理由成立时”,宣告罢免被请求人的决定。但是,总统罢免决定是在总统任期中剥夺国民通过选举赋予总统的民主正当性,可能会造成国政的空白和政治混乱,给国家带来巨大损失,必须要慎重。因此,弹劾总统的前提是总统的违法行为对宪法秩序造成的负面影响和危害严重,通过罢免总统得到的维护宪法的利益远远大于罢免总统造成的国家损失。此即“弹劾审判请求理由成立时”,是指总统严重违反宪法或法律足以将总统的罢免正当化。

3. 对允许私人干涉国政和是否滥用总统权限的评价(认定)

(1)违反公益实现义务

被请求人将崔顺实推荐的多个人选任命为公职人员,其中一些公职人员起到帮助崔顺实牟利的作用。而且,被请求人指示从私营企业筹集资金设立 MIR 和 KSPORTS,并利用总统的地位和权限要求企业出资。

被请求人主张并不知晓崔顺实谋求私利的事实。但是,即使被请求人不知晓这些事实,总统为了特定企业的利益而滥用其权限是客观事实,依然违反宪法和国家公务员法等。

(2)侵犯企业的自由和财产权

《韩国宪法》第 15 条以企业的自由运营为内容,保障企业经营自由。《韩国宪法》第 23 条第 1 款保障所有国民的财产权。《韩国宪法》第 37 条第 2 款设定了必要时依照法律限制基本权利的界限。

总统在财政与经济领域享有广泛的权限和影响力,财团设立过程和运营情况并不正常,综合来看,被请求人要求企业出资后,相关企业必定会感到有必须答应这个要求的负担和压力,并且担心如果不答应,可能会在企业运营或解决未解事宜时受到损失,实际上很难拒绝被请求人的要求。如果企业难以自行决定是否接受被请求人的要求,那么被请求人的要求实际上是具有拘束力的行为,而不是单纯的意见或劝告。

由于未依照法律制定将公权力介入正当化的标准和要件,没有公开设立财团,而是秘密动用总统的权限,要求企业向财团法人出资,被请求人的这些行为侵犯了相关企业的财产权和企业经营自由。

(3)违反保密义务

根据《韩国国家公务员法》第60条的规定,公务员对履行职务中获知的秘密负有保密义务。保密义务是基于公务员是全体国民的服务者这一地位而承担的义务。总统在作出高层的政策性决策的过程中,获知有很多重要的国家机密,因此,总统承担保密义务的重要性高于任何公务员。

由于被请求人的指示和默认,很多文件被泄露给崔顺实,其中,包括总统的日程、外交、人事、政策等方面的内容。这些信息与总统的职务有关,如果公开,有可能危害行政目的,实质上具有保密价值,因此属于职务秘密。尽管如此,被请求人指示或放任这些文件被泄露给崔顺实也违反了《韩国国家公务员法》第60条的保密义务。

4. 对是否滥用公务员任免权的判断(否定)

请求人主张,被请求人指示对妨碍崔顺实谋求私利的一些公务员进行问责性人事调动,免除刘震龙(时任文化观光体育部部长)的职务,逼迫一级公务员递交辞呈,从而侵害职业公务员制度的本质,滥用公务员任免权。但此案中的证据不足,难以认定上述事实。

5. 对是否侵犯言论自由的判断(否定)

从被请求人对青瓦台文件泄露作出批判性发言等情况综合起来看,可以说被请求人对世界日报关于郑润会文件的新闻报道表明了批判性立场。但仅凭被请求人表明上述立场,不能认定被请求人侵犯了世界日报的言论自由。

6. 是否违反对生命权的保护义务等(否定)

(1)是否违反对生命权的保护义务

被请求人作为行政首脑,承担着为了让国家忠实履行国民生命与身体安全的保护义务而行使权限、履行职责的义务。但是不能认为,发生国民生命受到威胁的灾难,就立即产生被请求人直接参与救援活动等具体而特定的行为义务。世越号事件造成很多国民死亡,被请求人的应对措施有欠妥、不合适的一面,但很难以此认定被请求人违反了生命权保护义务。而且缺少相关资料,难以认定被请求人在世越号事件中违反了对生命权的保护义务。

(2)是否违反诚实履行职责义务

总统"诚实履行职责的义务"属于宪法的义务,但是与"维护宪法的义务"不同,它并不是规范性地贯彻其履行的义务,因此原则上难以成为司法判断对象。《韩国宪法》第 65 条第 1 款将弹劾事由局限在"违反宪法或法律时",宪法法院的弹劾审判程序是从法律角度判断弹劾事由是否存在,因此,世越号事件当天被请求人是否诚实履行职责本身不能成为追诉事由,故不能成为弹劾审判程序的判断对象。

7. 是否罢免被请求人(认定)

被请求人向崔顺实转达了含有公务秘密的国政文件,将非公职人员崔顺实的意见秘密反映到国政运营中。被请求人的这些违法行为不是暂时的、片面的,而是从被请求人就任总统开始并持续了 3 年以上。

而且,被请求人为私人用途滥用国民委任的权限,从结果来看,这为崔顺实谋求私利提供了帮助,这些是积极且反复进行的。尤为重要的是,被请求人利用总统的地位,动员国家机关和组织,从这一点来看,其违法程度非常严重。

总统被国民直接赋予民主正当性,受委任行使主权,总统应依照宪法和法律合法行使其权限,除须保障安全的职务外,应透明公开地履行公务,接受国民的评价。但是,被请求人允许崔顺实干涉国政并彻底隐瞒了这个事实。被请求人曾多次受到质疑,被指运营国政时征求秘线组织而非行政部门或总统办公室等官方组织的意见,但被请求人每次都予以否认,并且对质疑行为表示过谴责。

综上,被请求人对外彻底隐瞒崔顺实的存在,允许崔顺实干涉国政,导致基于分权原理的国会等宪法机构的牵制功能与舆论等民间的监督功能无法正常运作。被请求人不顾国会和舆论的指责,不但没有纠正错误,反而隐瞒事实,惩处相关人员,最终造成了根据被诉人指示行事的安钟范、金钟等公务员因与崔顺实合谋而犯下滥用职权、妨碍权利行使罪,涉嫌腐败犯罪被羁押起诉的重大事态。被请求人允许崔顺实干涉国政,滥用国民委任的权限帮助崔顺实等人谋求私利并彻底隐瞒这些事实,损害了代议民主制原理和法治主义精神,严重违反总统的公益实现义务。

崔顺实干涉国政等问题曝光后,被请求人于 2016 年 10 月 25 日首次发表对国民谈话,向国民致歉,但是谈话内容中关于崔顺实干涉国政的时间和内容等与客观事实不符,缺乏诚意。在第二次对国民谈话中,被请求人表示将最大限度地配合查明真相,并接受检察官的调查或特别检察官的搜查,但实际上其并没有配合检察官或特别检察官调查,也拒绝对青瓦台进行搜查,对被请求人的调查未能实现。

综上,对于自己违反宪法和法律的行为,被请求人不但没有为恢复国民的信任而努力,而且对国民作出毫无诚意的道歉,也没有履行对国民的承诺。从此案追诉事由和被请求人的这些言行来看,被请求人并没有表现出维护宪法的意志。

综上,被请求人违反宪法和法律的行为是背叛国民信任的行为,从维护宪法的角度来看,是无法容忍的重大违法行为。被请求人的违法行为对宪法秩序的负面影响和波及效应很大,通过罢免被国民直接赋予民主正当性的被请求人而得到的维护宪法利益远远大于罢免总统造成的国家损失。

8.结论

全体裁判官一致决定,罢免被请求人的总统职务。

【评析】

一、决定文的主要内容和弹劾审判中的审查结构

决定文的主要内容可概括如下。对“滥用公务员任命权,侵犯言论自由,在世越号案件中违反生命权保护义务”的事实,由于证据不充分或义务不明确,难以认定违法。但是,对“允许崔顺实干涉国政,导致秘线组织干涉国政,违反国民主权主义,滥用权限(侵犯企业的自由和财产权),违反公务员保密义务”的事实予以认定。综合来看,“被请求人损害了代议民主制原理和法治主义精神……被请求人并没有表现出维护宪法的意志,辜负了国民信任。因此,通过罢免得到的维护宪法利益大到足以将罢免总统正当化”。

从上述内容可以看出,总统弹劾审判主要是对两个问题进行判断:第一,总统是否违反宪法和法律;第二,如有违法行为,违法行为是否严重到足以罢免总统职务。对于第一个问题,可以作出比较客观的判断。由于是在当事人提交的证据基础上作出事实判断,因此,裁判官作出不同判断的可能性不大。但裁判官对第二个问题可能会因其信念或价值观不同而作出不同的判断。然而,在本案中,8 名裁判官一致作出弹劾引用决定。

决定文除法庭意见(多数意见)以外,还附有补充意见,①但是没有反对意见,这一点不同于以往宪法法院作出的决定。这可能是因为本案是重大案件,加上支持弹劾的国民和反对弹劾者之间的分裂与对立加剧,宪法是国家的根本法,在"维护宪法秩序"的价值指引下,为了让国民团结一致,特意没提反对意见。

二、关于否定被请求人违反生命保护义务(公务员的诚实义务)

一些韩国媒体指出,宪法法院的决定对总统在世越号案件中违反诚实义务不予认定是不妥的。在世越号事件中,因政府应对不力,304 人被夺去宝贵生命,其中大多数是未成年人,这让韩国国民至今仍感到心痛。但是,宪法裁判是以宪法为准的规范性裁判,而不是政治性裁判或舆论裁判。虽然宪法法院在决定文中指出:"被请求人作为行政部的首长,承担着为了让国家忠实履行国民生命与身体的安全保护义务而行使权限、履行职责的义务。但是不能认为,发生国民的生命受到威胁的灾难,就立即产生被请求人直接参与救援活动等具体而特定的行为义务。世越号事件造成很多国民死亡,被请求人的应对措施有欠妥、不合适的一面,但很难以此认定被请求人违反生命权保护义务。"这给人以否定国家基本权保护义务的印象,但是宪法法院紧接着指出,"而且缺少相关资料,难以认定被请求人在世越号事件中违法生命权保护义务"。这表明,在宪法裁判中,如果证据或资料确实,宪法法院可能会对总统违反具体义务予以认定。笔者认为,宪法法院的判断妥当。金二洙裁判官和李镇盛裁判官对此在补充意见中指出,"和多数意见一样,对被请求人违反生命权保护义务不予认定",并指出,"虽然被请求人违反了宪法规定的总统诚实履行职责义务和国家公务员法规定的诚实义务,但是仅凭这个事由,无法认定被请求人丧失国民信任,以至于需要在总统任期中剥夺国民向总统赋予的民主正当性,因此不能将此作为罢免事由"。可以看出,两位裁判官的逻辑与多数意见不同,他们认为虽然认定被请求人违反法定义务,但是难

① 韩国宪法法院决定文中的最终结论即多数意见被称为法庭意见。但是,韩国宪法法院决定文除揭示了宪法法院的多数意见也就是法庭意见外,还揭示了少数意见也就是反对意见或补充意见。这是因为,这些少数意见虽然不能对决策产生影响,但体现了"尊重少数人的主张"的宪法精神。

以认定严重到需要罢免总统职务的程度。

在这里要探讨总统的诚实义务是道德义务还是法定义务。补充意见指出:“依照《韩国宪法》第69条的规定,总统就职宣誓的内容包括‘诚实履行总统职责义务’……总统‘诚实履行职责义务’属于宪法规定的义务……”在宪法或法律向总统赋予具体的诚实履行职责义务的情况下,如果总统违反该义务,可能会违反宪法或法律,成为司法审查对象,因此构成弹劾事由。《韩国国家公务员法》第56条规定:“全体公务员应诚实履行职务。”明确了公务员的诚实义务。任何公务员违反诚实义务,均构成惩戒事由。关于总统是否被排除在适用对象以外,没有明文规定或解释依据。因此,如果总统违反《韩国国家公务员法》第56条规定的诚实义务,可以进行司法判断,并依照宪法和法律追究总统的相关责任。否则,总统作为最高级别公务员作出构成公务员惩戒事由的行为,却不承担任何法律责任,这有违公平。由此可以看出,补充意见认为,如果可以依照宪法和法律导出具体的义务,总统的相关义务就会成为司法审查对象。笔者认为,此判断具有妥当性。补充意见还指出:“认定总统违反诚实履行职责义务的前提是:首先,发生了严重危害或者有可能严重危害国家主权或构成国家政治、经济、社会、文化体系等国家核心要素或价值、多数国民的生命与安全等的国家危机(产生作为义务)。其次,总统没有诚实履行维护国家存立、国民生命与安全的职务(未诚实履行职务)。”这个补充意见明确了违反义务的要件,这一点具有重要启示意义。但是,总统由选民直接选举产生,总统被赋予的民主正当性远远大于其他弹劾对象。因此,补充意见指出:“如果将总统违反诚实义务作为一般的罢免事由,轻微违反诚实义务,也能成为罢免事由。鉴于总统被国民赋予的民主正当性和宪政秩序的重要性,将总统违反诚实义务作为罢免事由时,应该把该违反行为限定在严重违反诚实义务的行为,比如违反具体规定适用于该情况的行为义务的法律,或者有意放任或放弃职务等。”换言之,补充意见认为,即使总统违反了诚实义务,但如果没有严重违反,就不能成为罢免事由。这里提出了违反诚实义务的法律责任界限问题。

附件:原总统朴槿惠弹劾案件决定文安昌浩裁判官补充意见全文①

我同意被请求人违反宪法和法律的行为属于“从维护宪法的角度来看,是无法容忍的重大违法行为”,以及被请求人应被罢免的法庭意见。我认为,被批判为所谓“帝王式总统制”(imperial presidency)的韩国宪法的权力结构是让这些违反宪法和法律的行为变成可能的必要条件。为了凸显本案审判的宪法意义,探索修宪方向,有必要明确表明这一点,因此陈述以下补充意见。

一、韩国的宪法史和帝王式总统制

《韩国宪法》第10条规定:“所有国民拥有人的尊严和价值,并享有追求幸福的权利。国家有义务确认和保障个人拥有的不可侵犯基本人权。”人的尊严和价值是决定宪法的根本性质、规定个人与共同体之间关系的核心概念。用以体现人的尊严和价值的民主主义宪法没有单独的理想形态,而是根据国家共同体的政治、经济、社会、文化环境和时代理念的落脚点不同,呈现不同的面貌。

迄今为止,《韩国宪法》共经历了9次修订。除了“4·19”革命后为建立议员内阁制修宪、为处罚“3·15”不正当选举相关人员修宪以外,历次修宪主要涉及总统选举方式、任期、地位、权限等内容。《韩国宪法》采纳总统制,政治权力集中于总统一人,但缺乏有效的权力牵制,因此,被称为“帝王式总统制”。

《韩国宪法》是1987年6月民主抗争结束后,经执政党和在野党协商一致修订的,体现了国民对实现最大限度保障人的尊严和国民基本权利的政治共同体的热切期盼。采纳总统直选制,强化了总统的民主正当性。总统任期采纳5年单任制,废除总统对国会的解散权等,消除了长期独裁的可能性。通过恢复国会的国政监察权、新设宪法法院等措施,限制总统的权限,进一步完善基本权利规定。

但是,通过本案审判可以看到,《韩国宪法》下依然存在帝王式总统制的弊端,如政经勾结等。《韩国宪法》旨在根除权威主义的权力结构,那么,这些弊端为何依然存在?

---

① 需要指出的是,下文将“我国”“我国宪法”等韩文均译为“韩国”“韩国宪法”等。

二、《韩国宪法》在权力结构存在的问题

1987年通过修宪实行总统直选制以后,在总统"权力形成"的民主正当性方面有了重大的变化,但是在总统"权力行使"的民主正当性方面,与以往的权威主义方式相比并没有太大突破。法律案提交权、预算编制与提交权、广泛的行政立法权等权限集中于总统一人,缺乏有效的牵制手段,而且即使有牵制手段,也无法正常运作。现行《韩国宪法》的权力结构与被请求人的领导力问题最终导致"秘线组织干涉国政、总统滥用权限、与财阀企业进行政经勾结"等一系列政治恶习。

(一)秘线组织干涉国政

依照《韩国宪法》第67条第1款的规定,总统由国民以普通、平等、直接、秘密选举的方式选出,以赋予民主正当性。总统不仅要在权力形成过程中通过选举获得民主正当性,还要在权力行使过程中通过透明的程序和沟通不断获得民主正当性。

秘线组织即所谓"秘线实权人物"干涉国政,与总统权力过度集中的帝王式总统制有关。因"水门事件"下台的美国总统是帝王式总统制的始作俑者,但依照现行《韩国宪法》,韩国总统可以行使比这位美国总统更集中的权力。韩国与美国不同之处在于,韩国的行政部拥有法律案提交权、预算编制与提交权,而须经国会同意或人事听证会的公职人员范围有限。美国是联邦制国家,而韩国的地方自治团体从属于中央政府,实行缺乏自律与责任的地方自治。

与1987年第9次修宪时相比,韩国的经济规模增长了10倍以上,社会矛盾结构呈多元化、纵深化态势。在这样的大背景下,总统作为国家元首和行政首脑,其工作不仅在量上增加,而且在质上趋于专业化、多样化、复杂化。总统权力也随之实质性扩大,未被赋予民主正当性的秘线组织依附于强有力的总统权力,扩大了其活动空间。秘线组织干涉国政不利于提高决策的透明性与公正性、保障国民的预测与控制可能性及因行使权力而伴生的责任担保。尤其是秘线组织"持续"干涉国政可能会切断国民与国家机关之间的"民主正当性的纽带",降低"政治过程的透明性"和"国民参与政治过程的可能性",使代议民主制原理形同虚设。

在本案审判中,没有民主正当性的所谓秘线实权人物崔顺实向被请求人推荐部长、副部长人选和青瓦台参谋,干涉高层公职人员人事任免,

对国家政策决策发挥影响力,“持续”干涉国政的事实得到了确认。现行《韩国宪法》的权力结构导致总统权力过度集中,助推崔顺实干涉国政,保障权力行使的民主正当性和程序的透明性面临严重挑战。

(二)总统滥用权限

帝王式总统的指示或一句话对国家机关的人员构成或国家政策决策能够产生绝对影响力。虽然根据总统领导力的不同,其影响程度有所差异,但是包括国务总理在内的国务委员和青瓦台参谋只能服从于总统的决策和指示,很难自由陈述与总统不同的意见。而且,在现行《韩国宪法》下,总统权力过度集中、自上而下的决策文化尚未根除、注重情意的裙带主义依然存在等因素的多重作用下,总统恣意行使权力的问题将进一步加剧。因此,现行《韩国宪法》的总统制成为总统恣意行使权力的必要条件。

韩国实行胜者全得的多数代表制,只要某个候选人得票比其他候选人多,哪怕只多得一票,就能获得帝王式政治权力,否则就被排挤在权力中心之外。韩国社会的重要价值和资源配置以政治权力为核心,政治圈为了获得权力展开激烈对峙和斗争。政治势力之间的死缠恶斗使理念的对立和地域主义加剧,引发社会矛盾。这样,有时总统出于私人和党派利益,往往恣意决定国家机关的人员构成或国家政策决策,而不是按照透明的程序,公正客观地作出决策。

包括总统在内的国家机关的所有决策应按照法定程序进行,实质性地受到法律羁束。总统滥用权限会损坏法治国家的理念,侵犯个人的基本权利,损坏职业公务员制度的本质内容。尤其是总统为谋求私利而滥用权限,会损坏国家共同体追求的公益和共同价值。

在本案审判中,由于被请求人指示或默认,在很长一段时间里,国家机关的机密文件被泄露给崔顺实,其无视国家权力的公共性、干涉私营企业经营等事实得到确认。综上,现行《韩国宪法》的权力结构导致总统权力过度集中,从而助长了总统恣意行使权力和滥用权限,不利于保障权力行使的公正性和合法性。

(三)与财阀企业进行政经勾结

根据现行《韩国宪法》,总统权力过度集中,这与成为韩国社会痼疾的“与财阀企业进行政经勾结”有密切关联。财阀企业曾经在政治权力的保护下引领工业化和经济高速增长,这是不可否认的事实,但是,以财阀企业为中心的经济增长模式导致政经勾结,滋生了违法和腐败现象。政治权力与财阀企业进行政经勾结,让财阀企业享有特权地位,对其他经济主体的主动性和创意性造成打击。

根据现行《韩国宪法》的规定,“大韩民国的经济秩序以尊重个人和企业的经济上的自由和创意为基本”(第119条第1款),“国家维护国民经济的均衡发展和稳定以及适当的所得分配,防止市场支配和经济力滥用,为通过经济主体间的协调而实现经济民主化,可以对经济进行规制和调整”(第119条第2款)。这是为保障个人和企业的经济上的自由和创意,摆脱以财阀企业为中心的经济政策,杜绝政经勾结,实现经济民主化的宪法宣言。

但自1987年修宪后,政治权力和财阀企业之间的政经勾结依然存在。在本案审判中,被请求人秘密利用总统权限,让财阀企业向被请求人主导的财团出资的事实得到确认。这从一个侧面表明,总统权力过度集中是政经勾结的原因,可能会侵害市场经济秩序的中坚力量——个人和企业的财产权和经济自由,阻碍经济正义和社会公正性的实现。

(四)小结

在现行《韩国宪法》的权力结构下,“秘线组织干涉国政、总统滥用权限、与财阀企业进行政经勾结”的现象依然存在,这些都是帝王式总统制造成的政治恶习。这些政治恶习阻碍了主要宪法价值——民主正当性、程序的透明性、社会公正性和经济正义的实现。

三、现行宪法权力结构的改革课题

1.基于“为保障国民的基本权利而分割权力,实现权力之间牵制均衡”的分权原理,注重地方的自律与责任的地方分权原理、弥补代议民主主义局限性的直接民主主义原理、得到强化的现代化分权国家的宪法秩序可以成为帝王式总统制的替代方案。

现行《韩国宪法》的权力结构给总统赋予了“国家元首”(第66条第1款)和“国家和宪法守护者”(第66条第2款)的地位,将权力集中在总统身上,期待总统在履行国政时发挥强有力的领导力。但是,这会导致集权化倾向,政治权力与主权者国民之间的距离越来越远,集权化走上绝对主义,绝对权力必将导致腐败。而且,将现代国家的专业化、复杂多样、庞大的政策课题托付给总统个人的政治力量,反而会导致效率低下。

韩国站在发达国家的门槛上，面临巨大的发展障碍。韩国需要解决经济两极化问题，克服不同理念、地域、世代间的矛盾，实现社会团结和国家发展，进而在强国的夹缝中，维护国家安全，保护自己免受朝鲜核武器及导弹威胁，开创和平统一道路。民主主义不是压制社会矛盾，而是在政治框架内团结起来，达成社会合意。韩国为有效履行这一时代课题，应建立注重妥协和慎议的权力结构，通过透明的程序和沟通，对社会的各种利害关系进行民主协调，确保权力公正行使。这是因为透明公正地行使权力可以消除社会矛盾，提升社会信任度和国民安全，实现社会团结和国家发展。因此，有必要进行权力结构改革，从助长政经勾结等政治恶习和死缠恶斗的消耗性政治斗争的帝王式总统制，向可以实现协同治理、透明公正行使权力的权力共享型分权制转变。

2. 经修宪将权限集中在由国民选举产生的总统身上、国民对个别国家机关的信任度、朝韩分裂背景下的安全问题、国民对政府形态的法感情等因素综合起来看，根据国民的选择，二元执政府制、议员内阁制或责任总理制的实质化等可以成为替代现行《韩国宪法》总统制的现实性方案。

对过度集中的总统权力进行分散的方法是，在改变政府形态的同时，将中央集权的权力大量下放至地方，实现居民近距离民主主义。地方自治制度是指，从国民主权原理出发，居民作为主权的地域主体实现自我统治（韩国宪法法院 1998. 4. 30. 96 违宪审查型宪法诉愿 62）。具有划时代意义的地方分权有利于引导居民自律参与，提高民主市民意识，实践草根自治，在地方的经济、社会、文化特点的基础上，推动地域发展，进而推动国家发展。而且，地方分权得到强化有利于缓解地方对中央集权型资源配置的不满，有助于实现社会团结和开创和平统一道路，有利于统一后实现国民团结。

国会议员选举中的比例代表制以政党制民主主义为立足点，强化国民主权原理的出发点——投票结果的比例性，根据选民的意思，忠实反映社会的多元化政治理念（韩国宪法法院 2009. 6. 25. 2007 权利救济型宪法诉愿 40）。因此，为了协调韩国社会的各种利害关系，应该确立政党的整体性，在比例代表国会议员候选人选择过程中确保透明性和公正性的前提下，扩大比例代表制（韩国宪法法院 2016. 5. 26. 2012 权利救济型宪法诉愿 347 补充意见）。

为了让国民了解国家政策的核心事项，对国家机关进行有效控制，应该在宪法中阐明权力行使过程的透明性原则,并依照法令将这一原则具体化。在对过度集中的总统权力进行分权的过程中,应积极探索以国民召罢免制、国民创议制、国民投票制等形式强化直接民主制要素,对分散在国会或地方自治机关的权力进行控制的方案。

应积极探索在行政各部首长和行使主要国家权力的国家情报院院长、检察厅厅长、警察厅厅长、国税厅厅长等任命过程中保障透明性和公正性的方案,如任命须经国会同意。应缩小庞大的青瓦台参谋组织,限制总统的赦免权,保护分权和法律衡平的法治国家原理免受损坏。而且,为了促进地方自治、克服地域主义、实现和平统一、实现统一国家的国民团结,有必要探索引进国会两院制度,设置地域代表型上院。需要注意的是,到了统一即将成为现实的阶段才开始讨论国会两院制度,反而会对和平统一造成障碍。

3. 权力结构改革应该使分权和协同治理、透明公正地行使权力变为可能,并且以尊重人的尊严和价值、最大限度地保障国民的基本权利为目的。权力结构改革须经国民参与,而国民参与过程应充实反映主权者国民的意思。这个过程应该进行理性的对话和熟议,征求多数国民公意的民主公论过程,而不是不同政治势力之间进行权力斗争或暗箱操作的过程。

四、对弹劾审判相关主张的意见

有些人主张,以往政权的秘线组织干涉国政、国家权力私有化、政经勾结的问题比现在更严重,应驳回对被请求人的弹劾审判请求。

1. 依照现行《韩国宪法》的规定,负责弹劾审判的是宪法法院,而不是国会(第111条第1款第2号)。这可以解释为,现行《韩国宪法》强调法治国家原理。弹劾制度的目的是罢免有违法行为的公职人员,确立宪法秩序。若总统严重违反宪法或法律,从维护宪法的角度来看,维持总统职务无法容忍时,或者总统辜负国民信任,丧失履行国政资格时,宪法法院作出罢免决定(韩国宪法法院2004.5.14.2004弹劾1)。对于"总统有严重的违法行为,足以将罢免总统正当化"没有确定的、固定的判断标准,在具体案件中,综合考虑:总统的违法行为的情节和内容,被侵害的宪法秩序的含义和内容,弹劾审判的时代状况,所追求的未来宪法价值和秩序,民主主义的历史和政治、经济、社会、文化环境,国民对维护宪法法感情等因素作出决定。

《韩国宪法》宣布，所有国民在法律面前人人平等。所有国民均不因性别、宗教、社会地位而在政治、经济、社会、文化生活的所有领域受到歧视（第11条第1款）。但是，宪法并不保障违法的平等（韩国宪法法院2016.7.28.2014违宪审查型宪法诉愿372）。

在本案审判中，依照证据认定被请求人的违法行为，并且鉴于上述原因，认定被请求人的违法行为属于“严重的违法行为，足以将罢免总统正当化”。因此，与以往政权的违法行为进行比较，据此主张驳回弹劾审判请求的观点已经没有任何意义。

2.“遵守和维护宪法的义务”当然是从法治国家原理派生出来的，鉴于总统肩负重任，总统既是国家元首，又是行政首脑，《韩国宪法》第66条第2款和第69条再次强调了这一点。依照这样的宪法精神，对于全体国民来讲，总统是“法治和守法的象征性的存在”。基于此，总统不仅要竭尽全力维护和实现宪法，而且要遵守法律，不得作出违反现行法的行为，进而要作出实现立法者的客观意思所需的一切行为（韩国宪法法院2004.5.14.2004弹劾1）。古代圣贤说过，官吏的守法是民众守法的前提条件，官吏不能够守法，要求民众守法是不可能的事情。（参见《管子·重令》篇：“凡君国之重器，莫重于令。令重则君尊，君尊则国安；令轻则君卑，君卑则国危。故安国在乎尊君，尊君在乎行令，行令在乎严罚。罚严令行，则百吏皆恐；罚不严，令不行，则百吏皆喜。故明君察于治民之本，本莫要于令。故曰：亏令者死，益令者死，不行令者死，留令者死，不从令者死。五者死而无赦，唯令是视，故曰：令重而下恐。”）这句话强调了包括总统在内的领导人遵守法律的重要性。因此，与普通国民的违法行为相比，总统的违法行为对宪法秩序造成的负面影响更大，因此要从严处理。

韩国于2015年3月制定《禁止不当请托与收受财物法》。该法自2016年9月起施行，适用对象不仅包括公职人员，还包括私立学校有关人员和新闻工作者。该法禁止公职人员等人接受不正当请托行为，而且即使没有职务相关性或代价性，也可以对公职人员等人的收受财物等行为进行制裁。该法的立法目的：根除公职人员群体的腐败结构，保障公职人员公正地履行职务，获得国民对公共机构的信任。国民对建设公正清廉的社会寄予热切期盼，仅凭这一点，也必须从严处理总统的违法行为。

3. 既然这样,就算为了维护韩国宪法秩序,根除秘线组织干涉国政、总统滥用权限、与财阀企业进行政经勾结等政治恶习,也要引用本案审判请求。

五、结论

1. 从本案审判程序的整个过程来看,总统中断履行职务,造成严重的国政空白,国内舆论分裂,给国家造成严重的损失。为了克服这种困难局面,实现国民团结,除对总统个人进行弹劾审判外,还要为了根除秘线组织干涉国政、总统滥用权限、与财阀企业进行政经勾结等政治恶习,为了对助长政治恶习的权力结构进行改革,而作出省察与反思。

帝王式总统制由现行《韩国宪法》的权力结构所决定,这不能成为将被请求人的违法行为正当化的借口。综上所述,总统权力过度集中是助长被请求人的违法行为的因素,这是不可否认的事实。而且,总统弹劾审判所体现的时代精神对分权和协同治理、透明公正地行使权力提出了要求。以体现这一时代精神的权力共享型分权制替代帝王式总统制,有利于根除韩国社会中存在的垂直型权威主义文化恶习,有利于消除存在于政治、经济、社会的方方面面的非民主要素,进而在韩国社会各领域使人人享有平等的机会,使人人都能最大限度发挥能力,强化国家共同体的公正性,均等提升国民生活水平。

柏拉图在他所著的《国家篇》中警告:"当统治成为争取的对象,将导致同族之间内乱,不仅会毁灭当事人,还会毁灭其他市民。"①柏拉图的警告对我们讨论权力结构改革具有重要启迪意义。

2. 据我所知,有些人担心本案弹劾审判会引发国民之间理念矛盾,但是本案弹劾审判不是保守和进步理念的问题,而是实现宪法价值、维护宪法秩序的问题。而且本案弹劾审判不仅仅是判断总统过去的行为是否违法,是否予以罢免,还将提出未来韩国应该追求的宪法价值和秩序的规范标准。

如法庭意见所示,对于全体国民来讲,总统是"法治和守法的象征性

① 柏拉图:"当统治权成了争夺对象时,这种自相残杀的争夺往往同时既毁了国家也毁了统治者自己。"参见[古希腊]柏拉图:《理想国》,郭斌和、张竹明译,商务印书馆2018年版,第284页。——编者注

的存在”，而被请求人的违法行为是严重违反宪法和法律的行为。驳回本案弹劾审判请求，可能会导致政经勾结等政治恶习扩大和固化。这不仅对当前宪法秩序造成负面影响，而且与《韩国宪法》追求的理念价值相冲突，与《禁止不当请托与收受财物法》制定过程中所体现的“国民对建设公正清廉的社会的热切期盼”背道而驰。

基于此，作为本案弹劾审判的宪法裁判官，我不得不作出罢免被请求人的决定。作出该决定是为了维护基于自由民主的基本秩序的宪法秩序，是为了在我们和子孙后代生活的韩国实现正义，根除秘线组织干涉国政、总统滥用权限、政经勾结等政治恶习。

3. 如果以本案审判程序中的罢免决定为契机，体现时代精神，进行权力结构改革，韩国的自由民主主义和市场经济将迈向新台阶。建立在自律与和谐基础之上的自由民主的基本秩序将得到进一步巩固，以自由和创意为基本的市场经济秩序将在均等提升国民生活水平的同时得到更大发展，我们和子孙后代的自由与平等、安全与幸福将进一步提升。

欧　盟

欧盟法院关于戴必瑟案等三案及其判决

回　颖*

案件编号:ECLI:EU:C:2016:955
判决机关:欧盟法院
判决日期:2016 年 12 月 15 日
关 键 词:边境工人　人员自由流动　欧洲一体化

【案情概要】

2016 年 12 月 15 日,欧盟法院对诺米·戴必瑟和赛德·克鲁(Noémie Depesme & Saïd Kerrou)诉卢森堡高等教育和研究部长(以下简称部长)案①、阿德里安·考夫曼(Adrien Kauffmann)诉部长案②以及马克西姆·赖佛特(Maxime Lefort)诉部长案③ 3 个联合案件作出了裁决。

戴必瑟(女)为居住在法国的法国公民,她的继父克鲁已经在卢森堡拥有 14 年边境工人④的身份,2006 年 5 月 24 日其与戴必瑟的母亲结婚,从此 3 个人便在同一家庭中生活。克鲁负责抚养其配偶的孩子,包括相

---

* 首都师范大学政法学院讲师,法学博士。

① C - 401/15 Noémie Depesme v. Minister de I'Enseignement supérieur et de la Recherche, ECLI:EU:C:2016:955.

② C - 402/15 Adrien Kauffmann v. Minister de I'Enseignement supérieur et de la Recherche, ECLI:EU:C:2016:955.

③ C - 403/15 Maxime Lefort v. Minister de I'Enseignement supérieur et de la Recherche, ECLI:EU:C:2016:955.

④ 根据欧盟理事会第 1408/71 号规则第 1 条的规定,边境工人(frontier worker),是指受雇或者作为个体经营者在一个成员国内从事某种工作,但是定居在另外一个成员国境内的人。与移民工人(migrant worker)的区别在于,边境工人必须定期或者至少每周返回他的居所一次。

关高等教育开支;其继女在开始高等教育之前也一直获得有卢森堡政府给予的有关家庭福利。

考夫曼(男)是居住在法国的法国公民,其父母于2005年6月20日离婚,母亲获得了抚养权。2007年3月10日,其母与基福(Kiefer)结婚,基福是一名卢森堡境内的边境工人,考夫曼从那时起便与他在一个家庭共同生活。基福承担了其抚养和教育的责任,并领取了卢森堡政府给予考夫曼的家庭福利。

赖佛特(男)是居住在比利时的比利时公民,其生父已经去世,其母后来与特尔沃涅(Terwoigne)结婚,婚后特尔沃涅已经在卢森堡作为边境工人超过5年;赖佛特与他的母亲和继父一同生活。特尔沃涅承担了维护家庭的财政开支成本,并承担了赖佛特的高等教育开支。

戴必瑟等3人向卢森堡当局递交申请,请求获得2013~2014学年有关高等教育研究的国家财政资助。部长在2013年9月26日、10月17日和11月12日分别拒绝了其申请,理由是他们并未满足2000年6月22日卢森堡法律中所规定的条件。3名学生在向卢森堡政府递交申请时,只有他们的继父才是该国境内的受雇人员。因此,部长认为如果仅仅依据2000年6月22日法律修正案第2条所规定的条件,戴必瑟等3人不应被视为边境工人的"子女"(child)。

2013年12月20日,戴必瑟向卢森堡行政法院提出请求,要求撤销拒绝其申请的部长决定。2014年1月29日和4月25日,赖佛特和考夫曼也分别向同一法庭提交了相似的请求,请求撤销拒绝其申请的决定。

在2015年1月5日的判决中,行政法院裁定戴必瑟等3人的申请是可接受的,但是缺乏相关法律依据。戴必瑟等3人随后提出上诉。卢森堡政府主张,行政法院2015年1月5日的判决应该予以维持,并坚持认为戴必瑟等3人在法律所规定的时间内并非其继父的"子女"。

卢森堡高等行政法院(以下简称高等法院)指出,对2000年6月22日法律修正案第2条中有关亲子关系的规定应当予以参考,同时还应考虑2013年6月20日所作的判决。[①] 按照高等法院的意见,这3个争议的解决需要对2000年6月22日法律修正案第2条中边境工人的"子女"这

① C-20/12, Elodie Giersch, Benjamin Marco Stemper, Julien Taminiaux, Xavier Renaud Hodin, Joëlle Hodin v. État du Grand-Duché de Luxembourg EU:C:2013:411.

个概念作出解释，而这一解释应符合欧盟第 492/2011 号规则①第 7(2)条非歧视原则的要求。

高等法院提出，该判决所强调的相关标准应该是那些申请卢森堡大公国高等教育研究国家财政资助的非居留学生提出的卢森堡社会或者劳动力市场附属状况的真实水平。在某种情况下，这种联系并不直接源于学生，原因在于他并不居住在卢森堡，而是以边境工人为中介，高等法院无法确定在学生寻求高等教育国家财政资助与边境工人被接纳之间，应该适用一个严格的法律概念还是一个更经济的亲子关系概念。依据高等法院的意见，这两种解释都是一种先验的假象(priori conceivable)。如果 2000 年 6 月 22 日法律修正案中的"子女"概念是指受抚养的子女，那么就会产生进一步的问题，即边境工人为学生提供抚养所产生的效果需要达到怎样的程度。高等行政法院强调这一问题与边境工人对学生的供给水平有关，也与另外一方父母对其供养的水平有关。最后，法院也无法确定对边境工人与该学生的另一方家长之间关系紧密程度的重要性应该如何衡量。

在这样的情形下，高等法院决定中止诉讼，并向欧盟法院提交如下问题，请求给予初步裁决：②

——对学生应该是边境工人的"子女"的要求是否意味着他必须是边境工人"第一顺位的直系后代，其与父母的关系是法定关系"；由于强调的重点放在了学生和边境工人亲子关系的方面，这是否意味着将上述联系作为基础，或者

——强调的重点是否应该放在边境工人"持续提供学生的抚养"这

---

① Regulation(EU) No 492/2011 of the European Parliament and of the Council of 5 April 2011 on freedom of movement for workers within the Union Text with EEA relevance，这一规则是对先前欧盟第 1612/68 号规则的修订和替代。

② 初步裁决(preliminary rulings)，也译为"先行裁决权"等，是为了确保欧盟法的统一解释和适用。《欧洲联盟运行条约》(Treaty on the Function of the European Union，TFEU)第 267 条赋予欧盟法院的一项重要司法权，即成员国法院可以(有时必须)请求欧盟法院就欧盟法上的某个问题作出解释，以便他们能够确定其国内立法是否与欧盟法相符合，进而对自己正在审理的案件作出裁决。欧盟法院的初步裁决不仅对它所发至的成员国法院在处理自己案件时具有约束力，而且对于那些面临相同欧盟法问题的其他成员国法院也具有同样的约束力。

一事实方面,而不必要与学生之间具有法定的亲子关系,特别是在可确定边境工人和学生家长之间充分公开生活联系的情况下,这种亲子关系是否是一种法定关系?

——从后一种角度看,如果被界定为非强制性的,那么是否边境工人对子女的抚养并不要求是排他性的,而是与另一个或多个具有法定亲子关系的家长与学生之间的联系并存。那么,依据抚养学生法定义务的原则,这种贡献是否应当满足一定的物质条件标准?

【本案所涉及的成员国法律和欧盟法律】

(一)卢森堡相关法律

由前述事实可以看出,在诉讼主程序事实发生时,卢森堡高等教育研究国家财政资助是由2000年6月22日有关高等教育研究国家财政资助的法律①予以规范的,该法律于2013年7月19日进行了修订。2013年7月19日法律对2000年6月22日法律中仅针对2013/2014科研年度有效的部分予以了修订(以下简称2000年法律修正案),并在2013年6月20日的判决中被采用并产生效力。2000年法律修正案的第2条规定:"未居住于卢森堡大公国的学生同样可以获得高等教育科研财政资助,如若其为卢森堡公民或者欧洲联盟公民或者欧洲经济区[1992年5月2日(OJ 1992 L 1,p.3)]成员国公民或者瑞士联邦共和国公民的子女,该公民须在卢森堡受雇或者持续活动,并且在卢森堡境内的雇用或持续活动在学生提交高等教育研究财政资助申请时已经持续至少不低于5年的连续时间。在卢森堡境内的就业必须是在公司内部完成至少一半的正常工

① 该项立法在2013年7月19日进行了修订,该修正案于2014年7月24日被有关高等教育研究国家财政资助的法律(Mémorial A 2014,p.2188)所废止。2014年7月24日法律修正案第3条规定:"学者或者学生,按照第2条的定义(以下统称为'学生'),只要满足以下条件之一就可以从国家高等教育科研财政资助中获益……(5)为非居住在卢森堡大公国的学生……(b)为卢森堡公民或者欧盟公民或者欧洲经济区协定范围内其他成员国公民或者瑞士联邦共和国公民的子女,该公民须为受雇于卢森堡大公国境内或者在卢森堡大公国境内从事活动的工人,并且在该学生提交相关高等教育研究国家财政资助申请时,该工人应当与该学生有持续的抚养关系,并且该工人在该学生提交相关高等教育研究国家资助申请时应已经在卢森堡大公国内受雇或者从事活动不少于五年时间,该时间从申请高等教育研究财政资助之日起往回推算七年作为参考时期,或者通过减损的方式,该人员在其完成工作之后通过保留工人身份满足前述七年之间五年的要求。"

作小时数,处于一种生效的集体劳资协议状态下或从中受益。个体经营者须符合卢森堡大公国社会保障体系的要求,依据社会保障法案第1(4)条的规定,申请高等教育研究财政资助应连续五年被纳入社会保障制度。”

(二)欧盟相关法律

1. 欧盟基础条约

本案涉及的欧盟基础立法主要是《欧洲联盟运行条约》第45条,该条规定:(1)应保证劳动者在联盟内自由流动;(2)此等自由流动应包括,在雇用、报酬和劳动与就业的其他条件上,禁止对不同成员国的劳动者施加任何基于国籍的歧视……

2. 欧盟二级立法——规则和指令

本案所涉及的二级立法包括理事会第1612/68号规则①和第2004/38号指令。②

第1612/68号规则被2011年6月16日起生效的第492/2011号规则③替代。该规则第7条规定:“(1)在任何有关雇佣和工作条件方面,具有一个成员国国籍的工人不应因其国籍而在其他成员国内遭受与该国工人的区别对待,特别是有关报酬、解职,或者有关可能失业、复职或者再就业的情形。(2)其应当与该成员国工人享有同样的社会和税收优惠……”该规则第10条规定:“(1)下列人员,不论其国籍如何,有权与成员国工人或者在另一个成员国受雇的工人一样取得任职:(a)其配偶以及年龄不满21岁的后代或者受其抚养的后代……”

第2004/38号指令第2条规定:“依据本指令的目的……(2)‘家庭成员’的意思是:(a)配偶,(b)如果所在成员国的立法将注册伙伴视为等同于婚姻,或者与所在成员国法律中规定的相关条件相符合,那么欧盟公

① Regulation(EEC) No 1612/68 of the Council of 15 October 1968 on freedom of movement for workers within the Community [1968] OJ L 257.

② Directive 2004/38/EC of the European Parliament and of the Council of 29 April 2004 on the right of citizens of the Union and their family members to move and reside freely within the territory of the Member States [2004] OJ L 158/77.

③ Regulation(EU) No 492/2011 of the European Parliament and of the Council of 5 April 2011 on freedom of movement for workers within the Union Text with EEA relevance [2011] OJ L 第41/1,这一规则是对之前第1612/68号规则的修订和替代。

民已经通过契约与之确立了注册伴侣关系的伙伴,(c)年龄不满21周岁的直系后代或者受抚养者,以及配偶或者(b)项中伴侣的年龄不满21周岁的直系后代或者受抚养者……"

第2014/54号指令第3条和第5条的具体规定为:"……(3)欧盟公民在其行使自由流动和居住的权利时应享受成员国公民的基本待遇。有必要对目前共同体分别处理工人、个体经营者,以及学生和其他不活跃人员的方式予以整理和回顾,以便对所有欧盟公民自由流动和居住的权利进行简化和加强……(5)在自由和保障尊严的客观条件下,所有欧盟公民在成员国范围内自由流动和居住的权利应该同样被授予他们的家庭成员。依据本指令的目标,如果所在成员国的法律将注册伴侣视为等同于婚姻,那么'家庭成员'应同样包括注册的伴侣。"①

【欧盟法院的裁判】

欧盟法院首先提出,《欧洲联盟运行条约》第45条所规定的工人自由流动在受雇、薪酬以及其他工作和雇佣条件方面必须消除任何基于国籍的歧视,这是欧盟法的基本原则和最高规范。而第492/2011号规则第7(2)条是对基础条约所确立的平等对待原则的具体化,特别是在适用于社会福利领域时,其解释应当与基础条款的解释严格一致。② 因此,一名

---

① 欧洲议会和理事会2014年4月16日第2014/54/EU号有关促进工人便利行使其在工人自由流动背景下被授予的权利的措施的指令第1条明确规定:"工人的自由流动是欧盟公民的基本自由,也是《欧洲联盟运行条约》(TFEU)第45条中所确立的欧盟内部市场的支柱之一。其实施通过欧盟法所致力于保障的欧盟公民及其家庭成员被授予的权利能够得到全面行使而获得了进一步发展。'其家庭成员'应该被理解为与指令(2004/38/EC)第2条所界定的术语具有相同的含义,同样适用于边境工人。"该指令第1条规定:"本指令规定了有利于《欧洲联盟运行条约》第45条和规则(第492/2011号)第1条至第10条规定的相关权利能够得到统一实施和在实践中得以加强的措施。本指令适用于欧盟公民及其家庭成员(欧盟工人及其家庭成员)行使这些权利。"该指令第2条规定:"1. 本指令适用于有关工人自由流动领域方面规则(第492/2011号)第1条至第10条中所涉及的下列事项……(c)获得社会和税收优惠……2. 本指令所调整的范围与规则(第492/2011号)相同。"因为该指令的颁布和实施在该案主要程序发生之后,并不具体适用于该案,但是欧盟法院在该案裁决中引用该指令对边境工人的权利予以强调。

② 参见2006年2月23日判决,Commission v. Spain,C-205/-4,未公开,EU:C:2006:137,第15段;2007年9月11日,Hendrix,C-287/05,EU:C:2007:494,第53段;2013年6月20日,Giersch和其他人,C-20/12,EU:C:2013:411,第35段。

在其他成员国境内工作、具有欧盟成员国国籍的工人,应当与该国工人享有同样的社会和税收福利。法院在不同案件中的裁决反复表明,该条款应同样施惠于定居于所在成员国的移民工人和居住于其他成员国而在所在成员国受雇的边境工人。①

法院进而认为,对抚养和能否获得大学学习教育的援助应主要由第1612/68号规则第7(2)条中规定的社会福利来予以具体资格证明。法院还发现,只要移民工人持续提供子女的供养,那么由成员国提供给该工人子女的学习金融资助就符合第1612/68号规则第7(2)条规定的社会福利。② 依据法院的判例,第1612/68号规则第7(2)条的规定赋予工人的平等权也间接被授予了移民工人的家庭成员。既然给予一名移民工人子女的助学金构成了给予移民工人的社会福利,那么,该子女本身应该可以通过条款以获得资助,而按照国内法的规定,这种资助是直接赋予学生的。③

在这些问题都得以说明之后,接下来的就是与本案密切相关的问题——"边境工人的子女"是什么含义、如何在法律上予以解释、它应当包含的范围有多大、如何满足法律上所要求的条件等问题。

法院认为,在这方面,特别需要提出的是第1612/68号规则第10(1)(a)条,根据该条款的规定,工人的配偶"及其未满21周岁的后代或者受抚养者",无论他们的国籍,都有权利附着于工人(had the right to install themselves with a worker),而该工人为某一成员国公民且受雇工作于另外一个成员国境内。如果对该条款进行限制性解释,其效果将会是只有该移民工人及其配偶共同的子女才能享受这样的权利,这将不利于移民工人家庭成员之间一体化的目标。

对于卢森堡法院提出的在认定"边境工人子女"这一问题上,是否需

---

① 参见2007年7月18日判决,Geven,C-213/05,EU:C:2007:438,第15段;2012年6月14日判决,Commission v. Netherlands,C-542/09,EU:C:2012:346,第33段;2013年6月20日判决,Giersch和其他人,C-20/12,EU:C:2013:411,第37段;2016年12月14日判决,Braganca Lnares Verruga及其他人,C-238/15,EU:C:2016:949,第39段。

② 参见2012年6月20日判决,Giersch和其他人,C-20/12,EU:C:2013:411,第39段,以及所引述的判例法。

③ 参见2012年6月20日判决,Giersch和其他人,C-20/12,EU:C:2013:411,第40段,以及所引述的判例法。

要考量该工人是否参与了子女的抚养以及是否应当承担必要程度的抚养,以及如何确定必要程度的问题,欧盟法院也都予以了答复。首先,法院所秉持的观点是,第1612/68号规则第10条中所包含的家庭中受抚养者的地位并不以供养为先决条件。如果是这样,则该规则第10条规定的家庭的构成就应当取决于各成员国的国内法,而不同成员国之间的立法会有不同,这将最终导致欧盟法在适用过程中缺乏统一。因此,法院解释了第1612/68规则第10(1)条至第10(2)条的含义,即一个家庭中受抚养人的地位是一种事实状况的结果。具有这一地位的人就是由该名工人予以抚养的家庭成员,而无须再去确定需要工人供养的理由,或者提出所涉及的人员是否能够通过有偿就业来供养自己等问题。这一解释由确立工人自由流动的基本原则所决定,它是构成欧盟法的基础之一,必须予以广义解释。① 其次,在目前的案件中,一个家庭中受抚养的成员的地位取决于一种事实状态的结果,就成员国而言,如果恰当的话,应由国内法院予以评估。一名受边境工人抚养的家庭成员的状态,当涉及该名工人的配偶或者被认可的伴侣的子女的情况时,可以由客观因素予以证明,如工人和学生共享一种共同的家庭生活,边境工人对供养学生的贡献或者对其量的精确估算并非必须要考虑的因素。最后,对于卢森堡政府提出的,在个案中很难要求主管当局去调查是否以及在何种程度上对主诉讼程序中工人对正在申请财政资助继子女抚养的贡献问题上,欧盟法院予以了反驳。法院认为,从提交给法院的文件中很明显可以看出,依据适用于2014~2015学年的2014年7月24日的立法第3条,卢森堡的立法使授予高等教育研究国家财政资助需要满足工人"持续对于学生的供养作出贡献"这样的条件,既然国内法有这样的规定,那么就应当具备事实法律的能力和手段,因此,卢森堡政府未能支持自己所主张的对学生的抚养所做的贡献无法由政府予以精确评估的观点。

---

① 参见1987年6月18日判决,Lebon,316/85,EU:C:1987:302,第21~23段。

【评析】

一、欧盟的人员自由流动与权利"溢出"

人员的自由流动是欧盟法所构建的欧盟四大自由之一。① 对于人员自由流动的基础规范主要体现在《欧洲联盟运行条约》第 45 条中,它包含了有关"工人"的含义、"求职者"等中间群体的权利、成员国可以依法施加于工人及其家庭成员的限制类型、工人家庭成员可以享受的欧盟法所赋予的社会以及其他福利等。

从 1995 年开始,诞生了"欧洲联盟公民权"(citizenship of the union)这一概念,从而使欧盟内部人员自由流动发展到了一个更新、更高的阶段。在今天,可以说欧盟领域内人员的自由流动有一个广义的一般概念,即只要遵守欧盟基础条约和为实施该条约而采取的措施所规定的限制与条件,欧盟公民即有权在各成员国的领土内自由迁徙和居住。从 1985 年开始,经由《申根协定》(the Schengen Agreement)所建立起来的"申根区"(the Schengen Area)的不断扩展使彻底撤除边界检查的欧盟成员国区域达到 22 个国家。②

在欧盟法意义上,人员的自由流动包括三重含义:(1)移民权利,包括出入境、居住许可、设立企业等方面的权利;(2)市场进入权,即在一定条件下,工人和各种不同自雇职业者在各成员国市场上谋取职业的权利;(3)附属权利,包括附属或者派生于前两类权利的其他各种权利,如获取退休金等社会保障权利,以及关于工人家庭成员和亲属的相应权利等。

一项政策或者法律并不能涵盖社会生活中的各种情况,欧盟人员自由流动的初衷是希望推进一体化的进程,在这个进程中,这一权利本身会

---

① 其他三大自由为:货物的自由流动、服务的自由流动和资本的自由流动。

② 起初,自由流动概念是希望能够让欧盟范围内的工作人口可以在各成员国自由流动和定居,但是它未能废除欧盟内部的边界管制。1985 年,法国、德国、比利时、荷兰、卢森堡首先在卢森堡小镇申根签订协议,决定建立一个没有内部边界的区域,该协定被称为《申根协定》,根据该协定形成的区域被称为"申根区"。尽管其最初是作为政府间协议出现的,在《阿姆斯特丹条约》之后,申根制度已经成为欧盟法律体系中的一部分。现在,申根区国家包括绝大多数的欧盟成员国(保加利亚、克罗地亚、塞浦路斯、爱尔兰、罗马尼亚除外)。但是,非欧盟成员国冰岛、挪威、瑞士和列支敦士登已经加入了申根区。截至 2011 年,申根区国家共有 26 个。

发生各种“溢出”(spill-over)现象,从而不断挑战欧盟法与成员国法律之间的协调与统一。这些挑战不仅局限于经济领域,如双重税收的协调、不同行业就业标准和准入的协调等,它同时也会涉及社会领域政策中,例如,对“工人”这一概念的解释,对本国工人、移民工人和边境工人的不同界定,各成员国对于最低工作时间、最低工资标准的要求和雇佣合同要求;又如,由于工人的移动必然会带来社会保障措施的变更和迁移,而这一领域并不属于欧盟的专有范围,各成员国也会有不同的规定;再如,工人的自由流动必然会影响家庭成员的流动,这一影响又势必会对成员国之间有关社会保障、教育公平、公共健康等方面产生影响。如此例证,不胜枚举。可以说,因为人员的流动自由而产生的权利溢出对于东道国成员国的公共政策、公共安全和公共卫生领域都会产生重大影响。

欧盟法之所以规定人员的自由流动,其经济目的在于建立一个人力资源的共同市场;其政治目的在于通过取消移民的障碍和推行“欧盟公民权”这一概念,从而创造欧盟人民更强的内聚力。但与此同时,在各种经济和社会的维度上,也会产生各种不同的紧张关系。欧盟工人一方面是对欧洲共同市场的经济繁荣作出贡献的可移动的生产单元,但在另一方面又是个人,其自身及其家庭成员都有权居住在另外一个国家并享受平等对待权利。这两个方面的问题时常会发生矛盾。同时,人员流动自由的实现与成员国希望对于入境本国的人员行使控制权也会产生紧张关系,特别是当需要入境的并非欧盟成员国公民,而仅仅是以工人家属身份进入这种情况时。

因此,在欧盟的宪法性法律框架中,平等对待和非歧视原则(equal treatment and non-discrimination)被不断发展起来,以应对上面的问题。平等对待和非歧视原则最初只用于处理有关男女平等和男女同工同酬等问题,但现在经由条约授权,欧盟在性别、种族或民族、宗教信仰、年龄、残疾或者性取向等领域均有权实施平等对待和非歧视原则。各种欧盟机构也对于这一原则的推动起到了作用,如欧盟基本权力机构(EU Fundamental Rights Agency)、欧洲性别平等学会(European Institute for Gender Equality)以及欧洲平等网(Equinet)①等。欧盟法院更是将平等对

① 欧洲平等网:http://www.equineteurope.org/,这是一个有关国家平等的机构和组织的网络,其有权在欧盟法禁止的各种范围内消除各国的歧视。

待和非歧视原则作为欧盟法的基本原则运用到其判决和裁定之中,对这一原则的切实履行起到保障作用。在没有具体立法的前提下,免于国籍歧视的保护并没有扩展到全部非欧盟公民,但却覆盖了欧盟公民和某些其他社会福利项下的家庭成员和长期居住者。① 可以说,平等对待和非歧视原则是对欧盟人员自由流动的保证,没有这一原则,就无法实现人员的自由流动,也就无法实现欧盟进一步加深和紧密一体化的目标。

二、以"工人"为核心的平等待遇权

欧盟法院反复强调在国籍问题上自由流动和非歧视这两个基本原则的重要作用。《欧洲联盟运行条约》第 45 条被认为是在工人这一语境下的具体应用,而该条约第 18 条则是免于国籍歧视的一般原则。由戴必瑟等案可见,3 名原告均与边境工人构成一种"拟制血亲"关系,其权利都是围绕着其继父——边境工人的权利而展开和享有的。

人员自由流动的核心是工人的自由流动,尽管在早期的二级立法之中,许多基本概念并没有得到界定,但是欧盟法院却在其审理实践中对包括"工人"在内的一些基础术语的核心内涵给予了界定。起初,问题在于条约未能对于"成员国工人"(《欧洲联盟运行条约》第 45 条第 2 款)这一概念是仅仅包含成员国的国民,还是包括在欧盟境内定居或者工作的非欧盟国家国民这一问题予以明确。具体实施该条约第 45 条的二级立法,特别是第 1612/68 号规则(新的规则是第 492/2011 号规则)将工人特别限定为成员国公民,这种解释也被欧盟法院采纳。

欧盟法院一贯认为,对于"工人"的界定是欧盟法的问题,而非国内法问题。这样,可以避免"不同的成员国对移民工人的概念进行修正",导致"挫败条约目标"。② 因此,欧盟法院始终坚持自己拥有"垄断解释权"(hermeneutic monopoly),③并不断扩大对这一概念的解释。现在通常认为:任何从事有效和真实就业活动的人,只要不被视为"纯粹边缘和

---

① See Paul Graig, Gráinne de Búrca, *EU LAW: Text, Cases, and Materials*, sixth edition, Oxford University Press, 2015, p. 893.

② Ibid., p. 749.

③ See G. Mancini, *The Free Movement of Workers in the Case-law of the European Court of Justice*, in D. Curtin and D. O'Keefe (eds.), Constitutional Adjudication in European Community and National Law, Butterworths, 1992, p. 67.

附属"的小规模活动,都被视为工人。[①] 因此,在欧盟法上,"工人"除本国工人外,还包括移民工人和边境工人。他们与所在成员国之间的紧密程度明显呈现递减的关系。边境工人甚至不定居在所在成员国境内,但是只要满足了基本的条件,在平等对待和非歧视原则的适用上仍要求与本国工人一致,他们的家庭成员也因此享有受平等对待的权利。根据2009年欧盟委员会制作的《有关EU-27/EEA/EFTA国家内跨境工人流动性的科学报告》的阐述,欧盟内部[包括欧洲经济区(EEA)和欧洲自由贸易联盟(EFTA)在内]2006~2007年度跨境工人总数大约达到78万人,从2000年到2006~2007年度,这一总数增长了26%以上。[②] 其中,跨境工作的人员对于欧洲境内9个国家的经济、社会影响重大,法国、意大利、比利时、德国和奥地利是主要的人员输出国,而瑞士、卢森堡、德国、摩洛哥和荷兰是主要人工输入国。[③] 由此可见,主要的人工输入国大都是较小但相对更发达的国家,这些国家的社会福利也相对比较高。工人的自由流动给这些国家带来利益,但非歧视原则的适用同时会给这些国家带来巨大的财政负担。这也正是戴必瑟等案产生的原因所在。2013年欧洲法院作出裁判,认为边境工人的子女可以在其从事活动的成员国申请助学金,[④]而戴必瑟等案更是将这一范围扩展至边境工人配偶的子女,从而使围绕"工人"这一核心人员享有受平等对待权利的人员范围进一步扩大。

配偶的子女属于一种"拟制血亲",而这种关系与自然血亲的最大区别就在于它可以通过婚姻关系取得。在帮助成员国处理这种具体领域中所谓滥用"婚姻便利"(marriages of convenience)问题的同时,委员会近几

① See Paul Graig, Gráinne de Búrca, *EU LAW: Text, Cases, and Materials*, sixth edition, Oxford University Press, 2015, p. 749.

② See Opinion of the Committee of the Region on "Frontier workers: assessment of the situation after 20 years of the internal market: problems and perspectives", Committee of the Region, Official Journal of the European Union, Sep. 27, 2013.

③ See Report on the situation of frontier workers in the European Union, Committee on Employment and Social Affairs, Rapporteur: Mrs Van Lancker, May 6, 1998.

④ See Annual Report: The year in Review of 2016, Court of Justice of the European Union, p. 17, https://curia.europa.eu/jcms/upload/docs/application/pdf/2017-04/ragp-2016_final_en_web.pdf.

年来更愿意将努力集中于通过提高认识、提供信息以及程序支持等手段完善在实践中流动自由的权利。[①] 在第2004/38号指令通过前,第1612/68号规则第10条已经列举了有关家庭成员的构成,他们可以将自己的权利附于一名在其他成员国受雇的工人身上,这些成员包括:配偶及其未满21周岁或者受其抚养的直系后代,以及受该工人和配偶抚养的直系尊亲属。这一群体在第2004/38号指令第2(2)条中被扩展至包括依据成员国国内法有效的欧盟公民注册配偶、伴侣,只要所在成员国将注册伙伴关系视为同等于婚姻。第2004/38号指令第3条又对第612/68号规则第10条的规定进行了扩展,要求成员国要对其他家庭成员给予"便利进入和居留",而无论其国籍如何。第492/2011号规则第10条为居留工人的子女提供了平等接受国家教育课程的途径。事实上,第1612/68号规则第7条以及它的继任者第492/2011号规则为工人以及以工人为核心的家庭成员提供了最丰硕的规则保障。这种保障不仅涉及实体权利的扩展,也涉及以工人为核心的家庭成员的范围的扩展。

三、欧盟法院对于一体化的推进作用

欧盟法院[②]的作用一直都是欧美学界颇具争议的话题。一部分学者指出欧盟法院为成员国提供了此前难以企及的和平、稳定和繁荣;另一部分学者则认为,欧盟法院一味谋求自己的欧洲政治形态,无视与它自身观念相抵触的适应欧洲需要的条约文本。他们的理论争论常常归结为一个命题,即欧盟法院所奉行的是司法能动主义,还是司法克制主义。我国学者目前大多数支持"司法能动主义"说,认为欧盟法院在很大程度上推动了欧洲一体化的纵深发展,在处理欧共体法与成员国国内法之间的关系、共同体与成员国之间权限分配关系、共同体法普遍性原则、消除各成员国

---

① See Paul Graig, Gráinne de Búrca, *EU LAW: Text, Cases, and Materials*, sixth edition, Oxford University Press, 2015, p. 745.

② 欧盟法院(Court of Justice of the European Union)包括欧洲法院(the Court of Justice)、综合法院(the General Court)和专门法院(the Specialized Courts)。《里斯本条约》之前,欧洲共同体法院包括3个部分:欧洲法院(the Court of Justice, ECJ)、欧洲初审法院(the Court of First Instance, CFI)和裁判庭(Judicial Panels)。现在,综合法院的前身即为欧洲初审法院,而专门法院的前身则是裁判庭。所以,本文中一般用欧盟法院来涵盖3个部分,但如果是涉及《里斯本条约》之前的有关判决,还会使用"欧洲法院"的称谓。

之间贸易壁垒,以及对具体部门法的补充等方面都作出了非常大的贡献。[①]

欧盟法院在其设立之初,各成员国更多是希望能够在煤钢共同体阶段作为保护自身利益的最后屏障,是成员国的代理人。但是,随着共同体的发展,代理人也很可能甚至会违背委托人的利益而利用他们的自治来为自身谋利益。这就是一些学者所指出的"麦迪逊问题"(Madison problem)。[②] 至少在某种程度上,"麦迪逊问题"在欧盟法院上也有所显现。如果从立场上而言,作为共同体的机构,欧盟法院更像是一体化的代理人,而非各成员国的代理人。尤其在对于四大自由的维护上,欧盟法院表现出了非常坚定的立场。

早在共同体之初,欧洲法院便对有关跨境工人子女教育问题表现出非常明确且坚定的态度,将这一问题的解释权牢牢掌握在自己手中。在卡萨格兰德(Casagrande)案[③]中,卡萨格兰德希望援引理事会第1612/68号规则以确定德国巴伐利亚州教育法无效。该规则规定,如果某一成员国的国民在另一成员国境内被雇用或曾经被雇用,而且其子女在其被雇用的国家居住,则该子女在参加普通教育、学徒教育和职业培训课程时,应同该国国民享有同等待遇。此外,成员国必须设法"尽一切力量使这些子女在可能的最好条件下参加上述课程"。巴伐利亚州在提交的意见中指出,根据《欧洲共同体条约》第48条和第49条的规定,理事会在该项立法上超越了其权力范围。"鉴于个人助学金属于教育政策范围,(在此方面,理事会没有管辖权)……由此可以推论出,只有在与工作本身的条件,以及与赡养家庭有直接关系的社会福利方面,工人才能享有与国民同

---

① 参见王千华:《评欧洲法院司法能动性的贡献及其限度》,载《法学评论》2001年第5期。

② Kiewiet and McCubbins, *The Logic of Delegation*, Chicago, Chicago University Press, 1991, p. 126.

③ Case 9/74 Casagrande v. Landeshauptstadt Munchen(1974)ECR 773. 在该案中,卡萨格兰德的父母都是从意大利移居到德国的工人,他作为一个意大利人在德国的学校读小学,根据《巴伐利亚州教育补助金法》(BayAFÖG)的规定,凡经考察家庭经济状况符合条件的儿童每月可以从该州取得一笔助学金。但卡萨格兰德的申请被慕尼黑市拒绝了,理由是根据有关规定,除没有国籍的人员和拥有避难权居住的外国人外,其他任何非德国人不得享有这一权利。

等的待遇。”如果这种观点成立，那么移民子女可拥有与公民子女在同等条件下上学的权利，但不得享有教育助学金。在本案的判决中，欧洲法院认为，该规则确实应当包括助学金的发放问题。随后，欧洲法院所必须解释的问题就是管辖权的突变问题，即为什么理事会可以对该事项进行立法。欧洲法院首先承认，“教育和培训政策本身并未包括在条约授予共同体机构的管辖权之内”，但不能由此得出结论说，“就行使转让给共同体的权力而言……如果在性质上它会影响……为了执行诸如教育和培训等政策而颁布的（国内）立法……那么它就会在某种程度上受到限制”。这样，欧洲法院顺理成章地得出结论，当成员国的立法与共同体规则发生冲突时，即便是在共同体没有权能的领域，国内的这些立法也将被吸收到共同体立法中。这并不是共同体政策侵犯了成员国的教育政策，而是成员国的教育政策违反了共同体的自由流动政策，因此，成员国的教育政策必须要为更高的共同体目标让路。

这一案件在教育领域中确立了共同体对规则的解释权和合法性，具有非常重要的意义。而此后，欧盟法院又通过米切尔·S.（Michel S.）案①、加尔（Gaal）案②、艾希特纳赫（Echternach）和莫里茨（Moritz）案③以及特谢拉（Teixeira）案④等判决，不断强调共同体的立场，使欧盟工人子女在成员国内享受比其父母更多的受教育权利。在第2004/38号指令的转化过程中，由于其推进力度受到成员国的抵制，欧洲法院又配合委员会在限期过后对于未能转换立法的成员国给予大力度的处罚，从而推进了该指令在成员国的转化。

在本文所讨论的3个案例中，欧盟法院同样表现出了其努力维护共同体一体化的决心，它不但明确地将权利范围扩展至边境工人的继子女，而且也将这种关系的证明责任明确分配给了成员国政府。如前所述，欧盟法院坚决主张，“第1612/68号规则第10条含义中所规定的家庭中受抚养者的地位并不以供养为先决条件。如果那样的话，第10条规定的家

① See Case C－325/09 Dias EU:C:2011:498.

② See Case C－7/94 Lndesamt fur Ausbildungsforderung Nordrhein-Wwstfalen v. Lubor Gaal [1996] ECR I－1031.

③ See Cases 389 and 390/87 Echternach and Morita [1989] ECR 723.

④ See Case C－480－08 Teixeira v. London Borough of Lambeth [2010] ECR I－1107.

庭的构成就应当取决于国内立法,而不同成员国之间的立法会有不同,这将最终导致欧盟法在适用过程中缺乏统一”。本案中,3名原告的受抚养地位只要是一种事实状态即可满足法律的要求,不需要更多证明。对卢森堡政府提出的在个案中很难要求主管当局去调查是否以及在何种程度上工人对正在申请财政资助的继子女的抚养贡献这一问题,欧盟法院也秉承了一贯立场。首先,既然卢森堡的法律中有这样的规定,就应该推定该国政府有能力完成这样的调查,不能以无法调查为借口拒绝申请人的要求,而应由成员国政府提供相关证件证明,承担举证责任;其次,“必须认为,在目前的案例中,一个家庭中受抚养成员的地位取决于一种事实状态的结果,对成员国而言,如果恰当的话,应由国内法院予以评估。一名受边境工人抚养的该工人家庭成员的状态,当涉及是该名工人的配偶或者被认可的伴侣的子女的情况时,可以由客观因素予以证明,例如工人和学生共同生活在一起,而边境工人对供养学生的贡献的原因或者对其量的精确估算并非必须考虑的因素”。

对欧盟的质疑从煤钢共同体成立之初就始终没有断绝,尤其是近年来欧债危机、难民问题、恐怖主义以及英国脱欧,更使各界对欧盟的前途充满了忧虑。但是欧盟发展到今天60多年以来,从来也没有一帆风顺过,而是经历过了“空椅危机”、欧洲僵化期、宪政危机等各种考验。它之所以能够在一波三折中前进,在很大程度上取决于欧盟对于一体化的决心,取决于“要在欧洲人民之间建立一个日益紧密联盟”①的决心。而人员自由流动是推进一体化的最有力保障,人员的流动不仅仅可以促进经济的发展和活力,而且可以促进欧洲人民之间的融合和交流。物理边界的撤除非常简单,但是心理边界的消除却可能是需要几代人努力的结果。对于欧洲这样多样性中蕴含统一性、统一性中又包含多样性的联盟,只有人的融合才能最终实现真正的一体化。这是欧盟不遗余力地推进人员的自由流动的根本原因,也是本案中欧盟法院所秉承的一贯立场和观点,即以一体化为最高原则,在此原则之下积极推进欧盟的人员自由流动。这3个案件在一片质疑声中向人们展示了欧盟对于一体化的决心和不懈的努力与追求。

① 参见《欧洲联盟运行条约》第1条。

关键词索引